『簿記バイブル』は，おかげさまで多くの公認会計士試験，簿記検定試験等の受験生の皆様にご支持をいただいている。まずこの点につき，深く感謝申し上げる次第である。

　さて，近年，多くの会計基準の制定改廃が行われている。本書では，伝統的な論点から最新の会計基準まで網羅的に紹介している。なお，連結会計や企業結合会計などは，『連結バイブル』で取り扱っている。

　本書は，資格の大原　公認会計士講座で使用している財務会計論（計算）テキストをベースとしている。簿記検定３級レベルの学習経験のある方が，公認会計士試験の短期合格のために過不足のない知識を習得していただくことを目的として作成した。日々の学習の傍に本書を置いていただき，財務会計論，簿記の知識習得に役立てていただきたい。なお，本書は，2021年２月時点で適用されている会計基準等に基づき作成している。

　公認会計士試験の財務会計論における計算問題（簿記）の近年の出題傾向は，既存論点にかかる知識の習得はもちろん，最新論点にかかる基本的な知識の習得が要求されている。本書を通じて幅広い知識を習得していただければ幸いである。

　また，本書は，公認会計士試験対策用の教材として執筆しているが，近年の国家試験，検定試験における財務会計論の計算問題（簿記）は，試験の種類により出題内容が大きく変わるものではなく，税理士試験，簿記検定試験などの受験生にとっても役立つものと確信している。

　本書が，すべての読者の皆さまにとって少しでも役に立つことができるならば，これ以上の喜びはない。

　令和３年（2021年）５月

　　　　　　　　　　　　　　　　　　資格の大原　公認会計士講座

目　次

第29章　1株当たり情報

第30章　収益認識

第31章　帳簿組織

第32章　本支店会計

第33章　在外支店

第34章　製造業（商的工業簿記）

第35章　本社工場会計

ー簿記バイブル上巻ー

第24章
税効果会計

第1節　総論

1．課税所得

⑴　税務上の課税所得と会計上の利益

　　法人税等の税額は，**課税所得**に税率を乗ずることによって算定される。この税務上の課税所得は**益金**から**損金**を控除して求める。一方で，会計上の利益は収益から費用を控除して求める。

　　ここで，税務上の益金及び損金は，納税者間の課税の公平という目的を達成するために算出され，会計上の収益及び費用とは異なる金額になる。この結果，税務上の課税所得と会計上の利益も相違することになる。

税務上の課税所得			会計上の利益	
益金 50,000	損金 29,000		費用 30,000	収益 50,000
	課税所得 21,000	差異1,000	利益 20,000	

　　上記の例では，税務上の損金が会計上の費用より少ないため，税務上の課税所得が会計上の利益より大きく計算される。

(2) 課税所得の計算

　　課税所得の金額は，益金から損金を控除した金額である。ただし実務的には，会計上の利益に，税務上の益金及び損金と会計上の収益及び費用との差異を調整（税務調整あるいは申告調整という）することによって，課税所得を求める。

分　類	内　　　容	税務調整
益金不算入	会計上は収益となるが，税務上は益金とならないもの	減算
益金算入	会計上は収益とならないが，税務上は益金となるもの	加算
損金不算入	会計上は費用となるが，税務上は損金とならないもの	加算
損金算入	会計上は費用とならないが，税務上は損金となるもの	減算

　　上記の例に基づく課税所得の計算は以下のとおり。

　　　理念的な計算：益金50,000－損金29,000＝21,000

　　　実務的な計算：会計上の利益20,000＋損金不算入額1,000＝21,000

例題24−1　　課税所得の計算

　　以下の資料に基づいて，X1年度における損益計算書を作成しなさい。

1．X1年度の売上高：50,000千円

2．X1年度の売上原価（商品評価損除く）：29,000千円

3．1,000千円の商品評価損を計上した。税務上，当該評価損は損金として認められないため，税務調整において損金不算入となる。

4．法人税等の法定実効税率は40％とする。

5．税効果会計は適用しない。

解答（単位：千円）

1．課税所得

税引前当期純利益	20,000
税務調整	
加算）商品評価損	1,000
課税所得	21,000

※　$50,000 - 29,000 - 1,000 = 20,000$

2．法人税等

（法　人　税　等）　8,400　　（未払法人税等）　8,400

※　$21,000 \times 40\% = 8,400$

3．損益計算書

売上高	50,000
売上原価	29,000
商品評価損	1,000
税引前当期純利益	20,000
法人税等	8,400
当期純利益	11,600

4．図解

税務上の課税所得		会計上の利益	
益金 50,000	損金 29,000	費用 30,000	収益 50,000
	課税所得 21,000	利益 20,000	

差異1,000

法人税等：課税所得×税率
$21,000 \times 40\% = 8,400$

2．税効果会計の適用

(1)　期間差異

　　税務上の益金及び損金と会計上の収益及び費用が異なる金額となる理由として，それぞれの帰属年度が相違する場合があげられる。たとえば，ある事業年度に会計上の費用として計上する項目について，税務上はその後の事業年度に損金算入が認められる場合などである。このような税務上と会計上の差異を**期間差異**という。

　　期間差異は帰属事業年度の相違に過ぎないため，差異が生じても，時がたてばその差異は解消する。期間差異のうち，課税所得の算定上，差異が生じたときに加算調整され，将来差異が解消するときに減算調整されるものを**将来減算一時差異**という。また，差異が生じたときに減算調整され，将来差異が解消するときに加算調整されるものを**将来加算一時差異**という。

　　なお，期間差異の金額は会計上と税務上の資産（または負債）の差額として計算することができる。

| 例題24- 2 | 将来減算一時差異の発生及び解消 |

以下の資料に基づいて，将来減算一時差異の金額を求めなさい。

1．X1年度の売上高：50,000千円

2．X1年度の売上原価（商品評価損除く）：29,000千円

3．取得原価4,000千円（正味売却価額3,000千円）の期末棚卸商品につき，1,000千円の商品評価損を計上した。税務上，当該評価損は損金として認められないため，税務調整において損金不算入となる。

4．X2年度の売上高：4,500千円

5．X2年度の売上原価：3,000千円

　　X1年度に4,000千円で取得した商品であり，X1年度末に有税処理により1,000千円の評価損を計上している。

6．税務上，商品がX2年度に売却されたため，商品評価損は損金として認められた。

> 　一般に，税務上損金算入されない項目について，会計上費用処理を行うことを有税処理という。

解　答 （単位：千円）

1．差異の発生と解消

		X1年度		X2年度		合計
費用	売上原価	29,000	売上原価		3,000	33,000
	評価損	1,000				
損金	売上原価	29,000	売上原価		4,000	33,000
税務調整	損金不算入　加算）	1,000	損金算入　　減算）	1,000		

　　　　　　　　　　↓　　　　　　　　　　　　↓

　　　　将来減算一時差異の**発生**　将来減算一時差異の**解消**

2．会計上の帳簿価額と税務上の帳簿価額

　　将来減算一時差異の金額は会計上と税務上の商品の帳簿価額の差額として把握することもできる。

(1)　X1年度末の商品の帳簿価額

　　　　税務上　　4,000　商品評価損が認められないため，取得原価で評価されている。

　　　　会計上　　3,000　商品評価損を計上したため，正味売却価額で評価されている。

　　　　差異　　　1,000　商品の帳簿価額の差額として将来減算一時差異が把握される。

(2)　X2年度末の商品の帳簿価額

　　　　税務上　　　　0　X2年度に売却されたため，資産として計上されない。

　　　　会計上　　　　0　X2年度に売却されたため，資産として計上されない。

　　　　差異　　　　　0　商品の帳簿価額の差額としての将来減算一時差異は解消している。

　　なお，将来加算一時差異が生じる場合には，上記とは逆に税務上の資産の帳簿価額が会計上の資産の帳簿価額よりも小さい。また，負債の帳簿価額に相違が見られる場合もある。まとめると以下のとおり。

	将来減算一時差異	将来加算一時差異
資産の帳簿価額	税務上の帳簿価額 ＞会計上の帳簿価額	税務上の帳簿価額 ＜会計上の帳簿価額
負債の帳簿価額	税務上の帳簿価額 ＜会計上の帳簿価額	税務上の帳簿価額 ＞会計上の帳簿価額

(2)　税効果会計の必要性

　　期間差異が生じていると，課税所得に基づいて計算した法人税等が税引前当期純利益と対応しないことになる。このため，法人税等の額を適切に期間配分することにより，税引前当期純利益と法人税等を合理的に対応させる必要があり，この手続きを**税効果会計**という。

　　損益計算書において，当期の法人税等として納付すべき額と法人税等調整額は，それぞれ区分して表示する。また，法人税等に法人税等調整額を加算または減算した金額（税引前当期純利益から差し引かれる金額）のことを**税金費用**という。

例題24-3　税効果会計の適用

　　以下の資料に基づいて，X1年度及びX2年度における損益計算書を作成しなさい。

1．X1年度の売上高：50,000千円

2．X1年度の売上原価（商品評価損除く）：29,000千円

3．取得原価4,000千円（正味売却価額3,000千円）の期末棚卸商品につき，1,000千円の商品評価損を計上した。税務上，当該評価損は損金として認められないため，税務調整において損金不算入となる。

4．X2年度の売上高：4,500千円

5．X2年度の売上原価：3,000千円

　　X1年度に4,000千円で取得した商品であり，X1年度末に有税処理により1,000千円の評価損を計上している。

6．税務上，商品がX2年度に売却されたため，商品評価損は損金として認められた。

7．法人税等の法定実効税率は40％として，税効果会計を適用する。

解　答（単位：千円）

1．X1年度

(1)　損益計算書

売上高		50,000
売上原価		29,000
商品評価損		1,000
税引前当期純利益		20,000
法人税等	8,400＊1	
法人税等調整額	△　400＊2	8,000＊3
当期純利益		12,000

※税引前当期純利益 20,000 と 8,000＊3 が「対応」する。

＊1　(20,000＋1,000)×40％＝8,400（課税所得計算において**加算**調整）
　　　　課税所得

＊2　1,000×40％＝400（過大に計算されている法人税等を減額調整）

＊3　8,400－400＝8,000　または，20,000×40％＝8,000（税金費用）

(2)　図解

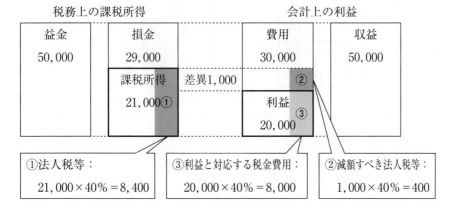

２．X2年度

(1)　損益計算書

売上高		4,500
売上原価		3,000
税引前当期純利益		1,500
法人税等	200 * 1	
法人税等調整額	400 * 2	600 * 3
当期純利益		900

対応

* 1　$\underset{課税所得}{(1,500-1,000)}\times40\%=200$（課税所得計算において**減算**調整）

* 2　$1,000\times40\%=400$（過少に計算されている法人税等を増額調整）

* 3　$200+400=600$　または，$1,500\times40\%=600$（税金費用）

(2)　図解

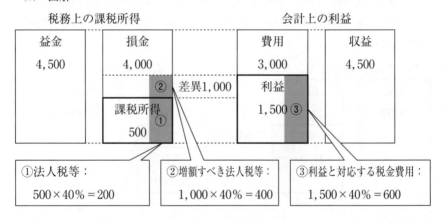

税務上の課税所得　　　　　　　　　　会計上の利益

益金	損金	費用	収益
4,500	4,000	3,000	4,500

差異1,000

② 課税所得① 500

利益 1,500 ③

①法人税等：
$500\times40\%=200$

②増額すべき法人税等：
$1,000\times40\%=400$

③利益と対応する税金費用：
$1,500\times40\%=600$

第2節　会計処理

1．概要

(1) 将来減算一時差異

① 差異の発生時（課税所得＞税引前当期純利益）

　　将来減算一時差異が発生した期において，課税所得に基づく法人税等は，利益と対応する税金費用と比べて，大きく算出される。ここで，課税所得に基づく法人税等が利益と対応する税金費用を超過する金額は，税金費用の前払いと捉えることができる。

　　したがって，法人税等を間接的に減額するため，貸方に**法人税等調整額**を計上する。また，借方に前払税金費用を意味する**繰延税金資産**を計上する。

(繰延税金資産)　××× 前払税金費用	(法人税等調整額)　××× 法人税等の減額

※　将来減算一時差異×法定実効税率

② 差異の解消時（課税所得＜税引前当期純利益）

　　将来減算一時差異が解消する期において，課税所得に基づく法人税等は，利益と対応する税金費用と比べて，小さく算出される。したがって，法人税等を間接的に増額するため，借方に法人税等調整額を計上する。また，前払税金費用を意味する繰延税金資産を取り崩す。

(法人税等調整額)　××× 法人税等の増額	(繰延税金資産)　××× 前払税金費用

(2)　将来加算一時差異

①　差異の発生時（課税所得＜税引前当期純利益）

　　将来加算一時差異が発生した期において，課税所得に基づく法人税等は，利益と対応する税金費用と比べて，小さく算出される。ここで，課税所得に基づく法人税等が利益と対応する税金費用に不足する金額は，税金費用の未払いと捉えることができる。

　　したがって，法人税等を間接的に増額するため，借方に法人税等調整額を計上する。また，貸方に未払税金費用を意味する**繰延税金負債**を計上する。

(法人税等調整額)　　×××　　(繰延税金負債)　　×××
法人税等の増額　　　　　　　　　　未払税金費用

※　**将来加算一時差異×法定実効税率**

②　差異の解消時（課税所得＞税引前当期純利益）

　　将来加算一時差異が解消する期において，課税所得に基づく法人税等は，利益と対応する税金費用と比べて，大きく算出される。したがって，法人税等を間接的に減額するため，貸方に法人税等調整額を計上する。また，未払税金費用を意味する繰延税金負債を取り崩す。

(繰延税金負債)　　×××　　(法人税等調整額)　　×××
未払税金費用　　　　　　　　　　法人税等の減額

(3)　永久差異

　　永久差異とは，会計上の収益及び費用が永久に税務上の益金及び損金に算入されないことによって生じた差異をいう。永久差異は期間差異と異なり，差異が永久に解消しない。永久差異の例としては，交際費，寄附金，支払罰科金の損金不算入や受取配当金の益金不算入があげられる。

　　税効果会計は，期間差異が生じている場合において，法人税等の額を適切に期間配分する会計処理であるから，永久差異は税効果会計の対象とはならない。

　　差異等の分類

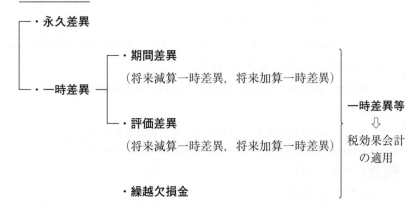

　　繰延税金資産または繰延税金負債の金額は，回収または支払が行われると見込まれる期の税率に基づいて計算する。

第24章　税効果会計

例題24－4　繰延税金資産

　以下の資料に基づいて，X1年度及びX2年度における会計処理を示しなさい。

1．X1年度の売上高：50,000千円

2．X1年度の売上原価（商品評価損除く）：29,000千円

3．取得原価4,000千円（正味売却価額3,000千円）の期末棚卸商品につき，1,000千円の商品評価損を計上した。税務上，当該評価損は損金として認められないため，税務調整において損金不算入となる。

4．X2年度の売上高：4,500千円

5．X2年度の売上原価：3,000千円

　　X1年度に4,000千円で取得した商品であり，X1年度末に有税処理により1,000千円の評価損を計上している。

6．税務上，商品がX2年度に売却されたため，商品評価損は損金として認められた。

7．法人税等の法定実効税率は40％として，税効果会計を適用する。

解　答（単位：千円）

1．X1年度の会計処理

(1)　法人税等の計上

（法　人　税　等）	8,400	（未払法人税等）	8,400

※　$\underbrace{(50,000-29,000-1,000)}_{\text{税引前当期純利益}} + \underbrace{1,000}_{\text{損金不算入}} \times 40\% = 8,400$

(2)　税効果会計の適用（差異の発生）

（繰延税金資産）	400	（法人税等調整額）	400

※　$\underset{\text{将来減算一時差異}}{1,000} \times 40\% = 400$

　発生した将来減算一時差異に対応する繰延税金資産を計上するとともに，過大に計算されている法人税等を減額し，次期以降に繰延べる。

２．X2年度の会計処理

(1)　法人税等の計上

（法　人　税　等）	200	（未払法人税等）	200

※　$\{(4,500-3,000)-1,000\}\times40\%=200$
　　　　税引前当期純利益　　損金算入

(2)　税効果会計の適用（差異の解消）

（法人税等調整額）	400	（繰延税金資産）	400

※　$1,000\times40\%=400$

解消した将来減算一時差異に対応する繰延税金資産を取り崩すととも
に，X1年度から繰延べられていた法人税等を当期の費用として計上す
る。

３．将来減算一時差異と繰延税金資産の対応

	X1年度末		X2年度末
税務上の簿価	4,000		0
会計上の簿価	3,000		0
差異	1,000	△1,000	0
（繰延税金資産	400	△400	0）

２．期間差異

(1)　将来減算一時差異

①　棚卸資産の評価損

　　　税務上は，一定の事実が生じた場合を除き，棚卸資産の評価損の損金算入は認められない。このため，商品評価損を計上した事業年度においては損金不算入の税務調整がなされる（差異の発生）。当該評価損は，商品を売却や廃棄した際に損金算入が認められることになる（差異の解消）。

例題24－5　棚卸資産の評価損

　　以下の資料に基づいて，X1年度の財務諸表に計上される繰延税金資産及び法人税等調整額を求めなさい。

１．X0年度において，取得原価1,000千円の商品につき，有税処理により200千円の商品評価損を計上した（商品の貸借対照表価額：800千円）。当該商品はX1年度において，廃棄処分された。

２．X1年度において，取得原価700千円の商品につき，有税処理により300千円の商品評価損を計上した（商品の貸借対照表価額：400千円）。

３．法人税等の法定実効税率は40％として，税効果会計を適用する。

解　答（単位：千円）

１．X0年度の会計処理（差異の発生）

　(1)　商品評価損の計上

（商　品　評　価　損）	200	（商　　　　品）	200

　(2)　税務上の処理

仕訳なし

　　※　税務上は，商品評価損200が損金不算入となる。

(3)　税効果会計の適用

（繰 延 税 金 資 産）	80	（法人税等調整額）	80

※　200×40％＝80

　　将来減算一時差異につき，X0年度の法人税等を減額し，次期以降に繰
延べる。なお，税効果会計に係る会計処理は，通常，決算整理で行われ
る。

2．X1年度の会計処理

(1)　商品の廃棄（差異の解消）

①　商品の廃棄

（商 品 廃 棄 損）	800	（商　　　品）	800

②　税務上の処理

（損　　　金）	1,000	（商　　　品）	1,000

※　税務上の損金は1,000であり，会計上の廃棄損800との差額200［＝
1,000－800］は損金算入の調整が行われる。なお，当該金額は，X0年度
に計上した商品評価損の金額であり，X0年度末時点の将来減算一時差異
の金額である。

③　税効果会計の適用

（法人税等調整額）	80	（繰 延 税 金 資 産）	80

※　200×40％＝80

(2)　商品評価損（差異の発生）

①　商品評価損の計上

（商 品 評 価 損）	300	（商　　　品）	300

②　税務上の処理

仕訳なし

③　税効果会計の適用

（繰延税金資産）　　　　120	（法人税等調整額）　　　　120

※　300×40％＝120

3．解法

(1)　会計上と税務上の帳簿価額

	X0年度末		X1年度末
税務上の簿価	1,000		700
会計上の簿価	800		400
差異	200	＋100	300
（繰延税金資産	80	＋40	120)

(2)　解答の金額

繰延税金資産：300×40％＝120

法人税等調整額：（300−200）×40％＝40（貸方）

　なお，X1年度の税効果会計の適用については，以下のように仕訳をまとめることもできる。

（繰延税金資産）　　　　40	（法人税等調整額）　　　　40

※　$\underset{\text{当期末}}{300×40\%} − \underset{\text{前期末}}{200×40\%} = \underset{\text{増加額}}{40}$

② **貸倒引当金**

税務上，各事業年度の損金の額に算入すべきものは債務の確定したもの
に限られ，見積りによる費用の計上は認められない。このため，貸倒引当
金の繰入額は，原則として損金不算入の税務調整がなされる（差異の発
生）。当該貸倒引当金繰入額は，実際に債権が貸倒れたときに損金算入が
認められることになる（差異の解消）。

例題24－6　　**貸倒引当金**

以下の資料に基づいて，X1年度の財務諸表に計上される繰延税金資産及び
法人税等調整額を求めなさい。

1．X0年度（会社設立年度）において，売掛金に対して有税処理により
1,500千円の貸倒引当金を計上した。X1年度において，当該貸倒引当金の
設定対象となった売掛金のうち，1,100千円が実際に貸倒れた。

2．X1年度において，差額補充法により，貸倒引当金を2,000千円繰入れた。

3．法人税等の法定実効税率は40%として，税効果会計を適用する。

解　答　（単位：千円）

1．X0年度の会計処理（差異の発生）

(1) 貸倒引当金の設定

（貸倒引当金繰入額）	1,500	（貸 倒 引 当 金）	1,500

(2) 税務上の処理

仕訳なし

※　税務上は，貸倒引当金繰入額1,500が損金不算入となる。

(3)　税効果会計の適用

| （繰 延 税 金 資 産） | 600 | （法人税等調整額） | 600 |

※　1,500×40％＝600

　将来減算一時差異につき，X0年度の法人税等を減額し，次期以降に繰延べる。

2．X1年度の会計処理

(1)　債権の貸倒れ（差異の解消）

①　債権の貸倒れ

| （貸 倒 引 当 金） | 1,100 | （売　　掛　　金） | 1,100 |

②　税務上の処理

| （損　　　　金） | 1,100 | （売　　掛　　金） | 1,100 |

※　税務上は，貸倒れ時に損金算入が認められる。

③　税効果会計の適用

| （法人税等調整額） | 440 | （繰 延 税 金 資 産） | 440 |

※　1,100×40％＝440

　繰延べられていた法人税等のうち，差異解消分について法人税等を増額する。

(2)　貸倒引当金の設定（差異の発生）

①　貸倒引当金の設定

| （貸倒引当金繰入額） | 2,000 | （貸 倒 引 当 金） | 2,000 |

②　税務上の処理

| 仕訳なし |

③　税効果会計の適用

| （繰 延 税 金 資 産） | 800 | （法人税等調整額） | 800 |

※　2,000×40％＝800

３．X1年度における貸倒引当金勘定

貸倒引当金

貸倒れ	1,100	期首		差異の解消	1,100
期末			1,500	差異の未解消	400
	2,400	繰入額	2,000	差異の発生	2,000

　　X1年度末における将来減算一時差異は，X0年度に生じた差異のうち未解消の400とX1年度に発生した2,000の合計2,400となる。すなわち，貸倒引当金の金額そのものが将来減算一時差異となる。

４．解法

(1)　会計上と税務上の帳簿価額

	X0年度末		X1年度末
税務上の簿価	0		0
会計上の簿価	△1,500		△2,400
差異	1,500	+900	2,400
（繰延税金資産	600	**+360**	**960**）

(2)　解答の金額

繰延税金資産：$2,400 \times 40\% = 960$

法人税等調整額：$(2,400 - 1,500) \times 40\% = 360$（貸方）

　なお，X1年度の税効果会計の適用については，以下のように仕訳をまとめることもできる。

（繰延税金資産）	360	（法人税等調整額）	360

※　$\underset{当期末}{2,400 \times 40\%} - \underset{前期末}{1,500 \times 40\%} = \underset{増加額}{360}$

③　退職給付引当金

　　税務上，退職給付引当金の計上は認められないため，退職給付費用は損金不算入の税務調整がなされる（差異の発生）。当該退職給付費用は，実際に現金支出があったとき（退職一時金制度：退職金支払時，企業年金制度：掛金拠出時）に損金算入が認められることになる（差異の解消）。

例題24－7　退職給付引当金

　　以下の資料に基づいて，X1年度の財務諸表に計上される繰延税金資産及び法人税等調整額を求めなさい。

1．X0年度（会社設立年度）において，退職一時金制度に基づく退職給付費用及び退職給付引当金を1,300千円計上した。X0年度において，退職金の支払いはなかった。

2．X1年度における退職金の支払額は200千円であった。また，X1年度に退職給付費用1,400千円を計上し，退職給付引当金は2,500千円となった。

3．法人税等の法定実効税率は40％として，税効果会計を適用する。

解　答（単位：千円）

1．X0年度の会計処理（差異の発生）

(1)　退職給付費用の計上

（退職給付費用）	1,300	（退職給付引当金）	1,300

(2)　税務上の処理

　　仕訳なし

　※　税務上は，退職給付費用1,300が損金不算入となる。

(3)　税効果会計の適用

（繰 延 税 金 資 産）	520	（法人税等調整額）	520

※　1,300×40％＝520

　　将来減算一時差異につき，X0年度の法人税等を減額し，次期以降に繰

延べる。

2．X1年度の会計処理

(1)　退職金の支払い（差異の解消）

①　退職金の支払い

（退職給付引当金）	200	（現 金 預 金）	200

②　税務上の処理

（損　　　　金）	200	（現 金 預 金）	200

※　税務上は，退職金支払時に損金算入が認められる。

③　税効果会計の適用

（法人税等調整額）	80	（繰 延 税 金 資 産）	80

※　200×40％＝80

　　繰延べられていた法人税等のうち，差異解消分について法人税等を増

額する。

(2)　退職給付費用の計上（差異の発生）

①　退職給付費用の計上

（退 職 給 付 費 用）	1,400	（退職給付引当金）	1,400

②　税務上の処理

仕訳なし

③　税効果会計の適用

（繰 延 税 金 資 産）	560	（法人税等調整額）	560

※　1,400×40％＝560

３．X1年度における退職給付引当金勘定

退職給付引当金

支払い	200	期首		差異の解消	200
期末			1,300	差異の未解消	1,100
	2,500	費用	1,400	差異の発生	1,400

　　X1年度末における将来減算一時差異は，X0年度に生じた差異のうち未解消の1,100とX1年度に発生した1,400の合計2,500となる。すなわち，退職給付引当金の金額そのものが将来減算一時差異となる。

４．解法

⑴　会計上と税務上の帳簿価額

	X0年度末		X1年度末
税務上の簿価	0		0
会計上の簿価	△1,300		△2,500
差異	1,300	+1,200	2,500
（繰延税金資産	520	**+480**	**1,000**）

⑵　解答の金額

　　繰延税金資産：2,500×40％＝1,000

　　法人税等調整額：(2,500－1,300)×40％＝480（貸方）

　　なお，X1年度の税効果会計の適用については，以下のように仕訳をまとめることもできる。

　　（繰 延 税 金 資 産）　　480　　（法人税等調整額）　　480

　　※　$\underset{当期末}{2,500×40\%} - \underset{前期末}{1,300×40\%} = \underset{増加額}{480}$

④　未払事業税

　　事業税は，課税所得の算定上，損金に算入されることになる。しかし，未払額を費用計上する決算時においては損金算入が認められず，損金不算入の税務調整がなされる（差異の発生）。当該未払事業税は，実際に納付する事業年度において損金算入が認められることになる（差異の解消）。

例題24－8　　未払事業税

　　以下の資料に基づいて，X1年度の財務諸表に計上される繰延税金資産及び法人税等調整額を求めなさい。

1．X0年度（会社設立年度）末において，未払事業税を1,400千円計上した。X1年度において，当該事業税を納付した。

2．X1年度末において，未払事業税を1,000千円計上した。

3．法人税等の法定実効税率は40%として，税効果会計を適用する。

解　答　（単位：千円）

1．X0年度の会計処理（差異の発生）

　(1)　事業税の計上

（法　人　税　等）	1,400	（未払法人税等）	1,400

　(2)　税務上の処理

仕訳なし

　　※　税務上は，事業税1,400が損金不算入となる。

　(3)　税効果会計の適用

（繰延税金資産）	560	（法人税等調整額）	560

　　※　1,400×40%＝560

2．X1年度の会計処理

(1)　事業税の納付（差異の解消）

①　事業税の納付

| （未 払 法 人 税 等） | 1,400 | （現 金 預 金） | 1,400 |

②　税務上の処理

| （損　　　　　金） | 1,400 | （現 金 預 金） | 1,400 |

※　税務上は，事業税納付時に損金算入が認められる。

③　税効果会計の適用

| （法人税等調整額） | 560 | （繰 延 税 金 資 産） | 560 |

※　事業税に係る期間差異は，納付することによって，全額解消する。

(2)　事業税の計上（差異の発生）

①　事業税の計上

| （法 人 税 等） | 1,000 | （未 払 法 人 税 等） | 1,000 |

②　税務上の処理

| 仕訳なし |

③　税効果会計の適用

| （繰 延 税 金 資 産） | 400 | （法人税等調整額） | 400 |

※　$1,000 \times 40\% = 400$

３．解法

⑴　会計上と税務上の帳簿価額

　　負債の金額に着目すると，未払事業税の金額そのものが将来減算一時差異になる。

	X0年度末		X1年度末
税務上の簿価	0		0
会計上の簿価	△1,400		△1,000
差異	1,400	△400	1,000
（繰延税金資産	560	△160	400）

⑵　解答の金額

　　繰延税金資産：$1,000×40\%=400$

　　法人税等調整額：$(1,000-1,400)×40\%=△160$（借方）

　なお，X1年度の税効果会計の適用については，以下のように仕訳をまとめることもできる。

　　（法人税等調整額）　　160　　（繰延税金資産）　　160

　　※　$\underset{当期末}{1,000×40\%}-\underset{前期末}{1,400×40\%}=\underset{減少額}{△160}$

⑤　減価償却

　　税務上は，課税の公平の見地から，減価償却の計算について，一定の制限を設けている。すなわち，耐用年数及び償却方法が定型化されており，これを用いて計算した税務上の減価償却額を限度として損金算入が認められる。このため，限度額を超過する減価償却費は損金不算入の税務調整がなされる（差異の発生）。当該減価償却超過額は，計上した減価償却費が税務上の減価償却限度額に満たないときや減価償却資産が売却されたときなどに損金算入が認められることになる（差異の解消）。

例題24－9　　減価償却(1)

　以下の資料に基づいて，各年度の財務諸表に計上される繰延税金資産及び法人税等調整額を求めなさい。
1．X1年度期首において，機械を2,000千円で取得した。減価償却は耐用年数：2年，残存価額：取得原価の10%，償却方法：定額法により行う。なお，税務上の耐用年数は5年である。
2．X4年度期首において，当該機械を150千円で売却した。
3．法人税等の法定実効税率は40%として，税効果会計を適用する。

解　答　（単位：千円）

1．X1年度の会計処理（差異の発生）

(1)　減価償却費の計上

（減 価 償 却 費）	900	（減価償却累計額）	900

　※　2,000×（1－10%）÷2年＝900

(2)　税務上の処理

（損　　　　　金）	360	（減価償却累計額）	360

　※　2,000×（1－10%）÷5年＝360

　　税務上の損金算入限度額は360であり，超過額540［＝900－360］は損金不算入となる。

(3)　税効果会計の適用

| （繰 延 税 金 資 産） | 216 | （法人税等調整額） | 216 |

※　540×40％＝216

2．X2年度の会計処理（差異の発生）

(1)　減価償却費の計上

| （減 価 償 却 費） | 900 | （減価償却累計額） | 900 |

(2)　税務上の処理

| （損　　　　　金） | 360 | （減価償却累計額） | 360 |

(3)　税効果会計の適用

| （繰 延 税 金 資 産） | 216 | （法人税等調整額） | 216 |

3．X3年度の会計処理（差異の解消）

(1)　減価償却費の計上

| 仕訳なし |

(2)　税務上の処理

| （損　　　　　金） | 360 | （減価償却累計額） | 360 |

※　税務上の損金算入限度額は360であり，当該金額は損金に算入される。

(3)　税効果会計の適用

| （法人税等調整額） | 144 | （繰 延 税 金 資 産） | 144 |

※　360×40％＝144

4．X4年度の会計処理（差異の解消）

(1) 機械の売却

（減価償却累計額）	1,800※1	（機　　　　　械）	2,000
（現 金 預 金）	150		
（機 械 売 却 損）	50※2		

※1　900×2年＝1,800

※2　貸借差額

(2) 税務上の処理

（減価償却累計額）	1,080※1	（機　　　　　械）	2,000
（現 金 預 金）	150		
（損　　　　　金）	770※2		

※1　360×3年＝1,080

※2　貸借差額，税務上の損金は770であり，会計上の売却損との差額720 ［＝770－50］は損金算入の調整が行われる。なお，当該金額は，減価償却累計額の差額であり，X3年度末時点の将来減算一時差異の金額である。

(3) 税効果会計の適用

（法人税等調整額）	288	（繰 延 税 金 資 産）	288

※　720×40％＝288

5．解法

資産の金額に着目すると，会計上と税務上の機械の帳簿価額の差額が将来減算一時差異になる。

	X1年度取得時		X1年度末		X2年度末		X3年度末		X4年度末
税務上の簿価	2,000	△360	1,640	△360	1,280	△360	920	△920	0
会計上の簿価	2,000	△900	1,100	△900	200		200	△200	0
差異	0	＋540	540	＋540	1,080	△360	720	△720	0
（繰延税金資産	0	＋216	216	＋216	432	△144	288	△288	0）
		法人税等調整額（貸方）		法人税等調整額（貸方）		法人税等調整額（借方）		法人税等調整額（借方）	

例題24－10　　減価償却⑵

　　以下の資料に基づいて，各年度の財務諸表に計上される繰延税金資産及び法人税等調整額を求めなさい。なお，計算上，千円未満の端数が生じた場合は四捨五入すること。

１．X1年度期首において，機械を5,000千円で取得した。減価償却は耐用年数：5年，残存価額：取得原価の10%，償却方法：定率法（償却率：0.369）により行う。なお，税務上の償却方法は定額法である。

２．X4年度期中（期首から4ヶ月経過）において，当該機械を780千円で売却した。

３．法人税等の法定実効税率は40%として，税効果会計を適用する。

解　答　（単位：千円）

１．X1年度の会計処理（差異の発生）

(1)　減価償却費の計上

（減 価 償 却 費）	1,845	（減価償却累計額）	1,845

　※　$5,000 \times 0.369 = 1,845$

(2)　税務上の処理

（損　　　　　金）	900	（減価償却累計額）	900

　※　$5,000 \times (1 - 10\%) \div 5\,年 = 900$

　　　税務上の損金算入限度額は900であり，超過額945 ［＝1,845－900］は損金不算入となる。

(3)　税効果会計の適用

（繰 延 税 金 資 産）	378	（法人税等調整額）	378

　※　$945 \times 40\% = 378$

2．X2年度の会計処理（差異の発生）

(1) 減価償却費の計上

| （減 価 償 却 費） | 1,164 | （減価償却累計額） | 1,164 |

※ （5,000－1,845）×0.369≒1,164

(2) 税務上の処理

| （損　　　　金） | 900 | （減価償却累計額） | 900 |

※ 税務上の損金算入限度額は900であり，超過額264［＝1,164－900］は損金不算入となる。

(3) 税効果会計の適用

| （繰 延 税 金 資 産） | 106 | （法人税等調整額） | 106 |

※ 264×40%≒106

3．X3年度の会計処理（差異の解消）

(1) 減価償却費の計上

| （減 価 償 却 費） | 735 | （減価償却累計額） | 735 |

※ （5,000－1,845－1,164）×0.369≒735

(2) 税務上の処理

| （損　　　　金） | 900 | （減価償却累計額） | 900 |

※ 税務上の損金算入限度額は900であり，不足額165［＝900－735］は損金に算入される。

(3) 税効果会計の適用

| （法人税等調整額） | 66 | （繰 延 税 金 資 産） | 66 |

※ 165×40%＝66

４．X4年度の会計処理（差異の解消）

(1)　機械の売却

（減価償却累計額）	3,744※1	（機　　　　　械）	5,000
（減 価 償 却 費）	154※2		
（現 　金 　預 　金）	780		
（機 械 売 却 損）	322※3		

※1　$1,845 + 1,164 + 735 = 3,744$

※2　$(5,000 - 3,744) \times 0.369 \times 4 ヶ月/12ヶ月 ≒ 154$

※3　貸借差額

(2)　税務上の処理

（減価償却累計額）	2,700※1	（機　　　　　械）	5,000
（損　　　　　　金）	300※2		
（現 　金 　預 　金）	780		
（損　　　　　　金）	1,220※3		

※1　$900 \times 3 年 = 2,700$

※2　$900 \times 4 ヶ月/12ヶ月 = 300$（減価償却費に相当）

※3　貸借差額（機械売却損に相当）

税務上の損金は1,520［$= 300 + 1,220$］であり，会計上の減価償却費及び売却損との差額1,044［$= 1,520 - (154 + 322)$］は損金算入の調整が行われる。なお，当該金額は，X3年度末時点の将来減算一時差異の金額である。

(3)　税効果会計の適用

（法 人 税 等 調 整 額）	418	（繰 延 税 金 資 産）	418

※　$1,044 \times 40\% ≒ 418$

5．解法

　　資産の金額に着目すると，会計上と税務上の機械の帳簿価額の差額が将来減
　算一時差異になる。

	X1年度取得時		X1年度末		X2年度末		X3年度末		X4年度末
税務上の簿価	5,000	△900	4,100	△900	3,200	△900	2,300	△2,300	0
会計上の簿価	5,000	△1,845	3,155	△1,164	1,991	△735	1,256	△1,256	0
差異	0	+945	945	+264	1,209	△165	1,044	△1,044	0
（繰延税金資産	0	+378	378	+106	484	△66	418	△418	0)
		法人税等調整額 （貸方）		法人税等調整額 （貸方）		法人税等調整額 （借方）		法人税等調整額 （借方）	

⑥　**減損損失**

　　税務上は，減損損失の計上が認められず，減損損失の金額は損金不算入
　の税務調整がなされる（差異の発生）。当該減損損失は減価償却費の計上
　や固定資産の売却を通じて損金算入が認められることになる（差異の解
　消）。

例題24−11　　減損損失

　　以下の資料に基づいて，X2年度の財務諸表に計上される繰延税金資産及び
　法人税等調整額を求めなさい。
　１．X1年度期首において，建物を500,000千円で取得した。減価償却は耐用
　　　年数：40年，残存価額：ゼロ，償却方法：定額法により行う。なお，税務
　　　上も同様である。
　２．X1年度期末において，当該建物につき減損損失78,000千円を計上した。
　　　減損処理後も耐用年数及び残存価額に変更はない。
　３．法人税等の法定実効税率は40％として，税効果会計を適用する。

解　答（単位：千円）

１．X1年度の会計処理（差異の発生）

　(1)　減価償却費及び減損損失の計上

（減 価 償 却 費）	12,500※	（減価償却累計額）	12,500
（減 損 損 失）	78,000	（建　　　　　物）	78,000

　　※　500,000÷40年＝12,500

　(2)　税務上の処理

（損　　　　　金）	12,500	（減価償却累計額）	12,500

　　※　税務上は減損損失の計上は認められず，減損損失額78,000は損金不算
　　　入となる。

(3)　税効果会計の適用

（繰延税金資産）　31,200	（法人税等調整額）　31,200

※　78,000×40%＝31,200

２．X2年度の会計処理（差異の解消）

(1)　減価償却費の計上

（減価償却費）　10,500	（減価償却累計額）　10,500

※　（500,000−12,500−78,000）÷39年＝10,500

(2)　税務上の処理

（損　　　金）　12,500	（減価償却累計額）　12,500

※　税務上の損金算入限度額は12,500であり，不足額2,000〔＝12,500−10,500〕は損金に算入される。

(3)　税効果会計の適用

（法人税等調整額）　800	（繰延税金資産）　800

※　2,000×40%＝800

３．解法

(1)　会計上と税務上の帳簿価額

資産の金額に着目すると，会計上と税務上の建物の帳簿価額の差額が将来減算一時差異になる。

	X1年度取得時		X1年度末		X2年度末
税務上の簿価	500,000	△12,500	487,500	△12,500	475,000
会計上の簿価	500,000	△90,500	409,500	△10,500	399,000
差異	0	＋78,000	78,000	△2,000	76,000
（繰延税金資産	0	＋31,200	31,200	△800	30,400）

(2)　解答の金額

繰延税金資産：76,000×40%＝30,400

法人税等調整額：（76,000−78,000）×40%＝△800（借方）

(2)　将来加算一時差異

①　**圧縮積立金**

　　税務上，国庫補助金や保険金で取得した固定資産などについて，圧縮限度額まで損金算入し，同時に固定資産の取得原価を減額する**圧縮記帳**が認められている。税務上で認められている圧縮記帳を会計上も行う場合は，税務上と会計上で差異は生じないため税効果会計は必要ない。

　　これに対して，**積立金方式**は，税務上で圧縮記帳が認められている場合に，圧縮限度額まで任意積立金（**圧縮積立金**）として積立てる方法である。積立金方式によれば，税務上において損金算入される金額を費用計上しないことになるため，将来加算一時差異が生じ，税効果会計が必要となる。

例題24－12　　**圧縮積立金⑴**

　　以下の資料に基づいて，各年度の財務諸表に計上される繰延税金負債，圧縮積立金及び法人税等調整額を求めなさい。

1．X1年度において，国庫補助金200,000千円を受領し，当該補助金を充当して，土地を300,000千円で取得した。当該土地につき，積立金方式により会計処理を行う。
2．X2年度において，当該土地を314,000千円で売却した。
3．法人税等の法定実効税率は40%として，税効果会計を適用する。

解　答（単位：千円）

1．X1年度の会計処理（差異の発生）

(1)　国庫補助金の受領と土地の取得

（現　金　預　金）	200,000	（国庫補助金受贈益）	200,000
（土　　　　　地）	300,000	（現　金　預　金）	300,000

(2) 税務上の処理

（現 金 預 金）	200,000		（益 金）	200,000
（土 地）	300,000		（現 金 預 金）	300,000
（損 金）	200,000※		（土 地）	200,000

※　税務上，国庫補助金と同額の損金算入が認められる。

(3) 税効果会計の適用

（法人税等調整額）	80,000※1	（繰 延 税 金 負 債）	80,000
（繰越利益剰余金） 圧縮積立金の積立	120,000	（圧 縮 積 立 金） 圧縮積立金の積立	120,000※2

※1　200,000×40％＝80,000

　　　将来加算一時差異につき，X1年度の法人税等を増額する。

※2　200,000×（1－40％）＝120,000

　　　受贈益200,000から法人税等調整額80,000を控除した金額が損益として繰越利益剰余金に計上されることになるが，当該金額を繰越利益剰余金から減額して圧縮積立金に振替える。なお，株主資本等変動計算書上，積立金方式に係る繰越利益剰余金及び圧縮積立金の変動額は，圧縮積立金の積立又は圧縮積立金の取崩として表示する。

2．X2年度の会計処理（差異の解消）

(1) 土地の売却

（現 金 預 金）	314,000	（土 地）	300,000
		（土 地 売 却 益）	14,000※

※　貸借差額

(2) 税務上の処理

（現 金 預 金）	314,000	（土 地）	100,000
		（益 金）	214,000※

※　貸借差額，税務上の益金は214,000であり，会計上の収益との差額200,000［＝214,000－14,000］は益金に算入される。

(3) 税効果会計の適用

(繰延税金負債)	80,000	(法人税等調整額)	80,000※1
(圧縮積立金) 圧縮積立金の取崩	120,000※2	(繰越利益剰余金) 圧縮積立金の取崩	120,000

※1　200,000×40%＝80,000

※2　200,000×（1－40%）＝120,000

3．解法

(1) 会計上と税務上の帳簿価額

資産の金額に着目すると，会計上と税務上の土地の帳簿価額の差額が将来加算一時差異になる。

	X0年度末	（取得時）	X1年度末		X2年度末
税務上の簿価	0	100,000	100,000	△100,000	0
会計上の簿価	0	300,000	300,000	△300,000	0
差異	0	△200,000	△200,000	＋200,000	0
（繰延税金負債	0	**△80,000**	**△80,000**	**＋80,000**	0）
（圧縮積立金	0	△120,000	**△120,000**	＋120,000	0）

(2) 解答の金額

① X1年度の財務諸表数値

繰延税金負債：200,000×40%＝80,000

圧縮積立金：200,000×（1－40%）＝120,000

法人税等調整額：（0－200,000）×40%＝△80,000（借方）

② X2年度の財務諸表数値

繰延税金負債：0

圧縮積立金：0

法人税等調整額：（200,000－0）×40%＝80,000（貸方）

例題24-13	圧縮積立金(2)

以下の資料に基づいて，X1年度及びX2年度の財務諸表に計上される繰延税金負債，圧縮積立金及び法人税等調整額を求めなさい。

1．X1年度期首において，国庫補助金5,000千円を受領し，当該補助金を充当して，機械を15,000千円で取得した。当該機械につき，積立金方式により会計処理を行う。

2．当該機械は，耐用年数：10年，残存価額：ゼロ，償却方法：定額法によって減価償却する。

3．法人税等の法定実効税率は40％として，税効果会計を適用する。

解答 （単位：千円）

1．X1年度の会計処理

(1) 国庫補助金の受領と機械の取得（差異の発生）

① 国庫補助金の受領と機械の取得

（現 金 預 金）	5,000	（国庫補助金受贈益）	5,000
（機　　　械）	15,000	（現 金 預 金）	15,000

② 税務上の処理

（現 金 預 金）	5,000	（益　　　　金）	5,000
（機　　　械）	15,000	（現 金 預 金）	15,000
（損　　　　金）	5,000	（機　　　械）	5,000

③ 税効果会計の適用

（法人税等調整額）	2,000※1	（繰 延 税 金 負 債）	2,000
（繰越利益剰余金） 圧縮積立金の積立	3,000	（圧 縮 積 立 金） 圧縮積立金の積立	3,000※2

※1　5,000×40％＝2,000

※2　5,000×（1－40％）＝3,000

(2) 減価償却費の計上（差異の解消）

① 減価償却費の計上

| （減 価 償 却 費） | 1,500 | （減価償却累計額） | 1,500 |

※　15,000÷10年＝1,500

② 税務上の処理

| （損　　　　　金） | 1,000 | （減価償却累計額） | 1,000 |

※　（15,000－5,000）÷10年＝1,000

税務上の損金算入限度額は1,000であり，超過額500［＝1,500－1,000］は損金不算入となる。

③ 税効果会計の適用

| （繰 延 税 金 負 債） | 200※1 | （法人税等調整額） | 200 |
| （圧 縮 積 立 金）
圧縮積立金の取崩 | 300 | （繰越利益剰余金）
圧縮積立金の取崩 | 300※2 |

※1　500×40％＝200

※2　500×（1－40％）＝300

2．X2年度の会計処理（差異の解消）

(1) 減価償却費の計上

| （減 価 償 却 費） | 1,500 | （減価償却累計額） | 1,500 |

(2) 税務上の処理

| （損　　　　　金） | 1,000 | （減価償却累計額） | 1,000 |

(3) 税効果会計の適用

| （繰 延 税 金 負 債） | 200 | （法人税等調整額） | 200 |
| （圧 縮 積 立 金）
圧縮積立金の取崩 | 300 | （繰越利益剰余金）
圧縮積立金の取崩 | 300 |

3．解法

(1)　会計上と税務上の帳簿価額

　　　資産の金額に着目すると，会計上と税務上の機械の帳簿価額の差額が将来加算一時差異になる。

	X0年度末	（取得時）		X1年度末		X2年度末
税務上の簿価	0	10,000	△1,000	9,000	△1,000	8,000
会計上の簿価	0	15,000	△1,500	13,500	△1,500	12,000
差異	0	△5,000	+500	△4,500	+500	△4,000
（繰延税金負債	0	△2,000	+200	△1,800	+200	△1,600）
（圧縮積立金	0	△3,000	+300	△2,700	+300	△2,400）

(2)　解答の金額

　　① 　X1年度の財務諸表数値

　　　　繰延税金負債：$4,500 \times 40\% = 1,800$

　　　　圧縮積立金：$4,500 \times (1 - 40\%) = 2,700$

　　　　法人税等調整額：$(0 - 4,500) \times 40\% = △1,800$（借方）

　　② 　X2年度の財務諸表数値

　　　　繰延税金負債：$4,000 \times 40\% = 1,600$

　　　　圧縮積立金：$4,000 \times (1 - 40\%) = 2,400$

　　　　法人税等調整額：$(4,500 - 4,000) \times 40\% = 200$（貸方）

②　特別償却準備金

　　税務上，特定の資産を取得した場合に，取得した年度に取得原価の一定
割合を損金に算入することができる**特別償却**が認められている。これは，
所定の設備投資の奨励を目的とするものである。

　　特別償却に対する会計処理は，特別償却限度額まで任意積立金（**特別償
却準備金**）として積立てる積立金方式が採用される。積立金方式によれ
ば，税務上において損金算入される金額を費用計上しないことになるた
め，将来加算一時差異が生じ，税効果会計が必要となる。

例題24－14　　**特別償却準備金**

　　以下の資料に基づいて，X1年度及びX2年度の財務諸表に計上される繰延税
金負債，特別償却準備金及び法人税等調整額を求めなさい。

1．X1年度期首において，機械を12,000千円で取得した。

2．当該機械は，耐用年数：8年，残存価額：ゼロ，償却方法：定額法に
　　よって減価償却する。なお，税務上は取得原価の30%の特別償却が認めら
　　れ，取得した期の翌期から5年間にわたって益金算入される。当該機械に
　　つき，積立金方式により会計処理を行う。

3．法人税等の法定実効税率は40%として，税効果会計を適用する。

解　答（単位：千円）

1．X1年度の会計処理（差異の発生）

⑴　機械の取得と減価償却費の計上

（機　　　　　械）	12,000	（現　金　預　金）	12,000
（減　価　償　却　費）	1,500※	（減価償却累計額）	1,500

　　※　12,000÷8年＝1,500

(2) 税務上の処理

(機　　　械)	12,000	(現　金　預　金)	12,000
(損　　　金)	1,500	(減価償却累計額)	1,500
(損　　　金)	3,600※	(負　　　　債)	3,600

※　12,000 × 30% = 3,600

　　税務上，特別償却額の損金算入が認められる。

(3) 税効果会計の適用

(法人税等調整額)	1,440※1	(繰延税金負債)	1,440
(繰越利益剰余金) 特別償却準備金の積立	2,160	(特別償却準備金) 特別償却準備金の積立	2,160※2

※1　3,600 × 40% = 1,440

　　将来加算一時差異につき，X1年度の法人税等を増額する。

※2　3,600 ×（1 － 40%）= 2,160

　　株主資本等変動計算書上，積立金方式に係る繰越利益剰余金及び特別償却準備金の変動額は，特別償却準備金の積立又は特別償却準備金の取崩として表示する。

2．X2年度の会計処理（差異の解消）

(1) 減価償却費の計上

(減　価　償　却　費)	1,500	(減価償却累計額)	1,500

(2) 税務上の処理

(損　　　金)	1,500	(減価償却累計額)	1,500
(負　　　債)	720※	(益　　　金)	720

※　3,600 ÷ 5 年 = 720

　　特別償却準備金の取崩額が益金に算入される。

(3)　税効果会計の適用

（繰 延 税 金 負 債）	288※1	（法人税等調整額）	288
（特別償却準備金） 特別償却準備金の取崩	432	（繰越利益剰余金） 特別償却準備金の取崩	432※2

※1　720×40％＝288

※2　720×（1－40％）＝432

3．解法

(1)　会計上と税務上の帳簿価額

　　負債の金額に着目すると，会計上と税務上の負債の帳簿価額の差額が将来加算一時差異になる。

	X1年度取得時		X1年度末		X2年度末
税務上の簿価	0	△3,600	△3,600	720	△2,880
会計上の簿価	0		0		0
差異	0	△3,600	△3,600	＋720	△2,880
（繰延税金負債	0	△1,440	△1,440	＋288	△1,152)
（特別償却準備金	0	△2,160	△2,160	＋432	△1,728)

(2)　解答の金額

①　X1年度の財務諸表数値

　　繰延税金負債：3,600×40％＝1,440

　　特別償却準備金：3,600×（1－40％）＝2,160

　　法人税等調整額：（0－3,600)×40％＝△1,440（借方）

②　X2年度の財務諸表数値

　　繰延税金負債：2,880×40％＝1,152

　　特別償却準備金：2,880×（1－40％）＝1,728

　　法人税等調整額：(3,600－2,880)×40％＝288（貸方）

③　資産除去債務

　　税務上は資産除去債務の計上は認められないため，負債に計上される資産除去債務は将来減算一時差異に該当し，資産に計上される資産除去債務に対応する除去費用は将来加算一時差異に該当する。

例題24−15　　資産除去債務

　以下の資料に基づいて，X1年度及びX2年度の財務諸表に計上される繰延税金資産，繰延税金負債及び法人税等調整額を求めなさい。

1．X1年度期末において，機械を50,000千円で取得した。
2．当該機械は，耐用年数：5年，残存価額：ゼロ，償却方法：定額法によって減価償却する。なお，当社には当該機械を使用後に除去する法的義務があり，その支出額は2,400千円と見積もられる。割引率は年5％とする。
3．法人税等の法定実効税率は40％として，税効果会計を適用する。なお，繰延税金資産と繰延税金負債の相殺については考慮しない。

解答　（単位：千円）

1．X1年度の会計処理（差異の発生）

(1)　機械の取得と資産除去債務の計上

（機　　　械）	51,880※2	（現　金　預　金）	50,000
		（資産除去債務）	1,880※1

※1　$2,400 \div 1.05^5 \fallingdotseq 1,880$

※2　貸方合計

(2)　税務上の処理

（機　　　械）	50,000	（現　金　預　金）	50,000

税務上，資産除去債務の計上は認められない。

(3)　税効果会計の適用

（繰延税金資産）	752※1	（繰延税金負債）	752※2

※1　1,880×40％＝752

　　　負債に計上される資産除去債務に対して将来減算一時差異が生じ

　　　る。

※2　資産に計上される資産除去債務に対応する除去費用に対して将来加

　　　算一時差異が生じる。

2．X2年度の会計処理

(1)　減価償却費等の計上

（減 価 償 却 費）	10,376※1	（減価償却累計額）	10,376
（減 価 償 却 費） 利息費用	94※2	（資 産 除 去 債 務）	94

※1　（50,000＋1,880）÷5年＝10,376

※2　1,880×5％＝94

(2)　税務上の処理

（減 価 償 却 費）	10,000	（減価償却累計額）	10,000

※　50,000÷5年＝10,000

(3)　税効果会計の適用

（繰 延 税 金 負 債）	150	（法人税等調整額）	150※1
（繰 延 税 金 資 産）	38	（法人税等調整額）	38※2

※1　376［＝1,880÷5年］×40％≒150

※2　94×40％≒38

３．解法

(1)　会計上と税務上の帳簿価額（資産除去債務）

　　負債の金額に着目すると，会計上と税務上の負債の帳簿価額の差額が将来減算一時差異になる。なお，将来減算一時差異は資産除去債務を履行することにより解消する。

	X1年度末		X2年度末
税務上の簿価	0		0
会計上の簿価	△1,880	△94	△1,974
差異	1,880	+94	1,974
（繰延税金資産	752	+38	790）

(2)　会計上と税務上の帳簿価額（除去費用）

　　資産の金額に着目すると，会計上と税務上の資産の帳簿価額の差額が将来加算一時差異になる。なお，将来加算一時差異は減価償却を通じて解消される。

	X1年度末		X2年度末
税務上の簿価	50,000	△10,000	40,000
会計上の簿価	51,880	△10,376	41,504
差異	△1,880	+376	△1,504
（繰延税金負債	△752	+150	△602）

(3)　解答の金額

①　X1年度の財務諸表数値

　　繰延税金資産：$1,880 \times 40\% = 752$

　　繰延税金負債：$1,880 \times 40\% = 752$

　　法人税等調整額：なし

②　X2年度の財務諸表数値

　　繰延税金資産：$1,974 \times 40\% \fallingdotseq 790$

　　繰延税金負債：$1,504 \times 40\% \fallingdotseq 602$

　　法人税等調整額：$\{(1,974 - 1,880) + (1,880 - 1,504)\} \times 40\% = 188$（貸方）

３．評価差額

⑴　その他有価証券評価差額金

　　その他有価証券について，全部純資産直入法が採用されている場合，期末に時価評価し，評価差額は純資産に直入されることになる。ここで，税務上，その他有価証券は取得価額で評価され，会計上の評価額とは金額が異なることになるため，税効果会計を適用する。ただし，この場合は，税務上の課税所得と会計上の利益が異なるわけではないため，法人税等調整額を計上する必要はない。

　　評価差益が生じている場合にその他有価証券を売却すれば，売却益に課税されることになるため，将来の税金の支払額として繰延税金負債を計上する。また，評価差損が生じている場合にその他有価証券を売却すれば，売却損は課税所得を減少させるため，将来の税金の支払額の減額として繰延税金資産を計上する。

　　なお，期間差異と評価差額をあわせて，**一時差異**という。

例題24－16　　その他有価証券評価差額金

　以下の資料に基づいて，必要な会計処理を示しなさい。

１．当期にα社株式とβ社株式を取得し，その他有価証券に分類・保有している。

２．α社株式とβ社株式の取得価額及び期末時価は以下のとおりである。

銘柄	取得価額	期末時価
α社株式	3,500千円	4,200千円
β社株式	2,500千円	2,100千円

３．法人税等の法定実効税率は40％として，税効果会計を適用する。

解　答（単位：千円）

1．α社株式

（1）　期末時価評価

| （投資有価証券） | 700※1 | （その他有価証券評価差額金） | 420※2 |
| | | （繰延税金負債） | 280※3 |

※1　4,200 − 3,500 = 700

※2　700 ×（1 − 40%）= 420

　　その他有価証券評価差額金については，これらに係る繰延税金資産又は繰延税金負債の額を控除した金額を計上する。

※3　700 × 40% = 280

（2）　翌期首の洗替え

| （その他有価証券評価差額金） | 420 | （投資有価証券） | 700 |
| （繰延税金負債） | 280 | | |

※　評価差額に係る繰延税金資産及び負債は，評価差額の洗替えによって消去される。

2．β社株式

（1）　全部純資産直入法

①　期末時価評価

| （その他有価証券評価差額金） | 240※2 | （投資有価証券） | 400※1 |
| （繰延税金資産） | 160※3 | | |

※1　2,500 − 2,100 = 400

※2　400 ×（1 − 40%）= 240

※3　400 × 40% = 160

②　翌期首の洗替え

| （投資有価証券） | 400 | （その他有価証券評価差額金） | 240 |
| | | （繰延税金資産） | 160 |

⑵　部分純資産直入法

① 期末時価評価

（投資有価証券評価損）	400	（投資有価証券）	400※1
（繰延税金資産）	160※2	（法人税等調整額）	160

※1　2,500 − 2,100 = 400

当該評価損400は，税務上，損金不算入となる。

※2　400 × 40% = 160

② 翌期首の洗替え

（投資有価証券）	400	（投資有価証券評価損）	400
（法人税等調整額）	160	（繰延税金資産）	160

3．解法

⑴　会計上と税務上の帳簿価額（α社株式）

	当期末
税務上の簿価	3,500
会計上の簿価	4,200
差異	△700
（繰延税金負債	△280）

⑵　会計上と税務上の帳簿価額（β社株式）

	当期末
税務上の簿価	2,500
会計上の簿価	2,100
差異	400
（繰延税金資産	160）

(2) 繰延ヘッジ損益

ヘッジ会計として，繰延ヘッジを適用している場合，時価評価されているヘッジ手段に係る損益又は評価差額が繰延ヘッジ損益として純資産に計上される。この場合，繰延ヘッジ損益について，その他有価証券評価差額金と同様に税効果会計を適用する。

例題24-17　繰延ヘッジ損益

以下の資料に基づいて，必要な会計処理を示しなさい。

1．当期に保有している国債の時価変動リスクをヘッジするために，国債先物1,000千口を額面100円につき97円で売り建てた。なお，先物取引に係る委託証拠金は考慮外のものとする。

2．当期末における国債先物の時価は額面100円につき93円である。国債先物については，繰延ヘッジによるヘッジ会計を適用する。

3．法人税等の法定実効税率は40％として，税効果会計を適用する。

解答（単位：千円）

| （債　券　先　物） | 4,000※1 | （繰延ヘッジ損益） | 2,400※2 |
| | | （繰延税金負債） | 1,600※3 |

※1　1,000千口×（@97円－@93円）＝4,000

※2　4,000×（1－40％）＝2,400

※3　4,000×40％＝1,600

会計上と税務上の帳簿価額（債券先物）

	当期末
税務上の簿価	0
会計上の簿価	4,000
差異	△4,000
（繰延税金負債	△1,600）

４．税率の変更

　　法人税等について税率の変更があった場合には，過年度に計上された繰延税金資産及び繰延税金負債を新たな税率に基づき再計算する。

例題24－18　　税率の変更

　以下の資料に基づいて，X2年度に必要な会計処理を示しなさい。
1．X1年度期末において，200,000千円で取得した土地につき60,000千円の減損損失を計上した。
2．X1年度における法人税等の法定実効税率は40％，X2年度における法人税等の法定実効税率は35％として，税効果会計を適用する。

解　答　（単位：千円）

（法人税等調整額）	3,000	（繰延税金資産）	3,000

　※　24,000〔＝60,000×40％〕－21,000〔＝60,000×35％〕＝3,000

5．表示

　繰延税金資産は固定資産（投資その他の資産）の区分に表示し，繰延税金負債は固定負債の区分に表示する。繰延税金資産と繰延税金負債は，双方を相殺して表示する。

例題24-19　表示(1)

　以下の資料に基づいて，X1年度の貸借対照表に計上される繰延税金資産，繰延税金負債及び損益計算書に計上される法人税等調整額の金額を求めなさい。

1．商品評価損をX0年度及びX1年度において，それぞれ300千円，500千円計上している。X0年度に簿価を切下げた商品はすべてX1年度に販売された。税務上，商品評価損は全額損金不算入である。

2．売上債権に対する貸倒引当金をX0年度及びX1年度において，それぞれ2,000千円，1,750千円計上している。税務上，貸倒引当金の計上は認められない。

3．退職給付引当金をX0年度及びX1年度において，それぞれ9,000千円，10,000千円計上している。税務上，退職給付引当金の計上は認められない。

4．X0年度期首に，備品を2,000千円で取得しており，耐用年数：5年，残存価額：ゼロ，償却方法：定額法により減価償却を行っている。税務上，耐用年数：8年で減価償却限度額を算定する。

5．X0年度期首に，受領した国庫補助金30,000千円を充当して建物110,000千円を取得した。当該建物は耐用年数：40年，残存価額：ゼロ，償却方法：定額法により減価償却を行っている。積立金方式を採用しており，税務上，受領した国庫補助金の額を損金に算入することが認められた。

6．X1年度期中に，その他有価証券を2,000千円で取得しており，X1年度期末の時価は2,200千円であった。税務上，その他有価証券は原価で評価する。

7．上記の項目につき，法人税等の法定実効税率は40％として，税効果会計を適用する。

解 答 （単位：千円）

1．解法（法人税等調整額が計上されない一時差異については（　）を付す）

将来減算一時差異	前期末	当期末	将来加算一時差異	前期末	当期末
商　　　　品	300	500	建　　　物	29,250※3	28,500※4
貸 倒 引 当 金	2,000	1,750	その他有価証券	—	(200)※5
退 職 給 付	9,000	10,000			
備　　　　品	150※1	300※2			
合　　計	11,450	12,550	合　　計	29,250	28,700

※1　$\underset{\text{税務上の帳簿価額}}{2,000 \times 7 \text{年}/8 \text{年}} - \underset{\text{会計上の帳簿価額}}{2,000 \times 4 \text{年}/5 \text{年}} = 150$

※2　$\underset{\text{税務上の帳簿価額}}{2,000 \times 6 \text{年}/8 \text{年}} - \underset{\text{会計上の帳簿価額}}{2,000 \times 3 \text{年}/5 \text{年}} = 300$

※3　$\underset{\text{会計上の帳簿価額}}{110,000 \times 39 \text{年}/40 \text{年}} - \underset{\text{税務上の帳簿価額}}{(110,000 - 30,000) \times 39 \text{年}/40 \text{年}} = 29,250$

※4　$\underset{\text{会計上の帳簿価額}}{110,000 \times 38 \text{年}/40 \text{年}} - \underset{\text{税務上の帳簿価額}}{(110,000 - 30,000) \times 38 \text{年}/40 \text{年}} = 28,500$

※5　$2,200 - 2,000 = 200$

2．解答の金額

(1)　繰延税金資産または繰延税金負債：

$\underset{\text{繰延税金負債}}{28,700 \times 40\%} - \underset{\text{繰延税金資産}}{12,550 \times 40\%} = 6,460$（繰延税金負債）

(2)　法人税等調整額：

$\underset{\text{繰延税金資産の増加⇒貸方}}{12,550 \times 40\% - 11,450 \times 40\%} + \underset{\text{繰延税金負債の減少⇒貸方}}{29,250 \times 40\% - 28,500 \times 40\%} = 740$（貸方）

3．会計処理

(1)　繰延税金資産

（繰 延 税 金 資 産）	440	（法人税等調整額）	440

※　$12,550 \times 40\% - 11,450 \times 40\% = 440$

(2)　圧縮積立金

（繰 延 税 金 負 債）	300※1	（法人税等調整額）	300
（圧 縮 積 立 金） 圧縮積立金の取崩	450※2	（繰越利益剰余金） 圧縮積立金の取崩	450

※1　$29,250 \times 40\% - 28,500 \times 40\% = 300$

※2　$29,250 \times (1 - 40\%) - 28,500 \times (1 - 40\%) = 450$

(3)　その他有価証券

（投 資 有 価 証 券）	200	（その他有価証券 　評 価 差 額 金）	120※1
		（繰 延 税 金 負 債）	80※2

※1　$200 \times (1 - 40\%) = 120$

※2　$200 \times 40\% = 80$

例題24-20　表示(2)

　以下の資料に基づいて，X1年度の貸借対照表に計上される繰延税金資産，繰延税金負債及び損益計算書に計上される法人税等調整額の金額を求めなさい。

1．商品評価損をX0年度及びX1年度において，それぞれ300千円，500千円計上している。X0年度に簿価を切下げた商品はすべてX1年度に販売された。税務上，商品評価損は全額損金不算入である。

2．売上債権に対する貸倒引当金をX0年度及びX1年度において，それぞれ2,000千円，1,750千円計上している。税務上，貸倒引当金の計上は認められない。

3．退職給付引当金をX0年度及びX1年度において，それぞれ9,000千円，10,000千円計上している。税務上，退職給付引当金の計上は認められない。

4．X0年度期首に，備品を2,000千円で取得しており，耐用年数：5年，残存価額：ゼロ，償却方法：定額法により減価償却を行っている。税務上，耐用年数：8年で減価償却限度額を算定する。

5．X0年度期首に，受領した国庫補助金30,000千円を充当して建物110,000千円を取得した。当該建物は耐用年数：40年，残存価額：ゼロ，償却方法：定額法により減価償却を行っている。積立金方式を採用しており，税務上，受領した国庫補助金の額を損金に算入することが認められた。

6．X1年度期中に，その他有価証券を2,000千円で取得しており，X1年度期末の時価は2,200千円であった。税務上，その他有価証券は原価で評価する。

7．上記の項目につき，X0年度の法人税等の法定実効税率は40%，X1年度の法人税等の法定実効税率は36%として，税効果会計を適用する。

解答（単位：千円）

1．解法

| | 将来減算一時差異 | | | 将来加算一時差異 | |
	前期末	当期末		前期末	当期末
商　　　品	300	500	建　　　物	29,250※3	28,500※4
貸倒引当金	2,000	1,750	その他有価証券	－	(200)※5
退職給付	9,000	10,000			
備　　　品	150※1	300※2			
合　　計	11,450	12,550	合　　計	29,250	28,700

※1　$\underset{\text{税務上の帳簿価額}}{2,000\times 7\,年/8\,年}-\underset{\text{会計上の帳簿価額}}{2,000\times 4\,年/5\,年}=150$

※2　$\underset{\text{税務上の帳簿価額}}{2,000\times 6\,年/8\,年}-\underset{\text{会計上の帳簿価額}}{2,000\times 3\,年/5\,年}=300$

※3　$\underset{\text{会計上の帳簿価額}}{110,000\times39年/40年}-\underset{\text{税務上の帳簿価額}}{(110,000-30,000)\times39年/40年}=29,250$

※4　$\underset{\text{会計上の帳簿価額}}{110,000\times38年/40年}-\underset{\text{税務上の帳簿価額}}{(110,000-30,000)\times38年/40年}=28,500$

※5　$2,200-2,000=200$

2．解答の金額

(1) 繰延税金資産または繰延税金負債：

$\underset{\text{繰延税金負債}}{28,700\times36\%}-\underset{\text{繰延税金資産}}{12,550\times36\%}=5,814$（繰延税金負債）

(2) 法人税等調整額：

$\underset{\text{繰延税金資産の減少⇒借方}}{12,550\times36\%-11,450\times40\%}+\underset{\text{繰延税金負債の減少⇒貸方}}{29,250\times40\%-28,500\times36\%}$
$=1,378$（貸方）

3．会計処理

(1) 繰延税金資産

（法人税等調整額）	62	（繰延税金資産）	62

※　$12,550\times36\%-11,450\times40\%=△62$

(2) 圧縮積立金

| （繰延税金負債） | 1,440※1 | （法人税等調整額） | 1,440 |
| （繰越利益剰余金）
圧縮積立金の積立 | 690 | （圧縮積立金）
圧縮積立金の積立 | 690※2 |

※1　11,700〔＝29,250×40％〕－10,260〔＝28,500×36％〕＝1,440

※2　18,240〔＝28,500×（1－36％）〕－17,550〔＝29,250×（1－40％）〕
　　　＝690

	前期末	当期の増減	当期末
一時差異	29,250		28,500
繰延税金負債	11,700	減少 1,440	10,260
圧縮積立金	17,550	増加　690	18,240

(3) その他有価証券

| （投 資 有 価 証 券） | 200 | （その他有価証券
評 価 差 額 金） | 128※1 |
| | | （繰 延 税 金 負 債） | 72※2 |

※1　200×（1－36％）＝128

※2　200×36％＝72

第３節　その他の論点

1．法定実効税率

　　法定実効税率とは，次の算式によるものをいう。なお，次の算式の「事業税率」については地方法人特別税の税率を含めるものとする。

$$法定実効税率 = \frac{法人税率 \times (1 + 地方法人税率 + 住民税率) + 事業税率}{1 + 事業税率}$$

2．繰越欠損金

　　税務上，単年度の損金が益金を上回り，**欠損金**が生じた場合は，繰越期間内に限って，その期間に発生した課税所得から当該欠損金を控除することが認められている。

　　欠損金が生じていても，その期間における税務上の益金及び損金と会計上の収益及び費用が異なるわけではないので，差異は生じていない。しかし，将来減算一時差異と同様に，将来の法人税等の支払いを減額する効果があるため，税効果会計を適用する。

　　なお，一時差異と繰越欠損金をあわせて，一時差異等と総称される。

例題24－21　　繰越欠損金

以下の資料に基づいて，必要な会計処理を示しなさい。

1．X1年度に税務上の欠損金が100,000千円生じた。会計上の税引前当期純損失も同額である。

2．X2年度に税務上の課税所得が300,000千円生じた。会計上の税引前当期純利益も同額である。

3．繰越欠損金の全額につき，法人税等の法定実効税率は40％として，税効果会計を適用する。

4．繰越欠損金は，発生の次年度以降10年間において，繰越控除前の所得の金額の60％を繰越限度額とした控除が認められているものとする。

解　答（単位：千円）

1．X1年度

(1)　会計処理

（繰 延 税 金 資 産）	40,000	（法人税等調整額）	40,000

※　100,000×40％＝40,000

(2)　損益計算書

税引前当期純損失		△100,000
法人税等	0	
法人税等調整額	△40,000	△40,000
当期純損失		△60,000

2．X2年度

（1）　会計処理

| （法人税等調整額） | 40,000 | （繰延税金資産） | 40,000 |

（2）　損益計算書

税引前当期純利益		300,000
法人税等	80,000※	
法人税等調整額	40,000	120,000
当期純利益		180,000

※①　繰越欠損金の控除限度額：300,000×60％＝180,000

②　180,000＞100,000より，繰越欠損金の全額を控除する。

③　法人税等：（300,000－100,000）×40％＝80,000

3．繰延税金資産の回収可能性と繰延税金負債の支払可能性

(1)　繰延税金資産の回収可能性

　　将来減算一時差異は，差異の解消年度に課税所得を減額させ，納付税額を減額させる効果を有する。ただし，解消年度に課税所得が生じていなければ，納める税金も生じず，納付税額を減額することはできない。ここで，将来減算一時差異及び繰越欠損金に基づく繰延税金資産が将来の税金負担額を軽減する効果を有するかどうかということを**繰延税金資産の回収可能性**という。

　　繰延税金資産として計上すべき額は，将来の税金の減額の見積額であるため，回収可能性があると見込まれれば繰延税金資産に計上し，回収可能性がないと見込まれれば繰延税金資産の算定において控除する。なお，繰延税金資産の算定に当たり繰延税金資産から控除した金額がある場合には，当該金額を**評価性引当額**などの名称によって注記する必要がある。

　　また，回収可能性は，以下の３つに基づいて，将来の税金負担額を軽減する効果を有するかどうかを判断する。

①　**収益力に基づく一時差異等加減算前課税所得**

　　将来減算一時差異の解消見込年度，もしくは繰越欠損金の繰越期間に，一時差異等加減算前課税所得が発生する可能性が高いと見込まれるかどうか。

②　**タックス・プランニングに基づく一時差異等加減算前課税所得**

　　将来減算一時差異の解消見込年度，もしくは繰越欠損金の繰越期間に，含み益のある固定資産又は有価証券を売却する等のタックス・プランニングに基づく一時差異等加減算前課税所得が生じる可能性が高いと見込まれるかどうか。

③　**将来加算一時差異**

　　将来減算一時差異の解消見込年度，もしくは繰越欠損金の繰越期間に，将来加算一時差異が解消されると見込まれるかどうか。

(2)　繰延税金負債の支払可能性

　　繰延税金負債として計上すべき額は，将来の税金の増額の見積額であるため，支払可能性があると見込まれれば繰延税金負債に計上し，支払可能性がないと見込まれれば繰延税金負債の算定において控除する。

　　なお，支払可能性がない場合とは，会社が清算するまでに明らかに将来加算一時差異を上回る損失が発生し，課税所得が発生しないことが合理的に見込まれる場合に限られる。

例題24-22　繰延税金資産の回収可能性

　　以下の資料に基づいて，X1年度の財務諸表に計上される繰延税金資産及び法人税等調整額を求めなさい。また，繰延税金資産に係る評価性引当額を求めなさい。

1．退職給付引当金のX0年度末における会計上の帳簿価額は5,000千円，X1年度末における会計上の帳簿価額は6,400千円であった。税務上の金額はいずれの年度末においても0である。

2．法人税等の法定実効税率は35％として，税効果会計を適用する。

3．X0年度末において，将来減算一時差異を回収するのに十分な一時差異等加減算前課税所得が生ずると見込まれた。X1年度末においては，繰延税金資産のうち20％は回収不能と見込まれた。

解 答（単位：千円）

1．解法

将来減算一時差異

	前期末	当期末
退 職 給 付	5,000	6,400

繰延税金資産（控除前）：$6,400 \times 35\% = 2,240$

評価性引当額：$2,240 \times 20\% = 448$

繰延税金資産：$2,240 - 448 = 1,792$

法人税等調整額：$1,792 - 5,000 \times 35\% = 42$（貸方）

2．会計処理

（繰 延 税 金 資 産）	42	（法人税等調整額）	42

第25章
外貨建取引

第1節　総論

1．外貨建取引の意義

　　外貨建取引とは，売買価額その他取引金額が外国通貨（外貨）で表示されている取引をいう。

　　外貨建取引には，①取引価額が外国通貨で表示されている物品の売買又は役務の授受，②決済金額が外国通貨で表示されている資金の借入又は貸付，③券面額が外国通貨で表示されている社債の発行，④外国通貨による前渡金，仮払金の支払又は前受金，仮受金の受入及び⑤決済金額が外国通貨で表示されているデリバティブ取引等が含まれる。

2．為替相場

　　外貨建取引は，自国通貨たる円に換算して記帳する。その際に使用される換算レートが**為替相場（為替レート）**と呼ばれるものであり，これは外国為替市場で決定される。

第2節　外貨建取引の会計処理

1．取引発生時の処理

　　外貨建取引は，原則として，当該取引発生時の為替相場（ＨＲ：Historical Rate）による円換算額をもって記録する。ただし，前渡金及び前受金等の授受が取引に先立って行われている場合は，それらを授受した日の為替相場をもって，円換算額とする。

　　外貨建金銭債権債務の決済（外国通貨の円転換を含む）に伴って生じた損益は，原則として，当期の**為替差損益**として処理する。

2．決算時の処理

　　外国通貨及び外貨建金銭債権債務（外貨預金を含む）については，決算時の為替相場（ＣＲ：Current Rate）による円換算額を付する。決算時における換算によって生じた換算差額は，原則として，当期の為替差損益として処理する。

3．損益計算書における表示

　　為替差損益は，差益と差損を相殺した純額で損益計算書の営業外損益の一項目として表示する。

> 　　為替差損益は，厳密に言えば次の2種類に区別されるが，通常は両者を区別せず一括して扱う。
> ① 　決済差損益
> 　　　外貨建金銭債権債務の決済に伴って生じた為替差損益
> ② 　換算差損益
> 　　　決算時における換算によって生じた為替差損益

例題25－1　輸入取引①

次の各取引につき，仕訳を示しなさい。

① 米国A社より商品2,000ドルを掛で仕入れた。当日の為替相場は1ドル ＝110円であった。

② 上記買掛金を全額決済した。当日の為替相場は1ドル＝105円であった。

解　答（単位：円）

①
（仕　　　　入）	220,000	（買　　掛　　金）	220,000

※　2,000ドル× @110 ＝220,000
　　　　　　　　仕入日の為替相場

②
（買　　掛　　金）	220,000	（現　金　預　金）	210,000※1
		（為　替　差　損　益）	10,000※2

※1　2,000ドル× @105 ＝210,000
　　　　　　　　決済日の為替相場

※2　貸借差額

例題25－2　輸入取引②

次の各取引につき，仕訳を示しなさい。

① 米国A社より商品2,000ドルを掛で仕入れた。当日の為替相場は1ドル ＝110円であった。

② 決算日となった。当日の為替相場は1ドル＝108円であった。

③ 上記買掛金を全額決済した。当日の為替相場は1ドル＝105円であった。

解　答（単位：円）

①
（仕　　　　入）	220,000	（買　　掛　　金）	220,000

※　2,000ドル× @110 ＝220,000
　　　　　　　　仕入日の為替相場

② | （買　　掛　　金） | 4,000 | （為 替 差 損 益） | 4,000 |

※　2,000ドル×（@110－@108）＝4,000
　　　　　　　　HR　　CR

　　　貸借対照表における買掛金：2,000ドル×@108＝216,000
　　　　　　　　　　　　　　　　　　　　　　　CR

③ | （買　　掛　　金） | 216,000※1 | （現 金 預 金） | 210,000※2 |
| | | （為 替 差 損 益） | 6,000※3 |

※1　2,000ドル×@108＝216,000

※2　2,000ドル×　　@105　　＝210,000
　　　　　　　　決済日の為替相場

※3　貸借差額

例題25－3　　前渡金のある場合の輸入取引

次の各取引につき，仕訳を示しなさい。
① 商品2,000ドルの買付契約を締結し，内金として，代金の20％（400ド
ル）を送金した。当日の為替相場は1ドル＝110円であった。
② 決算日となった。当日の為替相場は1ドル＝108円であった。
③ 商品が到着し，残金1,600ドルは掛とした。当日の為替相場は1ドル＝
100円であった。
④ 上記買掛金を全額決済した。当日の為替相場は1ドル＝105円であった。

解　答（単位：円）

① | （前　　渡　　金） | 44,000 | （現 金 預 金） | 44,000 |

※　400ドル×　　@110　　＝44,000
　　　　　　送金日の為替相場

② | 仕訳なし |

※　前渡金は外貨建金銭債権債務ではないため，決算時における換算替え
は行わない。

　　　貸借対照表における前渡金：44,000

③

（仕 入）	204,000※2	（前 渡 金）	44,000
		（買 掛 金）	160,000※1

※1　1,600ドル× <u>＠100</u> ＝160,000
　　　　　　　仕入日の為替相場

※2　貸方合計

④

（買 掛 金）	160,000	（現 金 預 金）	168,000※1
（為 替 差 損 益）	8,000※2		

※1　1,600ドル× <u>＠105</u> ＝168,000
　　　　　　　決済日の為替相場

※2　貸借差額

例題25－4　輸出取引

　次の各取引につき，仕訳を示しなさい。

① 米国A社に対し，商品2,000ドルを掛で売上げた。当日の為替相場は1ドル＝110円であった。

② 決算日となった。当日の為替相場は1ドル＝108円であった。

③ 上記売掛金を全額決済した。当日の為替相場は1ドル＝105円であった。

解　答（単位：円）

①

（売 掛 金）	220,000	（売 上）	220,000

※　2,000ドル× <u>＠110</u> ＝220,000
　　　　　　　売上日の為替相場

②

（為 替 差 損 益）	4,000	（売 掛 金）	4,000

※　2,000ドル×（<u>＠110</u>－<u>＠108</u>）＝4,000
　　　　　　　　　 HR　　 CR

　　貸借対照表における売掛金：2,000ドル×<u>＠108</u>＝216,000
　　　　　　　　　　　　　　　　　　　　　 CR

③ | （現　金　預　金）　210,000※2 | （売　　掛　　金）　216,000※1 |
|---|---|
| （為 替 差 損 益）　　6,000※3 | |

※1　2,000ドル×@108＝216,000

※2　2,000ドル× @105 ＝210,000
　　　　　　　決済日の為替相場

※3　貸借差額

例題25－5　前受金のある場合の輸出取引

次の各取引につき，仕訳を示しなさい。

① 商品を2,000ドルで販売する契約を締結し，内金として，代金の20％（400ドル）を受領した。当日の為替相場は1ドル＝110円であった。

② 決算日となった。当日の為替相場は1ドル＝108円であった。

③ 商品を船積みし，売上を計上し，残金1,600ドルは掛とした。当日の為替相場は1ドル＝100円であった。

④ 上記売掛金を全額決済した。当日の為替相場は1ドル＝105円であった。

解　答 （単位：円）

① | （現　金　預　金）　44,000 | （前　　受　　金）　44,000 |
|---|---|

※　400ドル× @110 ＝44,000
　　　　　　受領日の為替相場

② | 仕訳なし |
|---|

※　前受金は外貨建金銭債権債務ではないため，決算時における換算替えは行わない。

　　貸借対照表における前受金：44,000

③ | （前　　受　　金）　44,000 | （売　　　　　　上）　204,000※2 |
|---|---|
| （売　　掛　　金）　160,000※1 | |

※1　1,600ドル× @100 ＝160,000
　　　　　　　　売上日の為替相場

※2　借方合計

④ | （現 金 預 金） | 168,000※1 | （売　　掛　　金） | 160,000 |
|---|---|---|---|
| | | （為 替 差 損 益） | 8,000※2 |

※1　1,600ドル× <u>@105</u> ＝168,000
　　　　　　　　　決済日の為替相場

※2　貸借差額

例題25－6　借入金に係る取引

次の各取引につき，仕訳を示しなさい。

① X1年1月1日に，10,000ドルの借入れを行い，当座預金に入金された。借入期間は1年間，利率は年6％であり，利息は返済日に支払う契約となっている。当日の為替相場は1ドル＝110円であった。

② X1年3月31日（決算日）となった。当日の為替相場は1ドル＝108円であった。なお，利息の見越計上額（月割計算による）については決算日の為替相場により換算する。

③ X1年4月1日，利息に関して再振替仕訳を行った。

④ X1年12月31日に，上記借入金を返済し，利息とともに当座預金より支払った。当日の為替相場は1ドル＝105円であった。

解答（単位：円）

① | （現 金 預 金） | 1,100,000 | （借　　入　　金） | 1,100,000 |
|---|---|---|---|

※　10,000ドル× <u>@110</u> ＝1,100,000
　　　　　　　　借入日の為替相場

② | （借　　入　　金） | 20,000 | （為 替 差 損 益） | 20,000※1 |
|---|---|---|---|
| （支 払 利 息） | 16,200 | （未 払 利 息） | 16,200※2 |

※1　10,000ドル×（@110－@108）＝20,000
　　　　　　　　　　　HR　　CR

　　　貸借対照表における借入金：10,000ドル×@108＝1,080,000
　　　　　　　　　　　　　　　　　　　　　　　CR

※2　10,000ドル×6％×3ヶ月/12ヶ月×@108＝16,200
　　　　　　　　　　　　　　　　　　CR

③　（未　払　利　息）　16,200　　（支　払　利　息）　16,200

④　（借　　入　　金）1,080,000※1　（現　金　預　金）1,050,000※2
　　　　　　　　　　　　　　　　　　　（為　替　差　損　益）　30,000※3
　　（支　払　利　息）　63,000　　（現　金　預　金）　63,000※4

※1　10,000ドル×@108＝1,080,000

※2　10,000ドル×　　@105　　＝1,050,000
　　　　　　　　　　返済日の為替相場

※3　貸借差額

※4　10,000ドル×6％×　　@105　　＝63,000
　　　　　　　　　　　　　返済日の為替相場

例題25－7　固定資産取引

次の各取引につき，仕訳を示しなさい。
①　X1年4月1日に，海外より機械装置を500ドルで購入し，代金は現金にて支払った。当日の為替相場は1ドル＝110円であった。
②　X2年3月31日（決算日）となった。機械装置について，耐用年数を8年，残存価額をゼロとする定額法により減価償却を行う。当日の為替相場は1ドル＝108円であった。

解　答（単位：円）

①　（機　械　装　置）　55,000　　（現　金　預　金）　55,000

※　500ドル×　　@110　　＝55,000
　　　　　　　購入日の為替相場

②　（減　価　償　却　費）　6,875　　（減価償却累計額）　6,875

※　55,000÷8年＝6,875

　　有形固定資産については取得時において円建の取得原価が確定したものとして扱う。したがって，当該円建の取得原価に基づいて減価償却を行う。

第25章　外貨建取引

例題25-8　決算時の処理

　次の資料に基づき，貸借対照表及び損益計算書の一部を作成しなさい。な
お，決算日（3月31日）の為替レートは1ドル＝100円である。

〔資料Ⅰ〕　決算整理前残高試算表（一部）

決算整理前残高試算表　　　　（単位：千円）

現　　　　金	45,000	未　払　金	96,000
売　掛　金	204,500	前　受　金	4,900
備　　　品	96,000	受　取　利　息	375
貸　付　金	44,000	為　替　差　損　益	3,450

〔資料Ⅱ〕　決算整理事項

1．決算整理前残高試算表の現金には，外国通貨50千ドルが含まれている
　（取得時（当期）の為替レート：1ドル＝90円）。

2．決算整理前残高試算表の売掛金には，米国に所在する得意先に対する
　300千ドルが含まれている（取得時（当期）の為替レート：1ドル＝95
　円）。

3．決算整理前残高試算表の前受金は，米国に所在する得意先から受領した
　50千ドルである（受領時の為替レート：1ドル＝98円）。

4．決算整理前残高試算表の備品は，当期3月1日に米国の業者から1,000
　千ドルで購入したものである（購入時の為替レート：1ドル＝96円）。な
　お，代金は翌期4月末に支払うものとしている。また，備品の減価償却
　は，残存価額ゼロ，耐用年数5年の定額法で行う。

5．決算整理前残高試算表の貸付金は，前期7月1日に，借入期間3年，利
　率年3％，利払日6月30日（年1回後払い）の条件で，500千ドルを貸付
　けたものである（前期7月1日の為替レート：1ドル＝85円，前期末の為
　替レート：1ドル＝88円）。なお，利息の見越計上額については決算日の
　為替相場により換算する。

6．減価償却費及び利息については月割計算を行う。

76

解 答（単位：千円）

1．貸借対照表（一部）

貸　借　対　照　表		（単位：千円）	
現　　　　金	45,500	未　払　金	100,000
売　掛　金	206,000	前　受　金	4,900
未　収　収　益	1,125		
備　　品	96,000		
減価償却累計額	△1,600		
長　期　貸　付　金	50,000		

2．損益計算書（一部）

損　益　計　算　書	（単位：千円）
販売費及び一般管理費	
減　価　償　却　費	1,600
営業外収益	
受　取　利　息	1,500
為　替　差　益	7,450

解 説（単位：千円）

1．外国通貨

（現　　　　金）	500	（為　替　差　損　益）	500

※　50千ドル×（@100円－@90円）＝500
　　　　　　　　CR　　　HR

2．売掛金

（売　掛　金）	1,500	（為　替　差　損　益）	1,500

※　300千ドル×（@100円－@95円）＝1,500
　　　　　　　　CR　　　HR

3．前受金

仕訳なし

4．備品

（減 価 償 却 費）	1,600	（減価償却累計額）	1,600

※　1,000千ドル×@96円÷5年×1ヶ月/12ヶ月＝1,600
　　　　　　　　HR

5．未払金

（為 替 差 損 益）	4,000	（未　　払　　金）	4,000

※　1,000千ドル×（@100円－@96円）＝4,000
　　　　　　　　　　CR　　　　HR

6．貸付金

（貸　　付　　金）	6,000	（為 替 差 損 益）	6,000

※　500千ドル×（@100円－@88円）＝6,000
　　　　　　　　CR　　　前期CR

7．受取利息

（未 収 利 息）	1,125	（受 取 利 息）	1,125

※　500千ドル×3％×9ヶ月/12ヶ月×@100円＝1,125
　　　　　　　　　　　　　　　　CR

第3節　外貨建有価証券

1．売買目的有価証券

(1)　貸借対照表価額及び評価差額の処理

　　時価の変動により利益を得ることを目的として保有する有価証券（売買目的有価証券）は，時価をもって貸借対照表価額とし，評価差額は当期の損益として処理する。

(2)　換算方法及び換算差額の処理

　　外貨建の売買目的有価証券の決算時の円貨額は，外貨による時価を決算時の為替相場により換算して算定する。この場合に生じる換算差額は，当期の評価損益として処理する。

> 貸借対照表価額：外貨ベースの時価×ＣＲ
> 換　算　差　額：貸借対照表価額－帳簿価額　→　評価損益

例題25－9　　売買目的有価証券

以下の取引について仕訳を示しなさい。

① 　A社株式を320千ドルで取得し，代金は現金で支払った。当日の為替相場は1ドル＝105円であった。なお，当社はA社株式を売買目的有価証券に分類している。

② 　決算日となった。A社株式の時価は305千ドル，為替相場は1ドル＝110円であった。

解 答（単位：千円）

① | （有　価　証　券） | 33,600 | （現　金　預　金） | 33,600 |
|---|---|---|---|

　※　320千ドル×@105円＝33,600
　　　　　　　　HR

② | （有価証券評価損益） | 50 | （有　価　証　券） | 50 |
|---|---|---|---|

　※　305千ドル×@110円－33,600＝－50
　　　　　　　　CR

　　　貸借対照表における有価証券：305千ドル×@110円＝33,550
　　　　　　　　　　　　　　　　　　　　　　　　CR

2．満期保有目的の債券

(1)　貸借対照表価額

　　満期まで所有する意図をもって保有する社債その他の債券（満期保有目的の債券）は，取得原価をもって貸借対照表価額とする。ただし，債券を債券金額より低い価額又は高い価額で取得した場合において，取得価額と債券金額との差額の性格が金利の調整と認められるときは，償却原価法に基づいて算定された価額をもって貸借対照表価額としなければならない。

(2)　換算方法

　　満期保有目的の外貨建債券については，決算時の為替相場による円換算額を付する。

　　償却原価法を適用する場合における償却額は，外国通貨による償却額を期中平均相場（ＡＲ：Average Rate）により円換算した額による。なお，外貨建金銭債権債務について償却原価法を適用する場合も同様である。

(3)　換算差額の処理

　　取得原価をもって貸借対照表価額とする場合，決算時の換算によって生じた換算差額は当期の為替差損益として処理する。

　　償却原価法を適用する場合，次のように処理する。

①　償却原価法の適用による当期償却額は，外貨建ての当期償却額を期中平均相場により円換算し，利息の調整項目として処理する。

②　為替相場の変動に基づく当期の換算差額は，以下の手順で計算し，為替差損益として処理する。

　　ア．外貨建ての償却原価を決算時の為替相場により円換算した額から取得時の帳簿価額又は前期末の貸借対照表価額を控除する。

　　イ．アから上記①で算定した額を控除する。

〔償却原価法を適用しない場合〕

　　貸借対照表価額：外貨ベースの取得原価×ＣＲ

　　換　算　差　額：貸借対照表価額－帳簿価額 → 為替差損益

〔償却原価法を適用する場合〕

　　貸借対照表価額：外貨ベースの償却原価×ＣＲ

　　換　算　差　額：

　　　① 　外貨ベースの償却額×ＡＲ → 有価証券利息

　　　② 　貸借対照表価額－（帳簿価額＋①）→ 為替差損益

〔償却原価法を適用しない場合〕

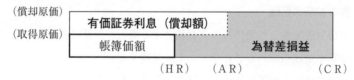

〔償却原価法を適用する場合〕

例題25-10　満期保有目的の債券①（償却原価法の適用なし）

以下の取引について仕訳を示しなさい。

①　B社社債を100千ドル（額面と同額）で取得し，代金は現金で支払った。当日の為替相場は1ドル＝105円であった。なお，当社はB社社債を満期保有目的の債券に分類している。

②　決算日となった。B社社債の時価は102千ドル，為替相場は1ドル＝110円であった。

解　答　（単位：千円）

①
（投 資 有 価 証 券）	10,500	（現 金 預 金）	10,500

※　100千ドル×@105円＝10,500
　　　　　　　　HR

②
（投 資 有 価 証 券）	500	（為 替 差 損 益）	500

※　100千ドル×@110円－10,500＝500
　　　　　　　　CR

貸借対照表における投資有価証券：100千ドル×@110円＝11,000
　　　　　　　　　　　　　　　　　　　　　　CR

例題25-11　満期保有目的の債券②（償却原価法の適用あり）

以下の取引について仕訳を示しなさい。

① X1年4月1日にC社社債を発行と同時に400千ドルで取得し，代金は現金で支払った。当日の為替相場は1ドル＝105円であった。なお，当社はC社社債を満期保有目的の債券に分類している。

② X2年3月31日（決算日）となった。C社社債の額面金額500千ドルと取得価額との差額は金利の調整と認められるため，償却原価法（定額法）を適用する。なお，C社社債の償還期間は5年間，時価は425千ドル，為替相場は1ドル＝110円であった。また，期中平均相場は1ドル＝109円であった。

解答（単位：千円）

① | （投資有価証券） | 42,000 | （現　金　預　金） | 42,000 |

※　400千ドル×@105円＝42,000
　　　　　　　　 HR

② | （投資有価証券） | 4,200※2 | （有価証券利息） | 2,180※1 |
| | | （為　替　差　損　益） | 2,020※3 |

※1　（500千ドル－400千ドル）÷5年＝20千ドル（ドル建の償却額）

　　　20千ドル×@109円＝2,180
　　　　　　　　　 AR

※2　$\underset{\text{ドル建の償却原価}}{(400千ドル＋20千ドル)}×\underset{\text{CR}}{@110円}－42,000＝4,200$

※3　$\underset{\text{ドル建の償却原価}}{(400千ドル＋20千ドル)}×\underset{\text{CR}}{@110円}－(42,000＋2,180)＝2,020$

　　　貸借対照表における投資有価証券：

　　　$\underset{\text{ドル建の償却原価}}{(400千ドル＋20千ドル)}×\underset{\text{CR}}{@110円}＝46,200$

3．子会社株式及び関連会社株式

(1)　貸借対照表価額

子会社株式及び関連会社株式は，取得原価をもって貸借対照表価額とする。

(2)　換算方法及び換算差額の処理

外貨建子会社株式及び関連会社株式の決算時の円貨額は，外貨による取得原価を取得時の為替相場により換算して算定する。したがって，換算差額は生じない。

> 貸借対照表価額：外貨ベースの取得原価×ＨＲ
> 換　算　差　額：生じない

例題25－12　　子会社株式及び関連会社株式

以下の取引について仕訳を示しなさい。
①　Ｓ社株式を1,000千ドルで取得し，代金は現金で支払った。当日の為替相場は１ドル＝105円であった。なお，Ｓ社は当社の子会社である。
②　決算日となった。Ｓ社株式の時価は1,200千ドル，為替相場は１ドル＝110円であった。

解　答（単位：千円）

| ① | （関係会社株式） | 105,000 | （現　金　預　金） | 105,000 |

※　1,000千ドル×@105円＝105,000
　　　　　　　　 ＨＲ

| ② | 仕訳なし |

※　貸借対照表における関係会社株式：105,000

4．その他有価証券

(1)　貸借対照表価額及び評価差額の処理

　　その他有価証券は，時価をもって貸借対照表価額とし，評価差額は洗い替え方式に基づき，全部純資産直入法又は部分純資産直入法により処理する。なお，その他有価証券のうち債券について，取得価額と債券金額との差額の性格が金利の調整と認められるときは，まず償却原価法を適用し，その上で，時価のある債券については償却原価と時価との差額を評価差額として処理する。

(2)　換算方法

　　外貨建その他有価証券の決算時の円貨額は，原則として外貨による時価を決算時の為替相場により換算して算定する。時価のない外貨建その他有価証券については，取得原価又は償却原価を決算時の為替相場により換算する。その他有価証券に区分された外貨建債券に償却原価法を適用する場合における償却額は，外国通貨による償却額を期中平均相場により円換算した額による（満期保有目的の債券と同様）。

(3)　換算差額の処理

　　外貨建その他有価証券の換算差額は，原則として時価評価に係る評価差額に含めて処理する。

　　ただし，その他有価証券に属する債券については，外国通貨による時価を決算時の為替相場で換算した金額のうち，外国通貨による時価の変動に係る換算差額（外貨ベースでの評価差額を決算時の為替相場で換算した金額）を評価差額とし，それ以外の換算差額については為替差損益として処理することができる。

〔株式の場合〕

　貸借対照表価額：外貨ベースの時価×ＣＲ

　換　算　差　額：

　　貸借対照表価額－帳簿価額 → その他有価証券評価差額金※

〔債券で償却原価法を適用しない場合〕

　貸借対照表価額：外貨ベースの時価×ＣＲ

　換　算　差　額：

　　原　則

　　　貸借対照表価額－帳簿価額 → その他有価証券評価差額金※

　　例　外

　　　①　外貨ベースの評価差額×ＣＲ → その他有価証券評価差額金※

　　　②　貸借対照表価額－（帳簿価額＋①） → 為替差損益

〔債券で償却原価法を適用する場合〕

　貸借対照表価額：外貨ベースの時価×ＣＲ

　換　算　差　額：

　　原　則

　　　①　外貨ベースの償却額×ＡＲ → 有価証券利息

　　　②　貸借対照表価額－（帳簿価額＋①） → その他有価証券評価差額金※

　　例　外

　　　①　外貨ベースの償却額×ＡＲ → 有価証券利息

　　　②　外貨ベースの評価差額×ＣＲ → その他有価証券評価差額金※

　　　③　貸借対照表価額－（帳簿価額＋①＋②） → 為替差損益

※　部分純資産直入法で評価差損となる場合は当期の損益として処理する。

〔株式の場合〕

〔債券で償却原価法を適用しない場合〕　原則

〔債券で償却原価法を適用しない場合〕　例外

〔債券で償却原価法を適用する場合〕　原則

〔債券で償却原価法を適用する場合〕　例外

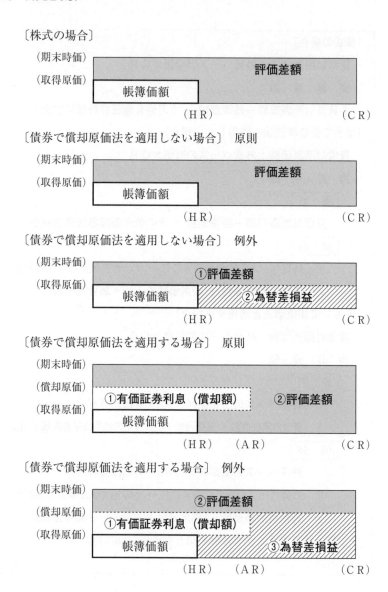

例題25-13　　その他有価証券① （株式）

以下の取引について仕訳を示しなさい。なお，その他有価証券の評価差額について，法定実効税率を40％として税効果会計を適用する。

① 　D社株式を200千ドルで取得し，代金は現金で支払った。当日の為替相場は１ドル＝107円であった。なお，当社はD社株式をその他有価証券に分類している。

② 　決算日となった。D社株式の時価は210千ドル，為替相場は１ドル＝110円であった。

解 答 （単位：千円）

① 　 (投 資 有 価 証 券)　21,400　　(現 金 預 金)　21,400

※ 　200千ドル×@107円＝21,400
　　　　　　　　H R

② 　 (投 資 有 価 証 券)　1,700※１　　(繰 延 税 金 負 債)　680※２
　　　　　　　　　　　　　　　　　　　(その他有価証券) 1,020※３
　　　　　　　　　　　　　　　　　　　(評 価 差 額 金)

※１ 　210千ドル×@110円－21,400＝1,700
　　　　　　　　　　C R

※２ 　1,700×40％＝680

※３ 　貸借差額

　　　貸借対照表における投資有価証券：210千ドル×@110円＝23,100
　　　　　　　　　　　　　　　　　　　　　　　　　　C R

例題25－14　その他有価証券②（債券・償却原価法の適用なし）

以下の各問に答えなさい。なお，その他有価証券の評価差額について，法定実効税率を40％として税効果会計を適用する。

① 　E社社債を100千ドル（額面と同額）で取得し，代金は現金で支払った。当日の為替相場は１ドル＝105円であった。なお，当社はE社社債をその他有価証券に分類している。

② 　決算日となった。E社社債の時価は102千ドル，為替相場は１ドル＝110円であった。

| 問1 | 原則的な方法により評価差額を処理する場合の仕訳を示しなさい。 |
| 問2 | 例外的な方法により評価差額を処理する場合の仕訳を示しなさい。 |

解　答（単位：千円）

問1

①

| （投資有価証券） | 10,500 | （現金預金） | 10,500 |

※　100千ドル×@105円＝10,500
　　　　　　　　HR

②

| （投資有価証券） | 720※1 | （繰延税金負債） | 288※2 |
| | | （その他有価証券評価差額金） | 432※3 |

※1　102千ドル×@110円－10,500＝720
　　　　　　　　CR

※2　720×40％＝288

※3　貸借差額

　　　貸借対照表における投資有価証券：102千ドル×@110円＝11,220
　　　　　　　　　　　　　　　　　　　　　　　　CR

問2

①

| （投資有価証券） | 10,500 | （現金預金） | 10,500 |

※　100千ドル×@105円＝10,500
　　　　　　　　HR

②

（投資有価証券）	720※1	（繰延税金負債）	88※2
		（その他有価証券 評価差額金）	132※3
		（為替差損益）	500※4

※1　102千ドル×@110円 $\underset{CR}{}$ －10,500＝720

※2　（102千ドル－100千ドル）×@110円 $\underset{CR}{}$ ×40％＝88
　　　外貨ベースの評価差額

※3　（102千ドル－100千ドル）×@110円 $\underset{CR}{}$ ×（1－40％）＝132
　　　外貨ベースの評価差額

※4　貸借差額

　　　貸借対照表における投資有価証券：102千ドル×@110円 $\underset{CR}{}$ ＝11,220

　なお，この場合に計上される為替差損益は，満期保有目的の債券として会計処理していた場合と同額になる。

例題25−15　　その他有価証券③（債券・償却原価法の適用あり）

以下の各問に答えなさい。なお，その他有価証券の評価差額について，法定実効税率を40%として税効果会計を適用する。

① X1年4月1日にF社社債を発行と同時に400千ドルで取得し，代金は現金で支払った。当日の為替相場は1ドル＝105円であった。なお，当社はF社社債をその他有価証券に分類している。

② X2年3月31日（決算日）となった。F社社債の額面金額500千ドルと取得価額との差額は金利の調整と認められるため，償却原価法（定額法）を適用する。なお，F社社債の償還期間は5年間，時価は425千ドル，為替相場は1ドル＝110円であった。また，期中平均相場は1ドル＝109円であった。

問1　原則的な方法により評価差額を処理する場合の仕訳を示しなさい。

問2　例外的な方法により評価差額を処理する場合の仕訳を示しなさい。

解答（単位：千円）

問1

① 　（投資有価証券）　　42,000　　　（現金預金）　　42,000

※　400千ドル×@105円＝42,000
　　　　　　　　HR

② 　（投資有価証券）　　4,750※1　　（有価証券利息）　　2,180※2

　　　　　　　　　　　　　　　　　　（繰延税金負債）　　1,028※3

　　　　　　　　　　　　　　　　　　（その他有価証券評価差額金）　　1,542※4

※1　425千ドル×@110円−42,000＝4,750
　　　　　　　　　CR

※2　（500千ドル−400千ドル）÷5年＝20千ドル（ドル建の償却額）

　　　20千ドル×@109円＝2,180
　　　　　　　　AR

※3　（4,750−2,180）×40%＝1,028

※4　貸借差額

　　　貸借対照表における投資有価証券：425千ドル×@110円＝46,750
　　　　　　　　　　　　　　　　　　　　　　　　CR

問2

① | （投 資 有 価 証 券） | 42,000 | （現　金　預　金） | 42,000 |

※　400千ドル×@105円＝42,000
　　　　　　 HR

② | （投 資 有 価 証 券） | 4,750※1 | （有 価 証 券 利 息） | 2,180※2 |
		（繰 延 税 金 負 債）	220※3
		（その他有価証券評価差額金）	330※4
		（為 替 差 損 益）	2,020※5

※1　425千ドル×@110円－42,000＝4,750
　　　　　　　　 CR

※2　（500千ドル－400千ドル）÷5年＝20千ドル（ドル建の償却額）

　　　20千ドル×@109円＝2,180
　　　　　　 AR

※3　400千ドル＋20千ドル＝420千ドル（ドル建の償却原価）

　　　（425千ドル－420千ドル）×@110円×40％＝220
　　　　　外貨ベースの評価差額　　　 CR

※4　（425千ドル－420千ドル）×@110円×（1－40％）＝330
　　　　　外貨ベースの評価差額　　　 CR

※5　貸借差額

　　　貸借対照表における投資有価証券：425千ドル×@110円＝46,750
　　　　　　　　　　　　　　　　　　　　　　　　　 CR

　　なお，この場合に計上される為替差損益は，満期保有目的の債券と
して会計処理していた場合と同額になる。

5．市場価格のない株式等

　　市場価格のない外貨建株式等（その他有価証券）については，取得原価を決算時の直物為替相場により換算する。

　　この場合，換算差額は原則としてその他有価証券評価差額金とする。

例題25－16　　市場価格のない株式

　　以下の取引について仕訳を示しなさい。なお，税効果会計は適用しないものとする。

①　　G社株式を500千ドルで取得し，代金は現金で支払った。当日の為替相場は1ドル＝100円であった。なお，当社はG社株式をその他有価証券に分類している。

②　　決算日となった。為替相場は1ドル＝110円であった。G社株式は，市場価格のない株式に該当する。

解 答 （単位：千円）

①　| （投 資 有 価 証 券） | 50,000 | （現 金 預 金） | 50,000 |

　　※　500千ドル×@100円＝50,000
　　　　　　　　　　　HR

②　| （投 資 有 価 証 券） | 5,000 | （その他有価証券 評 価 差 額 金） | 5,000 |

　　※　500千ドル×@110円－50,000＝5,000
　　　　　　　　　　　CR

　　　　貸借対照表における投資有価証券：500千ドル×@110円＝55,000
　　　　　　　　　　　　　　　　　　　　　　　　　　　CR

6．有価証券の減損処理

　外貨建有価証券について時価の著しい下落又は実質価額の著しい低下により評価額の引下げが求められる場合には，当該外貨建有価証券の時価又は実質価額は，外国通貨による時価又は実質価額を決算時の為替相場により円換算した額による。

　この場合，換算差額は当期の有価証券の評価損として処理する。

例題25－17　有価証券の減損処理

以下の取引について仕訳を示しなさい。

① 　H社株式を1,000千ドルで取得し，代金は現金で支払った。当日の為替相場は1ドル＝105円であった。なお，H社は当社の関連会社である。

② 　決算日となった。H社株式の時価は400千ドル，為替相場は1ドル＝110円であった。H社株式の時価は著しく下落しており，時価の回復可能性は不明である。

解　答（単位：千円）

① 　（関 係 会 社 株 式）　105,000　　（現 金 預 金）　105,000

　　※ 　1,000千ドル×@105円＝105,000
　　　　　　　　　　　HR

② 　（関係会社株式評価損）　61,000　　（関 係 会 社 株 式）　61,000

　　※ 　400千ドル×@110円－105,000＝－61,000
　　　　　　　　　CR

　　　　貸借対照表における関係会社株式：400千ドル×@110円＝44,000
　　　　　　　　　　　　　　　　　　　　　　　　CR

第4節　為替予約

1．序論

(1) 意義

　為替予約とは，企業が銀行との間で，将来時点で外貨と円とを交換するときに適用される為替相場を，現時点であらかじめ予約しておくことをいう。為替予約は外国通貨を原資産とするデリバティブ取引（先渡取引）である。

　たとえば，外貨建金銭債権債務に為替予約を付しておけば，将来の為替相場が変動しても，あらかじめ予約しておいた為替相場で決済されることになる。このように，為替予約は，決済時におけるキャッシュ・フローの円貨額を固定して，為替相場の変動による損失を回避する効果がある。

(2) 直物為替相場と先物為替相場

　為替予約によって取り決められる為替相場を先物為替相場（先物レート）という。なお，この先物為替相場のことを予約レートと呼ぶこともある。

　これに対し，通常の為替相場を直物為替相場（直物レート）という。

2．会計処理

(1) 独立処理

　外貨建金銭債権債務は，期末において原則として決算時の為替相場で換算され，換算差額は損益として処理する。また，デリバティブ取引である為替予約は，原則として期末に時価評価を行い，評価差額は損益として処理する。このように，原則的な処理方法に従い，外貨建取引（外貨建金銭債権債務）と為替予約を別個の取引として処理する方法を**独立処理**という。

　ヘッジ目的で為替予約を行っている場合であっても，独立処理を適用すれば，ヘッジ対象（外貨建金銭債権債務）から生じる換算差額と，ヘッジ手段（為替予約）から生じる評価差額の双方がともに損益として処理されるため，ヘッジ会計を適用する必要はない（後述の予定取引のケースを除く）。

(2)　振当処理

　　振当処理は，為替予約により確定する決済時における円貨額により金銭債権債務を換算し，直物為替相場との差額を期間配分する方法である。なお，振当処理を行う場合は，為替予約の時価評価は行わない（後述の予定取引のケースを除く）。この振当処理は，ヘッジ会計の要件を満たす場合に限って，外貨建取引の例外として認められている。

　　為替予約差額（金銭債権債務の取得時又は発生時の為替相場による円換算額と為替予約による円貨額との差額）は以下のように処理する。

①　**直々差額**：金銭債権債務発生時の為替相場による円換算額と為替予約日の直物為替相場による円換算額との差額

　　　　　　　⇒為替予約日の属する期の損益（為替差損益）として処理する。

②　**直先差額**：為替予約日の直物為替相場による円換算額と先物為替相場による円換算額との差額

　　　　　　　⇒為替予約日から決済日までの期間にわたり合理的な方法により配分し，各期間における損益として処理する。この場合，各期間の損益として配分された金額は為替差損益として処理するが，例外として利息の調整額（支払利息，受取利息等）として処理することもできる。また，次期以降に配分された金額は，貸借対照表上，資産の部又は負債の部に記載する。

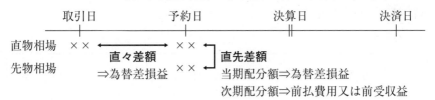

第25章　外貨建取引

振当処理では原則として直先差額を期間配分することになるが，為替予約が物品の売買等に係る外貨建金銭債権債務に対して，外貨建取引以前に締結されている場合には，実務上の煩雑性を勘案し，外貨建取引及び金銭債権債務に為替予約相場による円換算額を付すことができる。

直先差額は 2 通貨の金利差により生じると考えられる。よって，利息と同様に期間配分することとなる。

例題25－18　独立処理

以下の取引について，独立処理による仕訳を示しなさい。

① 当社（12月決算）は，X1年10月 1 日に商品のドル建輸入（1,000千ドルの掛仕入）を行った。その際，円安による決済金額の増加を懸念して，掛代金の決済日であるX2年 2 月末に銀行から1,000千ドルを購入する，という為替予約（予約レート： 1 ドル＝110円）を締結した。なお，当日の直物レートは， 1 ドル＝108円であった。

② X1年12月31日の決算日となったため，必要となる処理を行った。なお，当日の直物レートは， 1 ドル＝112円であり，同じく先物レート（ 2 ヶ月先物）は 1 ドル＝115円であった。

③ X2年 2 月28日の掛代金決済日となったため，必要となる処理を行った。なお，当日の直物レートは， 1 ドル＝118円であった。

解　答（単位：千円）

1．為替相場

	X1/10/ 1	X1/12/31	X2/ 2 /28
	取引日，予約日	決算日	決済日
直物	108円	112円	118円
先物	110円	115円	

2．各取引日の処理

① 取引日

| (仕　　　　入) | 108,000 | (買　掛　金) | 108,000 |

※　1,000千ドル×@108円＝108,000

② 決算日

・買掛金の換算替え

| (為 替 差 損 益) | 4,000 | (買　掛　金) | 4,000 |

※　1,000千ドル×(@112円－@108円)＝4,000

　　貸借対照表における買掛金：1,000千ドル×@112円＝112,000

・為替予約の時価評価

| (為 替 予 約) | 5,000 | (為 替 差 損 益) | 5,000 |

※　1,000千ドル×(@115円－@110円)＝5,000

　　貸借対照表における為替予約：5,000（正味の債権）

③ 決済日

・買掛金の決済

| (買　掛　金) | 112,000※2 | (現 金 預 金) | 118,000※1 |
| (為 替 差 損 益) | 6,000※3 | | |

※1　1,000千ドル×@118円＝118,000

※2　1,000千ドル×@112円＝112,000

※3　貸借差額

・為替予約の決済

| (現 金 預 金) | 8,000※1 | (為 替 予 約) | 5,000 |
| | | (為 替 差 損 益) | 3,000※2 |

※1　1,000千ドル×(@118円－@110円)＝8,000

※2　貸借差額

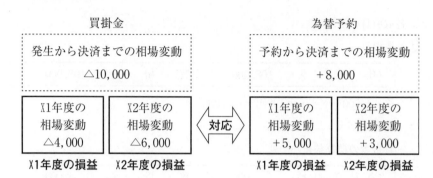

　買掛金および為替予約（デリバティブ取引）について，それぞれ通常どおりの会計処理を行うことにより，ヘッジ会計を適用するまでもなく自動的に上記のような対応関係が成立する。

　なお，為替予約の時価評価につき，洗替処理を行う場合は以下のようになる。各期の損益に与える影響は，洗替処理を行わない場合と同じである（X2年度の損益：△5,000＋8,000＝3,000）。

②　決算日

（為　替　予　約）	5,000	（為　替　差　損　益）	5,000

②′　期首

（為　替　差　損　益）	5,000	（為　替　予　約）	5,000

③　決済日

（現　金　預　金）	8,000	（為　替　差　損　益）	8,000

　振当処理（取引日より後に予約）

以下の取引について，振当処理による仕訳を示しなさい。なお，直先差額の配分は月割計算による。

① 　X1年9月1日，100千ドルで商品を仕入れ，代金は掛とした（買掛金の決済日はX2年6月30日）。なお，当日の直物レートは1ドル＝120円であった。

② 　X1年11月1日，決済に備え，買掛金の全額に対して1ドル＝130円で為替予約を行った（当日の直物レート：1ドル＝122円）。なお，予約差額はいったん全額を為替差損益として処理する。

③ 　決算日（X2年3月31日）につき，必要な決算整理仕訳を行った。なお，当日の直物レートは，1ドル＝127円であり，同じく先物レート（3ヶ月先物）は1ドル＝132円であった。

④ 　X2年6月30日，掛代金決済日になったため，必要となる処理を行った。なお，当日の直物レートは，1ドル＝133円であった。

解 答（単位：千円）

1．為替相場

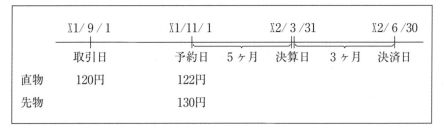

	X1/9/1	X1/11/1		X2/3/31		X2/6/30
	取引日	予約日	5ヶ月	決算日	3ヶ月	決済日
直物	120円	122円				
先物		130円				

2．各取引日の処理

① 　取引日

（仕　　　　入）	12,000	（買　掛　金）	12,000

※　100千ドル×@120円＝12,000

② 予約日

（為 替 差 損 益）	1,000	（買　　掛　　金）	1,000

※　100千ドル×（@130円－@120円）＝1,000

　　直々差額：100千ドル×（@122円－@120円）＝200

　　直先差額：100千ドル×（@130円－@122円）＝800

③ 決算日

（前 払 費 用）	300	（為 替 差 損 益）	300

※　800×3ヶ月/8ヶ月＝300

　　直先差額のうち，次期に対応する分を前払費用として繰り延べる。

　　貸借対照表における買掛金：100千ドル×@130円＝13,000

④ 決済日

（買　　掛　　金）	13,000	（現 金 預 金）	13,000※
（為 替 差 損 益）	300	（前 払 費 用）	300

※　100千ドル×@130円＝13,000

例題25－20　　振当処理（取引日以前に予約）

　　以下の取引について，振当処理による仕訳を示しなさい。なお，直先差額の配分は月割計算による。

① 当社（12月決算）は，X1年10月1日に商品のドル建輸入（1,000千ドルの掛仕入）を行った。その際，円安による決済金額の増加を懸念して，掛代金の決済日であるX2年2月末に銀行から1,000千ドルを購入する，という為替予約（予約レート：1ドル＝110円）を締結した。なお，当日の直物レートは，1ドル＝108円であった。また，予約差額はいったん全額を為替差損益として処理する。

② X1年12月31日の決算日となったため，必要となる処理を行った。なお，当日の直物レートは，1ドル＝112円であり，同じく先物レート（2ヶ月先物）は1ドル＝115円であった。

③ X2年2月28日の掛代金決済日となったため，必要となる処理を行った。なお，当日の直物レートは，1ドル＝118円であった。

解答（単位：千円）

1．振当処理（厳密な処理）

（1）為替相場

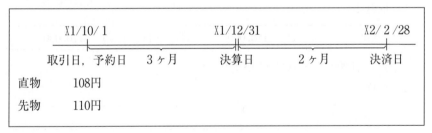

(2)　各取引日の処理

① 取引日

（仕　　　　　入）	108,000※2	（買　掛　金）	110,000※1
（為 替 差 損 益）	2,000※3		

※1　1,000千ドル×@110円＝110,000

※2　1,000千ドル×@108円＝108,000

※3　貸借差額

② 決算日

（前 払 費 用）	800	（為 替 差 損 益）	800

※　2,000×2ヶ月/5ヶ月＝800

　　直先差額のうち，次期に対応する分を前払費用として繰り延べる。

　　貸借対照表における買掛金：1,000千ドル×@110円＝110,000

③ 決済日

（買　　掛　　金）	110,000	（現 金 預 金）	110,000
（為 替 差 損 益）	800	（前 払 費 用）	800

2．振当処理（簡便的な処理）

① 取引日

（仕　　　　　入）	110,000	（買　掛　金）	110,000

※　1,000千ドル×@110円＝110,000

② 決算日

仕訳なし

貸借対照表における買掛金：1,000千ドル×@110円＝110,000

③ 決済日

（買　　掛　　金）	110,000	（現 金 預 金）	110,000

　振当処理では原則として直先差額を期間配分することになるが，為替予約が物品の売買等に係る外貨建金銭債権債務に対して，外貨建取引以前に締結されている場合には，実務上の煩雑性を勘案し，外貨建取引及び金銭債権債務に為替予約相場による円換算額を付すことができる。

例題25−21　　**振当処理（取引日より後に予約）**

　問1　以下の取引について，振当処理によった場合の仕訳を示しなさい。

① 　X1年9月1日，100千ドルの借入れを行い，当座預金に振り込まれた（借入金の返済日はX2年6月30日）。なお，当日の直物レートは1ドル＝120円であった。

② 　X1年11月1日，借入金の返済に備え，借入金の元本に対して，1ドル＝130円で為替予約を行った（当日の直物レート：1ドル＝122円）。なお，予約差額はいったん全額を為替差損益として処理する。

③ 　決算日（X2年3月31日）につき，必要な決算整理仕訳を行う。なお，直先差額の配分は月割計算による。

　問2　仮に，直先差額を，利息の調整項目として処理する場合の③の仕訳を示しなさい。

解答　（単位：千円）

1．為替相場

	X1/9/1	X1/11/1	X2/3/31	X2/6/30
	取引日	予約日　5ヶ月	決算日　3ヶ月	決済日
直物	120円	122円		
先物		130円		

2. 問1

①

| （現　金　預　金） | 12,000 | （借　入　金） | 12,000 |

※　100千ドル×@120円＝12,000

②

| （為　替　差　損　益） | 1,000 | （借　入　金） | 1,000 |

※　100千ドル×（@130円－@120円）＝1,000

　　直々差額：100千ドル×（@122円－@120円）＝200

　　直先差額：100千ドル×（@130円－@122円）＝800

③

| （前　払　費　用） | 300 | （為　替　差　損　益） | 300 |

※　800×3ヶ月/8ヶ月＝300

　　貸借対照表における借入金：100千ドル×@130円＝13,000

3. 問2

③

| （前　払　費　用） | 300 | （為　替　差　損　益） | 800※1 |
| （支　払　利　息） | 500※2 | | |

※1　直先差額

※2　800×5ヶ月/8ヶ月＝500

　　貸借対照表における借入金：100千ドル×@130円＝13,000

例題25-22　　振当処理（取引日以前に予約）

問1　　以下の取引について，振当処理によった場合の仕訳を示しなさい。

① X1年9月1日，100千ドルの借入れを行い，当座預金に振り込まれた（借入金の返済日はX2年6月30日）。なお，その際に借入金の返済に備え，借入金の元本に対して，1ドル＝130円で為替予約を行った（当日の直物レート：1ドル＝120円）。なお，予約差額はいったん全額を為替差損益として処理する。

② 決算日（X2年3月31日）につき，必要な決算整理仕訳を行う。なお，直先差額の配分は月割計算による。

問2　　仮に，直先差額を，利息の調整項目として処理する場合の②の仕訳を示しなさい。

解 答　（単位：千円）

1．為替相場

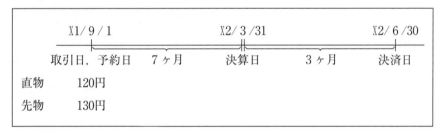

	X1/9/1			X2/3/31			X2/6/30
	取引日，予約日	7ヶ月		決算日	3ヶ月		決済日
直物	120円						
先物	130円						

2．問1

① | （現 金 預 金） | 12,000※1 | （借 入 金） | 13,000※2 |
|---|---|---|---|
| （為 替 差 損 益） | 1,000※3 | | |

※1　100千ドル×@120円＝12,000

※2　100千ドル×@130円＝13,000

※3　貸借差額

②	（前　払　費　用）	300	（為 替 差 損 益）	300

※　1,000×3ヶ月/10ヶ月＝300

貸借対照表における借入金：100千ドル×@130円＝13,000

3.　問2

②	（前　払　費　用）	300	（為 替 差 損 益）	1,000
	（支　払　利　息）	700※		

※　貸借差額

貸借対照表における借入金：100千ドル×@130円＝13,000

3．満期保有目的の債券の外貨償還額に対する為替予約

　　外貨建満期保有目的債券に為替予約等が締結され，振当処理を採用している場合には，外貨建ての満期償還金額（額面金額）を為替予約相場により円換算する。

（投資有価証券）　　×××※1	（現　金　預　金）　　×××※2
	（長期前受収益）　　×××※3

　※1　額面金額×予約レート

　※2　取得価額×直物レート

　※3　貸借差額（借方差額の場合には，長期前払費用として処理する）

　⇒　取得時に計上した長期前受収益（長期前払費用）は，取得時から償還時までにわたって為替差損益として期間配分する。

例題25－23　　満期保有目的の債券の外貨償還額に対する為替予約

　　以下の資料から，取得した外貨建社債に係る取得日及び毎年3月末日に行われる仕訳を示しなさい。なお，本問においては，投資有価証券及び長期前受収益の流動項目への振替え並びに社債のクーポン利息は考慮外のものとする。

　　当社は，X1年4月1日に外貨建社債（額面総額：100千ドル）を91千ドルにて取得した。当該社債は満期まで保有する意図をもって保有するものであり，取得価額と額面金額との差額は，すべて金利の調整部分と認められる。

　　また，取得と同時に，当該外貨建社債の額面金額100千ドル（償還金額）に対して，満期償還時の為替変動リスクを回避するため，為替予約（1ドル＝120円）を付した。なお，振当処理にて処理するものとする。

　　その他，解答上必要な事項は以下のとおりである。

(1)　社債の償還日：X4年3月31日

(2)　当社の会計期間：毎年3月末日を決算日とする1年間

(3)　直物レート：X1年4月1日　1ドル＝114円

解　答 (単位：千円)

1．X1年 4 月 1 日

(投 資 有 価 証 券)	12,000※1	(現　金　預　金)	10,374※2
		(長 期 前 受 収 益)	1,626※3

※ 1　100千ドル×@120円 = 12,000

　　　償還時に円貨で12,000を受取ることができるため，償還金額100千ドルを予約レートで換算する。

※ 2　91千ドル×@114円 = 10,374

　　　当日の実際支出額は取得価額91千ドルを当日の直物レートで換算した10,374である。

※ 3　貸借差額

　　　当該差額を，取得時から償還時にわたって，為替差損益として期間配分する。

2．X2年 3 月31日

(長 期 前 受 収 益)	542	(為 替 差 損 益)	542

※　1,626×12ヶ月/36ヶ月 = 542

3．X3年 3 月31日

(長 期 前 受 収 益)	542	(為 替 差 損 益)	542

4．X4年 3 月31日

(1)　社債の償還

(現　金　預　金)	12,000	(投 資 有 価 証 券)	12,000

(2)　長期前受収益の為替差損益への振替え

(長 期 前 受 収 益)	542	(為 替 差 損 益)	542

第5節　外貨建社債等

1．外貨建社債

外貨建社債の会計処理は，外貨建満期保有目的債券の換算と同じように処理する。

> 償却額（社債利息）＝外貨建償却額×期中平均レート
> 貸借対照表価額＝外貨建償却原価×決算日レート

なお，換算差額は為替差損益として処理する。

① 発行時

（現　金　預　金）　×××　　（社　　　　債）　×××

※　発行価額を発行時ＨＲで換算する。

② 利払日または決算時（償却原価法）

（社　債　利　息）　×××　　（社　　　　債）　×××

※　外貨建償却額×期中平均レートで算定する。

③ 決算時（期末換算替え）

（為　替　差　損　益）　×××　　（社　　　　債）　×××

※　外貨建償却原価×当期末ＣＲで換算し，換算差額は当期の為替差損益とする。

例題25－24　外貨建社債

　O社はX1年４月１日に社債額面総額5,000千ドルを発行価額4,900千ドル，利率２％，利払日３月末，償還期限４年の条件で発行した。なお，同社の決算日は３月末である。よって，下記の日付の仕訳を行いなさい。社債は償却原価法（定額法）により評価することとし，償却原価の計算は決算整理として行うこと。

①　X1年４月１日　社債発行時の仕訳

②　X2年３月31日　利払日の仕訳

③　X2年３月31日　決算日（決算整理仕訳）

X1年４月１日の為替レート：１ドル＝100円

X2年３月31日の為替レート：１ドル＝110円

X1年度における期中平均レート：１ドル＝105円

解　答（単位：千円）

①　社債発行時

（現 金 預 金）	490,000	（社　　　　　債）	490,000

　※　4,900千ドル×@100円 ＝490,000
　　　　　　　　発行時HR

②　利払日

（社 債 利 息）	11,000	（現 金 預 金）	11,000

　※　5,000千ドル×２％×@110円 ＝11,000
　　　　　　　　　　　利払日HR

③　決算日

(1)　償却原価法の適用

（社 債 利 息）	2,625	（社　　　　　債）	2,625

　※　（5,000千ドル－4,900千ドル）÷４年（＝25千ドル）×@105円＝2,625

(2) 償却原価の期末換算替え

（為 替 差 損 益）	49,125	（社　　　　債）	49,125

※　$(4,900千ドル + 25千ドル) \times @110円 - (490,000 + 2,625) = 49,125$
　　　　　　　　　　　当期償却額

貸借対照表における社債：

$(4,900千ドル + 25千ドル) \times @110円 = 541,750$
　　　　　　　　　　　　　C R

解　説

外貨建償却原価
　4,925千ドル

外貨建収入額
　4,900千ドル

償却額（社債利息）2,625千円		
発行による収入 490,000千円	為替差損益	49,125千円

　　　　　　　　100円　　　　　105円　　　　　110円
　　　　　　　発行時HR　　　当期AR　　　当期末CR

２．外貨建新株予約権

外貨建自社発行新株予約権の換算は以下のとおり行う。

> 外貨建自社発行新株予約権の発行時の円貨への換算⇒発行時の為替相場
>
> 外貨建自社発行新株予約権の決算時の円貨への換算⇒発行時の為替相場
>
> 外貨建自社発行新株予約権の行使時の円貨への換算⇒発行時の為替相場

例題25－25　外貨建新株予約権

以下の取引について，仕訳を示しなさい。

① 当社は以下の条件で新株予約権を発行した。

　　発　行　日：　　　X1年４月１日

　　発　行　総　額：　　　200千ドル

　　発行日の為替相場：　　116円／ドル

② 本日，決算日である（X2年３月31日）。なお，当日の為替相場は119円／ドルである。

③ X2年６月30日において，上記新株予約権の40％について権利行使を受けたため，新株を交付し96,000千円の払込みを受けた。なお，当日の為替相場は120円／ドルである。

解　答（単位：千円）

① 新株予約権発行時

（現　金　預　金）　23,200	（新　株　予　約　権）　23,200

※　200千ドル×@116円＝23,200
　　　　　　　　発行時ＨＲ

② 決算日

仕訳なし

※　貸借対照表における新株予約権：23,200

③　権利行使日

（新 株 予 約 権）	9,280※1	（資　　　本　　　金）	105,280※2
（現 金 預 金）	96,000		

※1　23,200×40％＝9,280

※2　借方合計

3．外貨建新株予約権付社債

(1) 区分法による会計処理

　区分法を採用する場合，社債と新株予約権を区別して換算を行うことになる。

　したがって，それぞれを前述の換算方法により換算を行えばよい。

	新株予約権付社債（区分法）
発　行　時	新株予約権…発行価額×ＨＲ 社　　　債…発行価額×ＨＲ
決　算　時	新株予約権…発行価額×ＨＲ 社　　　債…外貨建償却原価×ＣＲ
権利行使時	新株予約権…発行価額×ＨＲ 社　　　債…外貨建償却原価×権利行使時の為替相場

(2) 一括法による会計処理（外貨建転換社債型新株予約権付社債）

　一括法を採用する場合，新株予約権についても社債に含めて換算を行うことになる。

i　発行時

　発行時の円貨への換算は，発行時の為替相場による。

ii　決算時

　決算時の円貨への換算は，決算時の為替相場による（換算替を行う）。また，決算時における換算によって生じた換算差額は，当期の為替差損益として処理する。

iii　権利行使時

　新株予約権行使時に資本金（または資本金及び資本準備金）に振替える額の円貨への換算は，当該権利行使時の為替相場による。また，権利行使時の換算によって生じた換算差額は，当該権利行使時の属する会計期間の為替差損益として処理する。

例題25−26　**外貨建新株予約権付社債（一括法）**

以下の取引について，仕訳を示しなさい。なお，社債の利払いについては無視することとする。

① 当社は以下の条件で新株予約権付社債を発行した。なお，払込金額は全額，当座預金に入金された。

　　発　　　行　　　日： X1年4月1日

　　額　面　総　額： 10,000千ドル（平価発行）

　　償　還　期　限： 5年

　　発行日の為替相場： 102円／ドル

　　新株予約権の行使によって増加する資本は，全て資本金として計上する。

　　当該社債は，転換社債型新株予約権付社債である。また，会計処理については，一括法によること。

② 本日，決算日である（X2年3月31日）。必要な決算整理仕訳を行う。なお，当日の為替相場は110円／ドルである。

③ X2年6月1日，上記，新株予約権付社債の全額について権利行使され，新株を発行した。なお，当日の為替相場は109円／ドルである。

解　答（単位：千円）

① 発行日

（当　座　預　金）1,020,000	（新株予約権付社債）1,020,000

※　10,000千ドル× @102円 ＝1,020,000
　　　　　　　　　発行時レート

② 決算日

（為　替　差　損　益）　80,000	（新株予約権付社債）　80,000

※　10,000千ドル× @110円 −1,020,000＝80,000
　　　　　　　　　決算時レート

　　貸借対照表における新株予約権付社債：

　　10,000千ドル× @110円 ＝1,100,000
　　　　　　　　決算時レート

③　権利行使

（新株予約権付社債）	10,000※1	（為 替 差 損 益）	10,000
（新株予約権付社債）	1,090,000※2	（資　　本　　金）	1,090,000

※1　10,000千ドル×　@110円　－10,000千ドル×　@109円　＝10,000
　　　　　　　　　　　決算時レート　　　　　　　　　　行使時レート

※2　10,000千ドル×　@109円　＝1,090,000
　　　　　　　　　　　行使時レート

第6節　その他の論点

1．予定取引のヘッジ

(1)　意義

予定取引とは，以下の取引をいう。

・未履行の確定契約に係る取引

・契約は成立していないが，主要な取引条件が合理的に予測可能であり，かつ，実行される可能性が極めて高い取引

予定取引により発生が見込まれる資産・負債はヘッジ会計の適用対象となる（ヘッジ会計の要件を満たす場合に限る）。以下，外貨建ての予定取引について，ヘッジ会計を適用する場合を前提とする。

(2)　原則的な会計処理

取引実行時までに生じたヘッジ手段（為替予約等）に係る評価差額は，繰延ヘッジ損益として繰り延べる。繰り延べられた評価差額（繰延ヘッジ損益）は，取引実行時において次のように処理する。

①　予定取引により損益が直ちに発生する場合（例：予定取引が売上取引の場合）

繰延ヘッジ損益を当期の損益（売上高）として処理する。

②　予定取引が資産の取得である場合（例：予定取引が仕入取引の場合）

繰延ヘッジ損益を資産（商品）の取得価額に加減する。

なお，取引実行時以降は，通常の独立処理と同様に処理する。

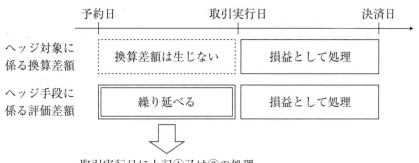

(3)　振当処理

　　取引実行時までの間は，決算日において為替予約等を時価評価し評価差額
を繰延ヘッジ損益として繰り延べる。取引実行時以降は，通常の振当処理
（取引日以前に為替予約を行った場合）と同様に処理する。

例題25－27　　予定取引のヘッジ（予定取引により損益が直ちに発生する場合）

　　以下の取引について，ヘッジ会計を適用する場合における（A）原則的な
会計処理及び（B）振当処理（簡便的な処理）それぞれの会計処理による仕
訳を示しなさい。なお，本問においては，繰延ヘッジ損益に適用される税効
果会計は無視する。

① 　当社（3月決算）は，X1年4月30日に予定されている商品のドル建て輸
　　出に関して，円高による代金減少を懸念して，X1年1月末にこの取引を
　　ヘッジするための為替予約を行った。この輸出取引は実行される可能性が
　　極めて高いものであり，ヘッジ会計の要件も満たしている。

　　　取引量及び価格の予想に基づいて，代金決済の予想時期である5月末を
　　決済期日とする2,000千ドルのドル売り為替予約を行った。予約レートは
　　1ドル＝110円であった。

② 　X1年3月31日，決算日となった。なお，当日の直物レートは，1ドル＝
　　111円であり，同じく先物レート（2ヶ月先物）は1ドル＝108円であっ
　　た。

③ 　X1年4月1日，為替予約の時価評価につき洗替処理を行う。

④ 　X1年4月30日，予想と同額の2,000千ドルの輸出取引が実行された。な
　　お，当日の直物レートは，1ドル＝105円であり，同じく先物レート（1ヶ
　　月先物）は1ドル＝103円であった。

⑤ 　X1年5月31日，掛代金決済日となったため，必要となる処理を行った。
　　なお，当日の直物レートは，1ドル＝102円であった。

解 答 （単位：千円）

1．為替相場

	X1/ 1 /31	X1/ 3 /31	X1/ 4 /30	X1/ 5 /31
	予約日	決算日	取引日	決済日
直物		111円	105円	102円
先物	110円	108円	103円	

2．（A）原則的な会計処理

① 予約日

> 仕訳なし

② 決算日

（為 替 予 約）	4,000	（繰延ヘッジ損益）	4,000

※　2,000千ドル×（@110円－@108円）＝4,000

　　ヘッジ会計を適用するため，為替予約の評価差額は損益とせず，次期に繰り延べる。

　　貸借対照表における為替予約：4,000（正味の債権）

③ 期首（再振替仕訳）

（繰延ヘッジ損益）	4,000	（為 替 予 約）	4,000

④ 取引日

・売上取引

（売 掛 金）	210,000	（売 上）	210,000

※　2,000千ドル×@105円＝210,000

・為替予約の時価評価

（為 替 予 約）	14,000	（繰延ヘッジ損益）	14,000

※　2,000千ドル×（@110円－@103円）＝14,000

・繰延ヘッジ損益の当期の損益への振替

| （繰延ヘッジ損益） | 14,000 | （売　　　　上） | 14,000 |

※　取引実行時までに生じた繰延ヘッジ損益は，売上高に加減する。当該
　商品の販売による売上高は次のとおり。

　　210,000 + 14,000 = 224,000

⑤　決済日

・売掛金の決済

| （現　金　預　金） | 204,000※1 | （売　　掛　　金） | 210,000 |
| （為　替　差　損　益） | 6,000※2 | | |

※1　2,000千ドル×@102円 = 204,000

※2　貸借差額

・為替予約の決済

| （現　金　預　金） | 16,000※1 | （為　替　予　約） | 14,000 |
| | | （為　替　差　損　益） | 2,000※2 |

※1　2,000千ドル×（@110円 − @102円） = 16,000

※2　貸借差額

3．（B）振当処理

①　予約日

| 仕訳なし |

②　決算日

| （為　替　予　約） | 4,000 | （繰延ヘッジ損益） | 4,000 |

③　期首（再振替仕訳）

| （繰延ヘッジ損益） | 4,000 | （為　替　予　約） | 4,000 |

④　取引日

（売　掛　金）	220,000	（売　　　　上）	220,000

※　2,000千ドル×@110円＝220,000

⑤　決済日

（現　金　預　金）	220,000	（売　掛　金）	220,000

例題25－28　予定取引のヘッジ（予定取引が資産の取得である場合）

　以下の取引について，ヘッジ会計を適用する場合における（A）原則的な会計処理及び（B）振当処理（簡便的な処理）それぞれの会計処理による仕訳を示しなさい。なお，本問においては，繰延ヘッジ損益に適用される税効果会計は無視する。

①　当社（3月決算）は，X1年4月30日に予定されている商品のドル建て輸入に関して，円安によるコスト増加を懸念して，X1年1月末にこの取引をヘッジするための為替予約を行った。この輸入取引は実行される可能性が極めて高いものであり，ヘッジ会計の要件も満たしている。

　取引量及び価格の予想に基づいて，代金決済の予想時期である5月末を決済期日とする2,000千ドルのドル買い為替予約を行った。予約レートは1ドル＝110円であった。

②　X1年3月31日，決算日となった。なお，当日の直物レートは，1ドル＝109円であり，同じく先物レート（2ヶ月先物）は1ドル＝112円であった。

③　X1年4月1日，為替予約の時価評価につき洗替処理を行う。

④　X1年4月30日，予想と同額の2,000千ドルの輸入取引が実行された。なお，当日の直物レートは，1ドル＝115円であり，同じく先物レート（1ヶ月先物）は1ドル＝117円であった。

⑤　X1年5月31日，掛代金決済日となったため，必要となる処理を行った。なお，当日の直物レートは，1ドル＝118円であった。

解　答（単位：千円）

1．為替相場

X1/ 1 /31	X1/ 3 /31	X1/ 4 /30	X1/ 5 /31
予約日	決算日	取引日	決済日

直物	109円	115円	118円
先物	110円	112円	117円

2．（A）原則的な会計処理

① 予約日

> 仕訳なし

② 決算日

> （為　替　予　約）　4,000　（繰延ヘッジ損益）　4,000

※ 2,000千ドル×（@112円－@110円）＝4,000

ヘッジ会計を適用するため，為替予約の評価差額は損益とせず，次期に繰り延べる。

貸借対照表における為替予約：4,000（正味の債権）

③ 期首（再振替仕訳）

> （繰延ヘッジ損益）　4,000　（為　替　予　約）　4,000

④ 取引日

・仕入取引

> （仕　　　　入）　230,000　（買　掛　金）　230,000

※ 2,000千ドル×@115円＝230,000

・為替予約の時価評価

> （為　替　予　約）　14,000　（繰延ヘッジ損益）　14,000

※ 2,000千ドル×（@117円－@110円）＝14,000

・繰延ヘッジ損益の取得資産への振替

（繰延ヘッジ損益）	14,000	（仕 入）	14,000

※　取引実行時までに生じた繰延ヘッジ損益は，棚卸資産の取得価額に加減する。当該商品の取得価額（販売されたときに売上原価となる金額）は次のとおり。

230,000 − 14,000 = 216,000

⑤　決済日

・買掛金の決済

（買　　掛　　金）	230,000	（現　金　預　金）	236,000※1
（為　替　差　損　益）	6,000※2		

※1　2,000千ドル×@118円＝236,000

※2　貸借差額

・為替予約の決済

（現　金　預　金）	16,000※1	（為　替　予　約）	14,000
		（為　替　差　損　益）	2,000※2

※1　2,000千ドル×（@118円−@110円）＝16,000

※2　貸借差額

3．（B）振当処理

①　予約日

仕訳なし

②　決算日

（為　替　予　約）	4,000	（繰延ヘッジ損益）	4,000

③　期首（再振替仕訳）

（繰延ヘッジ損益）	4,000	（為　替　予　約）	4,000

④　取引日

| （仕　　　　入） | 220,000 | （買　　掛　　金） | 220,000 |

　　※　2,000千ドル×@110円＝220,000

⑤　決済日

| （買　　掛　　金） | 220,000 | （現　金　預　金） | 220,000 |

例題25−29　予定取引のヘッジ（通貨オプション）

　以下の取引について，仕訳を示しなさい。なお，本問においては税効果会計は無視する。

① 当社（3月決算）は，X1年2月28日に，1,000千ドルで商品を輸出する契約を締結した。出荷はX1年4月30日，代金受取はX1年5月31日を予定しているが，契約締結の時点で，円高により輸出代金が減少するリスクを回避するために，通貨オプション契約によるヘッジを行うこととした。当該プット・オプションの行使価格は1ドル当たり100円，行使期日はX1年5月31日であり，オプション料として1ドル当たり6.40円を支払った。なお，当該取引はヘッジ会計の要件を満たしており，ヘッジ会計（繰延ヘッジ）を適用する。

② X1年3月31日，決算日となった。なお，通貨オプションの時価評価につき，翌期首の洗替処理は行わないものとする。

③ X1年4月30日，契約どおり1,000千ドルの輸出取引が実行された。

④ X1年5月31日，掛代金を受取るとともに，通貨オプションを行使した。

⑤ 直物レート及びオプション価格の推移は以下のとおりである（1ドル当たりの金額）。

	直物レート	オプション価格
契約日（2月28日）	99円	6.40円（うち時間的価値5.40円）
決算日（3月31日）	97円	6.60円（うち時間的価値3.60円）
輸出日（4月30日）	94円	7.70円（うち時間的価値1.70円）
入金日（5月31日）	90円	

解　答（単位：千円）

1．オプション価格の内訳

　　オプション価格（オプションの価値）は本源的価値と時間的価値の2つの要素に分解することができる。

　　本源的価値とは，現時点でオプションを行使した場合に得られるであろう利益の額を意味する。時間的価値とは，現時点から満期日までの間で，原資産価格が変動することにより，より利益が増大するという期待を反映したものである。

	本源的価値	時間的価値	合計（オプション価格）
契約日（2月28日）	1.00円	5.40円	6.40円
決算日（3月31日）	3.00円	3.60円	6.60円
輸出日（4月30日）	6.00円	1.70円	7.70円

　　※　本源的価値は，行使価格と直物レートの差額である。

2．会計処理

（A）時間的価値を区分処理する方法

　①　契約日

（通貨オプション）	6,400	（現　金　預　金）	6,400

　　※　1,000千ドル×@6.40円＝6,400

　②　決算日（通貨オプションの時価評価）

（通貨オプション）	200※1	（繰延ヘッジ損益）	2,000※3
（為　替　差　損　益）	1,800※2		

　　※1　1,000千ドル×（@6.60円－@6.40円）＝200…オプション価格の変動

　　※2　1,000千ドル×（@3.60円－@5.40円）＝△1,800…時間的価値の変動

　　※3　1,000千ドル×（@3.00円－@1.00円）＝2,000…本源的価値の変動

　　　　オプション価格の変動のうち，ヘッジ対象の相場変動と対応関係にあるのは本源的価値の変動である。したがって，本源的価値の変動部分のみを繰延処理の対象とし，時間的価値の変動は当期の損益として扱う。

③　輸出日

　ア．売上高の計上

（売　　掛　　金）	94,000	（売　　　　　上）	94,000

　　※　1,000千ドル×@94円＝94,000

　イ．通貨オプションの時価評価

（通貨オプション）	1,100※1	（繰延ヘッジ損益）	3,000※3
（為　替　差　損　益）	1,900※2		

　　※1　1,000千ドル×（@7.70円－@6.60円）＝1,100…オプション価格の変
　　　　動

　　※2　1,000千ドル×（@1.70円－@3.60円）＝△1,900…時間的価値の変動

　　※3　1,000千ドル×（@6.00円－@3.00円）＝3,000…本源的価値の変動

　ウ．繰延ヘッジ損益の売上高への振替

（繰延ヘッジ損益）	5,000	（売　　　　　上）	5,000

　　※　2,000＋3,000＝5,000　又は　1,000千ドル×（@6.00円－@1.00円）＝
　　　　5,000

④　入金日

　ア．売掛金の回収

（現　金　預　金）	90,000※1	（売　　掛　　金）	94,000
（為　替　差　損　益）	4,000※2		

　　※1　1,000千ドル×@90円＝90,000

　　※2　1,000千ドル×（@90円－@94円）＝△4,000

　　イ．通貨オプションの権利行使

| （現　金　預　金） | 10,000※1 | （通貨オプション） | 7,700※2 |
| | | （為　替　差　損　益） | 2,300※3 |

　　※1　1,000千ドル×（@100円－@90円）＝10,000

　　　　　オプションの権利行使により，行使価格と行使時点の直物レートの

　　　　差額を受取る。

　　※2　6,400＋200＋1,100＝7,700　又は　1,000千ドル×@7.70円＝7,700

　　※3　貸借差額

（B）時間的価値の区分処理を行わず一括して処理する方法

　①　契約日

| （通貨オプション） | 6,400 | （現　金　預　金） | 6,400 |

　　※　1,000千ドル×@6.40円＝6,400

　②　決算日（通貨オプションの時価評価）

| （通貨オプション） | 200 | （繰延ヘッジ損益） | 200 |

　　※　1,000千ドル×（@6.60円－@6.40円）＝200

　③　輸出日

　　ア．売上高の計上

| （売　　掛　　金） | 94,000 | （売　　　　　上） | 94,000 |

　　※　1,000千ドル×@94円＝94,000

　　イ．通貨オプションの時価評価

| （通貨オプション） | 1,100 | （繰延ヘッジ損益） | 1,100 |

　　※　1,000千ドル×（@7.70円－@6.60円）＝1,100

　　ウ．繰延ヘッジ損益の売上高への振替

| （繰延ヘッジ損益） | 1,300 | （売　　　　　上） | 1,300 |

　　※　200＋1,100＝1,300　又は　1,000千ドル×（@7.70円－@6.40円）＝
　　1,300

④　入金日

ア．売掛金の回収

（現　金　預　金）	90,000※1	（売　　掛　　金）	94,000
（為　替　差　損　益）	4,000※2		

※1　1,000千ドル×@90円＝90,000

※2　1,000千ドル×（@90円－@94円）＝△4,000

イ．通貨オプションの権利行使

（現　金　預　金）	10,000※1	（通貨オプション）	7,700※2
		（為　替　差　損　益）	2,300※3

※1　1,000千ドル×（@100円－@90円）＝10,000

　　　オプションの権利行使により，行使価格と行使時点の直物レートの
差額を受取る。

※2　6,400＋200＋1,100＝7,700　又は　1,000千ドル×@7.70円＝7,700

※3　貸借差額

２．外貨建保有社債等の外貨建非貨幣性資産等への再投資

外貨建債券，外貨建預金及び外貨建貸付金等の貨幣性資産（以下「外貨建債券等」という。）に係る受取外貨額を円転せずに外貨による有形固定資産等の取得に再投資する目的で保有し，一定の要件を満たす場合には，外貨建債券等の換算差額を繰り延べ，当該外貨による非貨幣性資産等の取得価額に加減することができる。

例題25－30　満期償還金額による土地の取得

以下の取引について仕訳を示しなさい。なお，本問においては利息及び税効果会計を考慮しない。

① 当社（３月決算）は，X1年10月30日に外貨建債券（ドル建て）を10,000千ドルで取得した。当該債券については，満期保有の目的をもって所有している。また，当社は当該債券の取得の当初から満期償還額により米国内に土地を取得する予定であることが取締役会決議により明確になっており，その実行の可能性は極めて高く，ヘッジ会計の要件を満たしている。

② 当該債券はX2年２月28日に満期を迎え，当社は以後償還額をドル建ての定期預金として保有する。

③ X2年４月30日に当社は当該資金により，米国内の土地を10,000千ドルで取得した。

④ 各時点における直物為替相場は次のとおりである。

X1年10月30日　１ドル＝100円

X2年２月28日　１ドル＝105円

X2年３月31日　１ドル＝108円

X2年４月30日　１ドル＝110円

解 答 (単位：千円)

1．X1年10月30日

（投資有価証券）1,000,000	（現 金 預 金）1,000,000

　※　10,000千ドル×@100円＝1,000,000

2．X2年 2 月28日

（現 金 預 金）1,050,000※ 1	（投資有価証券）1,000,000
	（繰延ヘッジ損益） 50,000※ 2

　※ 1　10,000千ドル×@105円＝1,050,000

　※ 2　貸借差額

3．X2年 3 月31日

（現 金 預 金） 30,000	（繰延ヘッジ損益） 30,000

　※　10,000千ドル×（@108円－@105円）＝30,000

4．X2年 4 月30日

(1)　外貨建預金の換算替え

（現 金 預 金） 20,000	（繰延ヘッジ損益） 20,000

　※　10,000千ドル×（@110円－@108円）＝20,000

(2)　土地取得

（土　　　　　地）1,100,000	（現 金 預 金）1,100,000

　※　10,000千ドル×@110円＝1,100,000

(3)　繰延ヘッジ損益の取得資産への振替え

（繰延ヘッジ損益） 100,000	（土　　　　　地） 100,000

　※　50,000＋30,000＋20,000＝100,000

　　　当該振替えにより，土地の取得原価は1,100,000－100,000＝1,000,000
となるが，これは，外貨による取得価額10,000千ドルを外貨建債券取得
時の為替相場 1 ドル＝100円で換算した金額である。

第26章
キャッシュ・フロー計算書

第1節　総論

1．意義

　キャッシュ・フロー計算書とは，企業の一会計期間におけるキャッシュ・フロー（資金の増加又は減少）の状況を報告するための財務諸表である。

　キャッシュ・フロー計算書においては，収入額と支出額をその事由とともに明らかにする。このため，企業の資金獲得能力，債務や配当金の支払能力などの情報を投資者に提供することができる。企業はたとえ利益を計上していても資金繰りがつかなければ倒産することもあり，キャッシュ・フロー情報は，企業の支払能力を捉え，倒産の可能性を分析するうえでも有用となる。

2．表示区分

　キャッシュ・フロー計算書においては，キャッシュ・フローの状況を一定の活動区分別に表示する。具体的には，キャッシュ・フローを**営業活動によるキャッシュ・フロー**，**投資活動によるキャッシュ・フロー**及び**財務活動によるキャッシュ・フロー**の3つに区分して表示する。

⑴　**営業活動によるキャッシュ・フロー**

　営業活動によるキャッシュ・フロー（小計）は，主たる営業活動から獲得したキャッシュ・フローを示す。具体的には，損益計算書における売上高，売上原価，販売費及び一般管理費に含まれる取引に係るキャッシュ・フローなどを記載する。

　また，投資活動及び財務活動以外の取引によるキャッシュ・フローを小計の下に記載する。

⑵　**投資活動によるキャッシュ・フロー**

　投資活動によるキャッシュ・フローは，将来の利益獲得及び資金運用のために支出又は回収したキャッシュ・フローを示す。具体的には，①有形固定資産及び無形固定資産の取得及び売却，②資金の貸付け及び回収並びに③有価証券の取得及び売却などの取引に係るキャッシュ・フローを記載する。

⑶　**財務活動によるキャッシュ・フロー**

　　財務活動によるキャッシュ・フローは，営業活動及び投資活動を維持する
ために調達又は返済したキャッシュ・フローを示す。具体的には，①借入れ
及び株式又は社債の発行による資金の調達並びに②借入金の返済及び社債の
償還などの取引に係るキャッシュ・フローを記載する。

3．表示例

営業活動によるキャッシュ・フロー	
営業収入	×××
商品の仕入れによる支出	△×××
人件費の支出	△×××
その他の営業支出	△×××
小計	×××
利息及び配当金の受取額	×××
利息の支払額	△×××
保険金の受取額	×××
法人税等の支払額	△×××
営業活動によるキャッシュ・フロー	×××
投資活動によるキャッシュ・フロー	
有価証券の取得による支出	△×××
有価証券の売却による収入	×××
有形固定資産の取得による支出	△×××
有形固定資産の売却による収入	×××
貸付けによる支出	△×××
貸付金の回収による収入	×××
投資活動によるキャッシュ・フロー	×××

財務活動によるキャッシュ・フロー	
短期借入れによる収入	× × ×
短期借入金の返済による支出	△× × ×
長期借入れによる収入	× × ×
長期借入金の返済による支出	△× × ×
社債の発行による収入	× × ×
社債の償還による支出	△× × ×
株式の発行による収入	× × ×
自己株式の取得による支出	△× × ×
配当金の支払額	△× × ×
財務活動によるキャッシュ・フロー	× × ×
現金及び現金同等物に係る換算差額	× × ×
現金及び現金同等物の増減額	× × ×
現金及び現金同等物の期首残高	× × ×
現金及び現金同等物の期末残高	× × ×

例題26－1　基本例題

　以下の資料に基づいて，当期のキャッシュ・フロー計算書を作成しなさい。

〔資料Ⅰ〕　資金の残高

1．現金預金勘定（手許現金及び当座預金）の期首残高は151,500千円，期末残高は200,000千円であった。

2．手許現金及び当座預金のみがキャッシュ・フロー計算書における現金及び現金同等物に該当する。

〔資料Ⅱ〕　営業活動によるキャッシュ・フロー

1．期中を通じて，売掛金の回収額が1,500,000千円あった。

2．期中を通じて，買掛金の支払額が1,050,000千円あった。

3．期中を通じて，給料を220,000千円支払った。

4．期中を通じて，給料以外の販売費として130,000千円支出した。

〔資料Ⅲ〕　投資活動及び財務活動によるキャッシュ・フロー

1．土地を300,000千円で取得し，代金を支払った。

2．機械装置を50,000千円で売却し，代金を受取った。

3．新株を発行し200,000千円が当座預金に払込まれた。

4．株主に対して1,500千円の配当金を支払った。

解　答（単位：千円）

1．期中仕訳

(1)　売掛金の回収

（現　金　預　金）1,500,000	（売　　掛　　金）1,500,000

(2)　買掛金の支払い

（買　　掛　　金）1,050,000	（現　金　預　金）1,050,000

(3)　給料

（給　　　　料）　220,000	（現　金　預　金）　220,000

⑷　販売費

（販　　売　　費）	130,000	（現　金　預　金）	130,000

⑸　土地取得

（土　　　　　地）	300,000	（現　金　預　金）	300,000

⑹　機械装置売却

（現　金　預　金）	50,000	（機　械　装　置）	×××
（減価償却累計額）	×××	（機械装置売却益）	×××

⑺　株式発行

（現　金　預　金）	200,000	（資　　本　　金）	200,000

⑻　剰余金の配当

（繰越利益剰余金）	1,500	（現　金　預　金）	1,500

2．現金預金勘定

現金預金

期首残高	151,500	買掛金支払い	1,050,000
売掛金回収	1,500,000	給料支払い	220,000
		販売費支払い	130,000
		土地取得	300,000
機械装置売却	50,000	配当金支払い	1,500
株式発行	200,000	期末残高	200,000

※　キャッシュ・フロー計算書は上記の現金預金勘定を外部報告用の財務諸表として表示するものであるということができる。

3．キャッシュ・フロー計算書

営業活動によるキャッシュ・フロー	
営業収入	1,500,000
商品の仕入れによる支出	△1,050,000
人件費の支出	△220,000
その他の営業支出	△130,000
営業活動によるキャッシュ・フロー	100,000
投資活動によるキャッシュ・フロー	
有形固定資産の取得による支出	△300,000
有形固定資産の売却による収入	50,000
投資活動によるキャッシュ・フロー	△250,000
財務活動によるキャッシュ・フロー	
株式の発行による収入	200,000
配当金の支払額	△1,500
財務活動によるキャッシュ・フロー	198,500
現金及び現金同等物の増減額	48,500※
現金及び現金同等物の期首残高	151,500
現金及び現金同等物の期末残高	200,000

※　$200,000 - 151,500 = 48,500$　又は
　　期末残高　　期首残高

　　$100,000 - 250,000 + 198,500 = 48,500$
　　営業活動　投資活動　財務活動

例題26－2	基本例題－推定計算

　以下の資料に基づいて，当期のキャッシュ・フロー計算書を作成しなさい。

〔資料Ⅰ〕　貸借対照表

貸借対照表（一部）　　　　　　（単位：千円）

借　　方	前期末	当期末	貸　　方	前期末	当期末
現　金　預　金	193,000	275,000	減価償却累計額	100,000	75,000
備　　　　　品	400,000	500,000	資　　本　　金	500,000	550,000
			資　本　準　備　金	50,000	100,000

　貸借対照表における現金預金がキャッシュ・フロー計算書における現金及び現金同等物に該当する。

〔資料Ⅱ〕　損益計算書

損益計算書（一部）　　　　　　（単位：千円）

借　　方	金　額	貸　　方	金　額
減　価　償　却　費	15,000	備　品　売　却　益	2,000

〔資料Ⅲ〕　期中取引

1．備品のうち一部（取得原価100,000千円，減価償却累計額　？　千円）を期首に　？　千円で売却している。

2．備品を　？　千円で取得している。

3．新株発行を行い，　？　千円が払込まれている。その際，会社法規定の最低限度額を資本金に組入れている。

〔資料Ⅳ〕　営業活動によるキャッシュ・フロー

　現金売上：2,000,000千円　　現金仕入：1,500,000千円
　給料支払：　240,000千円　　販売費支払：　140,000千円

解答 （単位：千円）

1．備品の取得

(1)　備品勘定の分析

備品

期首		売却	100,000
	400,000	期末	
取得	**200,000**		500,000

期首及び期末は貸借対照表より，売却による減少額は資料より判明し，当期に取得した備品の取得原価は貸借差額で算定する。

(2)　仕訳

（備　　　　品）	200,000	（現 金 預 金）	200,000
		有形固定資産の取得による支出	

2．備品の売却

(1)　減価償却累計額の分析

減価償却累計額

売却	**40,000**	期首	
期末			100,000
	75,000	減価償却費	15,000

期首及び期末は貸借対照表より，減価償却費は損益計算書より判明し，当期に売却した備品に係る減価償却累計額は貸借差額で算定する。

(2)　仕訳

（減価償却累計額）	40,000	（備　　　　品）	100,000
（現 金 預 金）	62,000※	（備 品 売 却 益）	2,000
有形固定資産の売却による収入			

　　※　貸借差額

3．株式の発行

（現 金 預 金）	100,000※3	（資　　本　　金）	50,000※1
株式の発行による収入		（資 本 準 備 金）	50,000※2

　※1　550,000 − 500,000 = 50,000

　※2　100,000 − 50,000 = 50,000

　※3　貸方合計

4．キャッシュ・フロー計算書

営業活動によるキャッシュ・フロー	
営業収入	2,000,000
商品の仕入れによる支出	△1,500,000
人件費の支出	△240,000
その他の営業支出	△140,000
営業活動によるキャッシュ・フロー	120,000
投資活動によるキャッシュ・フロー	
有形固定資産の取得による支出	△200,000
有形固定資産の売却による収入	62,000
投資活動によるキャッシュ・フロー	△138,000
財務活動によるキャッシュ・フロー	
株式の発行による収入	100,000
財務活動によるキャッシュ・フロー	100,000
現金及び現金同等物の増減額	82,000
現金及び現金同等物の期首残高	193,000
現金及び現金同等物の期末残高	275,000

第2節　営業活動によるキャッシュ・フロー

1．表示方法

　　営業活動によるキャッシュ・フロー（小計）は，主たる営業活動から獲得し
たキャッシュ・フローを示す。この営業活動によるキャッシュ・フロー（小
計）の表示方法としては，**直接法**と**間接法**がある。

2．直接法

(1)　意義

　　直接法は，営業収入や商品の仕入れによる支出等，主要な取引ごとに収入
総額及び支出総額を表示する方法である。

営業活動によるキャッシュ・フロー	
営業収入	× × ×
商品の仕入れによる支出	△× × ×
人件費の支出	△× × ×
その他の営業支出	△× × ×
小計	× × ×

(2)　営業収入

　　営業収入は，商品を販売したことによる収入額である。具体的には，現金
売上高，売上債権（受取手形及び売掛金）の現金回収額，前受金の受領額及
び償却済み債権の回収額を集計する。

(3)　商品の仕入れによる支出

　　商品の仕入れによる支出は，商品を購入したことによる支出額である。具
体的には，現金仕入高，仕入債務（支払手形及び買掛金）の現金決済額及び
前渡金の支払額を集計する。

⑷　**人件費の支出**

　　人件費の支出は，人事関連の費用についての支出額である。具体的には，給料諸手当，賞与及び退職金の支払額を集計する。

⑸　**その他の営業支出**

　　その他の営業支出は，損益計算書における販売費及び一般管理費のうち，人件費以外の費目に係る支出額である。したがって，様々な費目に係る支出額が該当することになるが，たとえば，広告宣伝費，水道光熱費，不動産賃借料などの支払額が含まれる。

例題26－3　　直接法

　以下の資料に基づいて，直接法による場合のキャッシュ・フロー計算書（営業活動の区分の小計）を作成しなさい。

〔資料Ⅰ〕　貸借対照表

貸借対照表（一部）　　　　　（単位：千円）

借　　　方	前期末	当期末	貸　　　方	前期末	当期末
売 上 債 権	600	660	仕 入 債 務	400	430
棚 卸 資 産	400	360	未 払 給 料	50	40
前 払 営 業 費	100	80			

〔資料Ⅱ〕　損益計算書

損益計算書　　　　　　（単位：千円）

借　　　方	金　　額	貸　　　方	金　　額
売 上 原 価	3,300	売　　上　　高	5,600
給　　　　　料	900		
営　　業　　費	700		
減 価 償 却 費	200		
当 期 純 利 益	500		
合　　　計	5,600	合　　　計	5,600

解　答（単位：千円）

1．営業収入

売上債権

期首	600	回収額	
売上高			5,540
	5,600	期末	660

★仕訳★					
（売 上 債 権）	5,600	（売	上）	5,600	
（現 金 預 金）	5,540	（売 上 債 権）	5,540		

　なお，問題文より判明しないが，損益計算書の売上高は全額が掛売上と仮定する。一部が現金売上だったとしても，結果的に営業収入の金額は異ならない。

２．商品の仕入れによる支出

棚卸資産

期首	400	売上原価	
当期仕入			3,300
	3,260	期末	360

仕入債務

支払額		期首	400
	3,230	当期仕入	
期末	430		3,260

★仕訳★

(仕　　　入)	3,260	(仕 入 債 務)	3,260
(仕 入 債 務)	3,230	(現 金 預 金)	3,230

　　なお，問題文より判明しないが，当期商品仕入高は全額が掛仕入と仮定する。一部が現金仕入だったとしても，結果的に商品の仕入れによる支出の金額は異ならない。

３．人件費の支出

給料

支払額		期首未払	50
	910	損益	
期末未払	40		900

★仕訳★

(未 払 給 料)	50	(給　　　料)	50
(給　　　料)	910	(現 金 預 金)	910
(給　　　料)	40	(未 払 給 料)	40

４．その他の営業支出

営業費

期首前払	100	期末前払	80
支払額		損益	
	680		700

★仕訳★

(営 業 費)	100	(前払営業費)	100
(営 業 費)	680	(現 金 預 金)	680
(前払営業費)	80	(営 業 費)	80

5．キャッシュ・フロー計算書

営業活動によるキャッシュ・フロー	
営業収入	5,540
商品の仕入れによる支出	△3,230
人件費の支出	△910
その他の営業支出	△680
小計	720

例題26-4	直接法－前受金，前渡金

　以下の資料に基づいて，直接法による場合のキャッシュ・フロー計算書（営業活動の区分の小計）を作成しなさい。

〔資料Ⅰ〕　貸借対照表

貸借対照表（一部）　　　　（単位：千円）

借　　　方	前期末	当期末	貸　　　方	前期末	当期末
棚　卸　資　産	400	450	前　受　金	850	1,000
前　　渡　　金	700	900			

〔資料Ⅱ〕　損益計算書

損益計算書　　　　（単位：千円）

借　　　方	金　額	貸　　　方	金　額
売　上　原　価	3,600	売　　上　　高	6,000
給　　　　　料	900		
営　　業　　費	700		
支　払　利　息	200		
当　期　純　利　益	600		
合　　　計	6,000	合　　　計	6,000

解　答（単位：千円）

1．営業収入

前受金

売上		期首	850
	6,000	受領	
期末	1,000		6,150

★仕訳★

（現金預金）	6,150	（前受金）	6,150
（前受金）	6,000	（売上）	6,000

　すべての売上を前受金の充当によるものと仮定する。

２．商品の仕入れによる支出

棚卸資産

期首	400	売上原価	
当期仕入			3,600
	3,650	期末	450

前渡金

期首	700	当期仕入	
支払			3,650
	3,850	期末	900

★仕訳★

（前 渡 金）	3,850	（現 金 預 金）	3,850
（仕　　　入）	3,650	（前 渡 金）	3,650

　すべての仕入を前渡金の充当によるものと仮定する。

３．人件費の支出及びその他の営業支出

　経過勘定が貸借対照表に存在しないため，損益計算書の給料及び営業費の金額がそのまま支出額となる。

４．キャッシュ・フロー計算書

営業活動によるキャッシュ・フロー	
営業収入	6,150
商品の仕入れによる支出	△3,850
人件費の支出	△900
その他の営業支出	△700
小計	700

例題26－5　直接法－償却債権取立益，貸倒損失，棚卸減耗費

　以下の資料に基づいて，直接法による場合のキャッシュ・フロー計算書（営業活動の区分の小計）を作成しなさい。

〔資料Ⅰ〕　貸借対照表

貸借対照表（一部）　　　　（単位：千円）

借　　方	前期末	当期末	貸　　方	前期末	当期末
売　上　債　権	850	1,000	仕　入　債　務	750	800
棚　卸　資　産	620	700			

〔資料Ⅱ〕　損益計算書

損益計算書　　　　（単位：千円）

借　　方	金　額	貸　　方	金　額
売　上　原　価	6,000	売　　上　　高	10,000
給　　　　料	1,500	償却債権取立益	300
営　　業　　費	1,200		
棚　卸　減　耗　費	50		
貸　倒　損　失	250		
当　期　純　利　益	1,300		
合　　　計	10,300	合　　　計	10,300

解｜答（単位：千円）

１．営業収入

(1)　勘定分析

売上債権

期首	850	回収額	
			9,600
売上高		貸倒損失	250
	10,000	期末	1,000

★仕訳★

（売上債権）	10,000	（売　　　上）	10,000
（貸倒損失）	250	（売上債権）	250
（現金預金）	9,600	（売上債権）	9,600

(2) 償却債権取立益

| （現　金　預　金） | 300 | （償却債権取立益） | 300 |

※　当該金額が営業収入に含まれる。

(3) 営業収入の金額

9,600 + 300 = 9,900

2．商品の仕入れによる支出

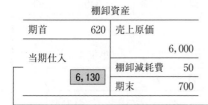

棚卸資産

期首	620	売上原価	
			6,000
当期仕入		棚卸減耗費	50
	6,130	期末	700

仕入債務

支払額		期首	750
	6,080	当期仕入	
期末	800		6,130

★仕訳★

| （仕　　入） | 6,130 | （仕 入 債 務） | 6,130 |
| （仕 入 債 務） | 6,080 | （現 金 預 金） | 6,080 |

3．キャッシュ・フロー計算書

営業活動によるキャッシュ・フロー	
営業収入	9,900
商品の仕入れによる支出	△6,080
人件費の支出	△1,500
その他の営業支出	△1,200
小計	1,120

例題26－6	直接法－貸倒引当金

　以下の資料に基づいて，直接法による場合のキャッシュ・フロー計算書（営業活動の区分の小計）を作成しなさい。

〔資料Ⅰ〕　貸借対照表

貸借対照表（一部）　　　　　（単位：千円）

借　　方	前期末	当期末	貸　　方	前期末	当期末
売 上 債 権	8,500	9,200	貸 倒 引 当 金	340	368

〔資料Ⅱ〕　損益計算書

損益計算書　　　　　（単位：千円）

借　　方	金　額	貸　　方	金　額
売 上 原 価	58,500	売　　上　　高	90,000
給　　　　料	12,500		
営　業　費	10,832		
貸倒引当金繰入	168		
当 期 純 利 益	8,000		
合　　計	90,000	合　　計	90,000

解 答（単位：千円）

1．営業収入

貸倒引当金

貸倒れ	**140**	期首	
期末			340
	368	繰入	168

売上債権

期首	8,500	回収額	
			89,160
売上高		貸倒引当金	140
	90,000	期末	9,200

★仕訳★

（貸倒引当金）	140	（売上債権）	140
（貸倒引当金繰入）	168	（貸倒引当金）	168
（売上債権）	90,000	（売　　上）	90,000
（現金預金）	89,160	（売上債権）	89,160

2．商品の仕入れによる支出

　棚卸資産及び仕入債務が貸借対照表に存在しないため，損益計算書の売上原価の金額がそのまま支出額となる。

3．キャッシュ・フロー計算書

営業活動によるキャッシュ・フロー	
営業収入	89,160
商品の仕入れによる支出	△58,500
人件費の支出	△12,500
その他の営業支出	△10,832
小計	7,328

3．間接法

(1)　意義

間接法は，税引前当期純利益に必要な調整項目を加減して営業活動による
キャッシュ・フロー（小計）を表示する方法である。

営業活動によるキャッシュ・フロー	
税引前当期純利益	×××
減価償却費	×××
貸倒引当金の増減額	×××
受取利息及び受取配当金	△×××
支払利息	×××
為替差損益	×××
有形固定資産売却益	△×××
火災損失	×××
売上債権の増減額	△×××
棚卸資産の増減額	△×××
仕入債務の増減額	×××
小計	×××

(2)　考え方

　直接法による場合でも間接法による場合でも小計の金額は一致する。した
がって，間接法による場合は，税引前当期純利益を始点として直接法による
小計の金額を求める計算過程を経ることになる。さらに換言するならば，間
接法は，税引前当期純利益に算入されている各損益項目を，直接法による場
合の各キャッシュ・フロー項目（営業収入，商品の仕入れによる支出，人件
費の支出，その他の営業支出）の金額に調整する方法ということができる。

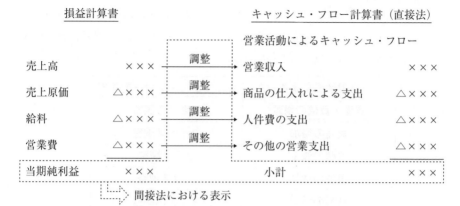

(3)　調整項目

① **営業活動による資産・負債の増減額の調整**

　損益項目のうち，営業活動に関係する項目については，営業活動による資産・負債の増減額を調整することにより，直接法による場合の各キャッシュ・フロー項目（営業収入，商品の仕入れによる支出，人件費の支出，その他の営業支出）の金額にする。

　たとえば，売上高の金額に売上債権の増減額を調整することで，営業収入の金額とする。

売上債権

期首	×××	回収額（＝営業収入）	
売上高			×××
	×××	期末	×××

　売上高と回収額の差額は，売上債権の期首残高と期末残高の差額と等しい。したがって，損益計算書における売上高をキャッシュ・フロー計算書における営業収入の金額に修正するためには，売上債権の増減額を調整すればよい。

　営業活動による負債においても同様の調整が必要であり，営業活動による資産・負債の増減額の調整について，加算調整を行うか減算調整を行うかをまとめると以下のようになる。

営業活動による 資産・負債の増減	キャッシュ・フロー計算書 における調整
資産の増加	マイナス調整
資産の減少	プラス調整
負債の増加	プラス調整
負債の減少	マイナス調整

② **営業活動によるキャッシュ・フロー（小計）と関係しない損益項目**

　損益項目のうち，営業活動によるキャッシュ・フロー（小計）と関係しない項目については，逆算調整を行う。

　たとえば，減価償却費，受取利息，土地売却益などは，直接法による場合の各キャッシュ・フロー項目（営業収入，商品の仕入れによる支出，人件費の支出，その他の営業支出）と無関係である。この場合，当期純利益に算入されている各損益項目の金額を除外して，営業キャッシュ・フロー（小計）の金額に調整する。すなわち，収益であればマイナスの調整，費用であればプラスの調整を行う。

> 　損益項目のうち，キャッシュ・フローを伴わない項目を非資金損益項目ということがある。たとえば，減価償却費，減損損失，貸倒損失などを指す。

例題26－7　　間接法

　以下の資料に基づいて，間接法による場合のキャッシュ・フロー計算書（営業活動の区分の小計）を作成しなさい。

〔資料Ⅰ〕　貸借対照表

貸借対照表（一部）　　　　　　　　（単位：千円）

借　　方	前期末	当期末	貸　　方	前期末	当期末
売 上 債 権	600	660	仕 入 債 務	400	430
棚 卸 資 産	400	360	未 払 給 料	50	40
前 払 営 業 費	100	80			

〔資料Ⅱ〕　損益計算書

損益計算書　　　　　　（単位：千円）

借　　方	金　　額	貸　　方	金　　額
売 上 原 価	3,300	売　　上　　高	5,600
給　　　　　料	900		
営 　業 　費	700		
減 価 償 却 費	200		
当 期 純 利 益	500		
合　　　計	5,600	合　　　計	5,600

解 答 （単位：千円）

１．営業収入

売上債権

期首	600	回収額	
売上高			5,540
	5,600	期末	660

　損益計算書における売上高5,600を営業収入5,540に修正するため，売上債権の増加額60［＝660－600］を減算調整する。

２．商品の仕入れによる支出

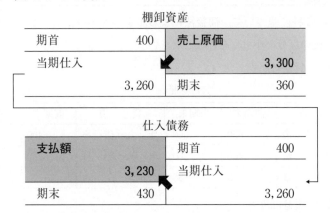

棚卸資産

期首	400	売上原価	
当期仕入			3,300
	3,260	期末	360

仕入債務

支払額		期首	400
	3,230	当期仕入	
期末	430		3,260

　損益計算書における売上原価△3,300を商品の仕入れによる支出△3,230に修正する。まず，棚卸資産の減少額40［＝400－360］を加算調整して，当期仕入高△3,260に修正する。次に，仕入債務の増加額30［＝430－400］を加算調整する。

３．人件費の支出

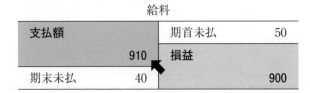

給料

支払額		期首未払	50
	910	損益	
期末未払	40		900

　損益計算書における給料△900を人件費の支出△910に修正するため，未払費用の減少額10［＝50－40］を減算調整する。

４．その他の営業支出

営業費

期首前払	100	期末前払	80
支払額		損益	
	680		700

　損益計算書における営業費△700をその他の営業支出△680に修正するため，前払費用の減少額20［＝100－80］を加算調整する。

５．減価償却費

　　減価償却費は，営業活動によるキャッシュ・フロー（小計）と関係しない項目であるため，逆算調整を行う。

６．間接法による場合の調整項目（損益計算書及び直接法による場合の各項目との関係図）

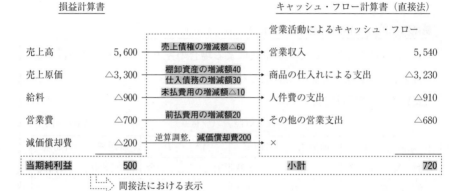

７．キャッシュ・フロー計算書

営業活動によるキャッシュ・フロー	
税引前当期純利益	500
減価償却費	200
売上債権の増減額	△60
棚卸資産の増減額	40
仕入債務の増減額	30
前払費用の増減額	20
未払費用の増減額	△10
小計	720

　　上記の給料や営業費のように，営業活動によるキャッシュ・フロー（小計）と関係のある経過勘定（未払費用・前払費用等）については，その増減額を調整する。これに対して，受取利息や支払利息のように，営業活動によるキャッシュ・フロー（小計）と関係のない経過勘定については，調整を行わない。

例題26－8　　間接法－前受金，前渡金

　以下の資料に基づいて，間接法による場合のキャッシュ・フロー計算書（営業活動の区分の小計）を作成しなさい。

〔資料Ⅰ〕　貸借対照表

貸借対照表（一部）　　　　　（単位：千円）

借　　方	前期末	当期末	貸　　方	前期末	当期末
棚 卸 資 産	400	450	前 　受 　金	850	1,000
前 　渡 　金	700	900			

〔資料Ⅱ〕　損益計算書

損益計算書　　　　　（単位：千円）

借　　方	金　額	貸　　方	金　額
売 上 原 価	3,600	売 　上 　高	6,000
給 　　料	900		
営 　業 　費	700		
支 払 利 息	200		
当 期 純 利 益	600		
合 　　計	6,000	合 　　計	6,000

解答（単位：千円）

1．営業収入

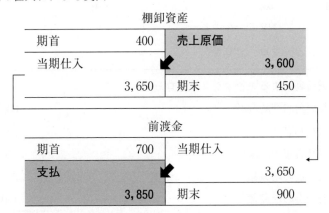

前受金

売上		期首	850
	6,000	受領	
期末	1,000		**6,150**

　　損益計算書における売上高6,000を営業収入6,150に修正するため，前受金の増加額150［＝1,000－850］を加算調整する。

2．商品の仕入れによる支出

棚卸資産

期首	400	売上原価	
当期仕入			**3,600**
	3,650	期末	450

前渡金

期首	700	当期仕入	
支払			3,650
	3,850	期末	900

　　損益計算書における売上原価△3,600を商品の仕入れによる支出△3,850に修正する。まず，棚卸資産の増加額50［＝450－400］を減算調整して，当期仕入高△3,650に修正する。次に，前渡金の増加額200［＝900－700］を減算調整する。

3．人件費の支出及びその他の営業支出

　　経過勘定が貸借対照表に存在しないため，損益計算書の金額がそのまま支出額となる。このため，調整は不要となる。

4．支払利息

　　支払利息は，営業活動によるキャッシュ・フロー（小計）と関係しない項目であるため，逆算調整を行う。

5．間接法による場合の調整項目（損益計算書及び直接法による場合の各項目との関係図）

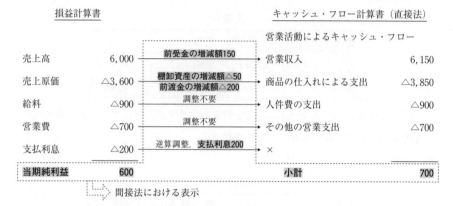

	損益計算書			キャッシュ・フロー計算書（直接法）	
				営業活動によるキャッシュ・フロー	
売上高	6,000	前受金の増減額150		営業収入	6,150
売上原価	△3,600	棚卸資産の増減額△50 / 前渡金の増減額△200		商品の仕入れによる支出	△3,850
給料	△900	調整不要		人件費の支出	△900
営業費	△700	調整不要		その他の営業支出	△700
支払利息	△200	逆算調整. 支払利息200		×	
当期純利益	600			小計	700

┈┈▷ 間接法における表示

6．キャッシュ・フロー計算書

営業活動によるキャッシュ・フロー	
税引前当期純利益	600
支払利息	200
棚卸資産の増減額	△50
前渡金の増減額	△200
前受金の増減額	150
小計	700

例題26－9　間接法－償却債権取立益，貸倒損失，棚卸減耗費

　以下の資料に基づいて，間接法による場合のキャッシュ・フロー計算書
（営業活動の区分の小計）を作成しなさい。

〔**資料Ⅰ**〕　貸借対照表

貸借対照表（一部）　　　　　（単位：千円）

借　　方	前期末	当期末	貸　　方	前期末	当期末
売　上　債　権	850	1,000	仕　入　債　務	750	800
棚　卸　資　産	620	700			

〔**資料Ⅱ**〕　損益計算書

損益計算書　　　　　（単位：千円）

借　　方	金　額	貸　　方	金　額
売　上　原　価	6,000	売　　上　　高	10,000
給　　　　料	1,500	償却債権取立益	300
営　　業　　費	1,200		
棚　卸　減　耗　費	50		
貸　倒　損　失	250		
当　期　純　利　益	1,300		
合　　計	10,300	合　　計	10,300

解答 （単位：千円）

1．営業収入

　(1)　売上債権の分析

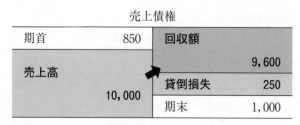

売上債権

期首	850	回収額	
売上高			9,600
		貸倒損失	250
	10,000	期末	1,000

　　損益計算書における売上高10,000及び貸倒損失250（純額：9,750）を回収額9,600に修正するため，売上債権の増加額150［＝1,000－850］を減算調整する。

　(2)　償却債権取立益

　　償却債権取立益については営業収入に含まれることになるが，損益計算書の金額がそのまま受取額となるため，調整は不要となる。

2．商品の仕入れによる支出

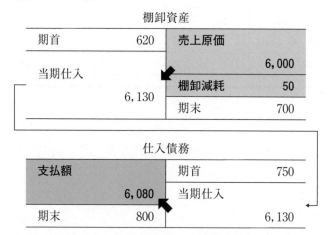

棚卸資産

期首	620	売上原価	
当期仕入			6,000
		棚卸減耗	50
	6,130	期末	700

仕入債務

支払額		期首	750
	6,080	当期仕入	
期末	800		6,130

　　損益計算書における売上原価△6,000及び棚卸減耗費△50（合計：△6,050）を商品の仕入れによる支出△6,080に修正する。まず，棚卸資産の増加額80［＝700－620］を減算調整して，当期仕入高△6,130に修正する。次に，仕入債務の増加額50［＝800－750］を加算調整する。

3．間接法による場合の調整項目（損益計算書及び直接法による場合の各項目との関係図）

損益計算書　　　　　　　　　　　　キャッシュ・フロー計算書（直接法）

営業活動によるキャッシュ・フロー

売上高	10,000			
貸倒損失	△250	売上債権の増減額△150	営業収入	9,900
償却債権取立益	300			
売上原価	△6,000	棚卸資産の増減額△80 仕入債務の増減額50	商品の仕入れによる支出	△6,080
棚卸減耗費	△50			
給料	△1,500	調整なし	人件費の支出	△1,500
営業費	△1,200	調整なし	その他の営業支出	△1,200
当期純利益	1,300		小計	1,120

間接法における表示

4．キャッシュ・フロー計算書

営業活動によるキャッシュ・フロー	
税引前当期純利益	1,300
売上債権の増減額	△150
棚卸資産の増減額	△80
仕入債務の増減額	50
小計	1,120

例題26－10　間接法－貸倒引当金

以下の資料に基づいて，間接法による場合のキャッシュ・フロー計算書（営業活動の区分の小計）を作成しなさい。

〔資料Ⅰ〕　貸借対照表

貸借対照表（一部）　　　　　（単位：千円）

借　　方	前期末	当期末	貸　　方	前期末	当期末
売　上　債　権	8,500	9,200	貸　倒　引　当　金	340	368

〔資料Ⅱ〕　損益計算書

損益計算書　　　　　（単位：千円）

借　　方	金　額	貸　　方	金　額
売　上　原　価	58,500	売　　上　　高	90,000
給　　　　料	12,500		
営　　業　　費	10,832		
貸倒引当金繰入	168		
当　期　純　利　益	8,000		
合　　計	90,000	合　　計	90,000

解答 （単位：千円）

1．営業収入

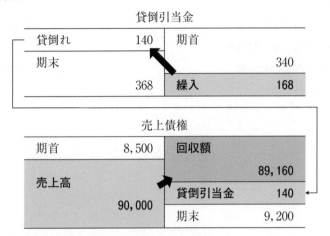

　　損益計算書における貸倒引当金繰入△168を貸倒額△140に修正するため，貸倒引当金の増加額28［＝368－340］を加算調整する。次に，損益計算書における売上高90,000及び貸倒額△140（純額：89,860）を営業収入89,160に修正するため，売上債権の増加額700［＝9,200－8,500］を減算調整する。

2．間接法による場合の調整項目（損益計算書及び直接法による場合の各項目との関係図）

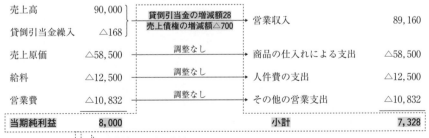

3．キャッシュ・フロー計算書

営業活動によるキャッシュ・フロー	
税引前当期純利益	8,000
貸倒引当金の増減額	28
売上債権の増減額	△700
小計	7,328

4．小計の下に記載する項目

　営業活動によるキャッシュ・フローにおいて，主たる営業活動，投資活動及び財務活動以外の取引によるキャッシュ・フローを小計の下に記載する。具体的には，災害による保険金収入，損害賠償金の支払いなどのキャッシュ・フローを記載する。

　また，法人税等に係るキャッシュ・フローについても営業活動によるキャッシュ・フローの小計の下に記載する。

　　法人税等の表示区分としては，営業・投資・財務活動の3つの区分のそれぞれに分けて記載する方法が考えられる。しかし，それぞれの活動ごとに課税所得を分割することは一般的には困難であると考えられるため，営業活動によるキャッシュ・フローの区分に一括して記載される。

営業活動によるキャッシュ・フロー	
営業収入	×× ×
商品の仕入れによる支出	△×× ×
人件費の支出	△×× ×
その他の営業支出	△×× ×
小計	×× ×
保険金の受取額	×× ×
損害賠償金の支払額	△×× ×
法人税等の支払額	△×× ×
営業活動によるキャッシュ・フロー	×× ×

例題26－11　法人税等の支払額

以下の資料に基づいて，法人税等の支払額の金額を求めなさい。

〔資料Ⅰ〕　貸借対照表

貸借対照表（一部）　　　　　　（単位：千円）

借　　　方	前期末	当期末	貸　　　方	前期末	当期末
			未 払 法 人 税 等	4,500	6,000

〔資料Ⅱ〕　損益計算書

損益計算書（一部）　　　　　　（単位：千円）

借　　　方	金　　額	貸　　　方	金　　額
法 人 税 等	10,000		

解　答（単位：千円）

1．仕訳

(1) 確定申告による納付

（未払法人税等）	4,500	（現 金 預 金）法人税等の支払額	4,500

(2) 中間申告による納付

（仮払法人税等）	4,000	（現 金 預 金）法人税等の支払額	4,000

※　10,000－6,000＝4,000

(3) 法人税等の計上

（法 人 税 等）	10,000	（仮払法人税等）	4,000
		（未払法人税等）	6,000

2．法人税等の支払額

4,500＋4,000＝8,500

3．未払法人税等・仮払法人税等の分析図

未払法人税等・仮払法人税等

確定申告 4,500	期首 4,500
中間申告 4,000	法人税等
期末 6,000	10,000

　法人税等の支払額8,500は，期首4,500＋法人税等10,000－期末6,000として求めることができる。

第3節　資金の範囲

1．現金及び現金同等物

　キャッシュ・フロー計算書が対象とする資金の範囲は，**現金及び現金同等物**である。

現　　金	手許現金 　及び 要求払預金（たとえば，当座預金，普通預金など）
現金同等物	容易に換金可能であり，かつ，価値の変動について僅少なリスクしか負わない短期投資（たとえば，取得日から満期日又は償還日までの期間が3ヶ月以内の短期投資である定期預金，譲渡性預金，コマーシャルペーパーなど）

2．定期預金

　キャッシュ・フロー計算書では，預入期間（預入れから満期までの期間）が3ヶ月以内の定期預金は現金同等物として扱い，それ以外の定期預金については現金同等物として扱わないことが多い。

　また，貸借対照表では1年基準により流動・固定の区分が行われる。すなわち，定期預金が貸借対照表日の翌日から起算して1年以内に満期を迎えるものであれば「現金預金」として流動資産の部に表示され，1年を超えて満期日を迎えるものであれば「長期性預金」として固定資産の部（投資その他の資産）に表示される。

	翌期首から 満期までの期間	貸借対照表の表示	預入期間	キャッシュ・フロー 計算書における取扱い
①	1年以内	現金預金	3ヶ月以内	現金同等物
②	1年以内	現金預金	3ヶ月超	現金同等物ではない
③	1年超	長期性預金	3ヶ月超	現金同等物ではない

キャッシュ・フロー計算書における現金及び現金同等物の期首及び期末残高を算定するためには，貸借対照表における現金預金の金額から，上記表中の②の定期預金の金額を控除する必要がある。

なお，①の定期預金は，現金預金かつ現金同等物であるため控除する必要はない。また，③の定期預金は，そもそも貸借対照表上の現金預金に含まれていないため控除する必要はない。

例題26−12　定期預金

以下の資料に基づいて，X3年度（X4年3月31日を決算日とする1年間）のキャッシュ・フロー計算書（一部）を作成しなさい。

1．定期預金の明細

預入先	A銀行	B銀行	C銀行	D銀行	E銀行
金　額	5,000千円	25,000千円	8,000千円	3,000千円	12,000千円
預入日	X1年7月1日	X2年10月1日	X3年12月1日	X4年2月1日	X4年3月1日
満期日	X3年6月30日	X4年5月31日	X4年11月30日	X4年4月30日	X5年8月31日

2．前期末貸借対照表における現金預金の金額は47,650千円であった。

3．当期末貸借対照表における現金預金の金額は79,100千円である。

4．預入期間3ヶ月以内の定期預金については，現金同等物に含めるものとする。

解答 (単位：千円)

1．分析図

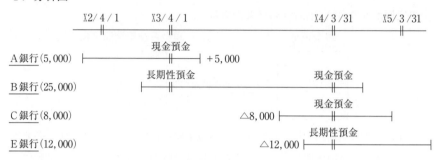

2．キャッシュ・フロー計算書（一部）

投資活動によるキャッシュ・フロー	
定期預金の預入による支出	△20,000※1
定期預金の払戻による収入	5,000
現金及び現金同等物の増減額	3,450
現金及び現金同等物の期首残高	42,650※2
現金及び現金同等物の期末残高	46,100※3

※1　△8,000＋△12,000＝△20,000

※2　47,650－5,000＝42,650

※3　79,100－25,000－8,000＝46,100

3．D銀行に預入れている定期預金

　　預入期間が3ヶ月以内のため，現金同等物として取扱う。このため，現金及び現金同等物の残高を求める過程で貸借対照表における現金預金から控除する必要はない。また，当該定期預金の預入れは，現金及び現金同等物相互間の取引となるので，キャッシュ・フロー計算書上の記載対象とならない。

3．当座借越

当座借越契約に基づき，当座借越限度枠を企業が保有する現金及び現金同等物と同様に利用している場合があり，この場合の当座借越は**負の現金同等物**を構成する。

金融機関からの資金調達は一般的には財務活動であるが，当座借越が企業の日常の資金管理活動において現金同等物とほとんど同様に利用されている場合には，財務活動とみるより，資金管理活動の不可分な構成部分として考えることに合理性があるため，負の現金同等物として扱う。

なお，当座借越の状況が明らかに短期借入金と同様の資金調達活動と判断される場合は，財務活動によるキャッシュ・フローの区分に記載することとなる。

例題26-13　当座借越

以下の資料より，キャッシュ・フロー計算書（一部）を作成しなさい。

１．貸借対照表

貸借対照表（一部）　　　　　　（単位：千円）

借　　方	前期末	当期末	貸　　方	前期末	当期末
現　金　預　金	8,200	10,000	短　期　借　入　金	0	3,000

２．A銀行と借越限度額を5,000千円とする当座借越契約を締結しており，当期末現在，A銀行の預金残高は△2,000千円となっている。

３．当座借越については，キャッシュ・フロー計算書上，負の現金同等物として取扱うこと。なお，当座借越を除き，貸借対照表の現金預金とキャッシュ・フロー計算書の現金及び現金同等物の範囲は一致している。

４．当期に　？　千円の借入れを行っている。

解答 （単位：千円）

財務活動によるキャッシュ・フロー	
短期借入れによる収入	1,000※1
現金及び現金同等物の増減額	△200
現金及び現金同等物の期首残高	8,200
現金及び現金同等物の期末残高	8,000※2

※1　3,000−2,000＝1,000

　　当座借越については，貸借対照表上は短期借入金として表示されている。しかし，キャッシュ・フロー計算書上は短期借入れによる収入として扱わない。このため，短期借入れによる収入は貸借対照表における短期借入金から当座借越を控除した金額となる。

※2　10,000−2,000＝8,000

　　当座借越は，キャッシュ・フロー計算書上，負の現金同等物として取扱うため，現金及び現金同等物の期末残高は当座借越控除後の金額となる。

第4節　その他の論点

1．利息及び配当金

(1)　表示区分

利息及び配当金の表示区分については，2つの方法がある。

	方法①	方法②
利息の受取額	営業活動による キャッシュ・フロー （小計の下）	投資活動による キャッシュ・フロー
配当金の受取額		
利息の支払額		財務活動による キャッシュ・フロー
配当金の支払額	財務活動による キャッシュ・フロー	

　方法①は，損益の算定に含まれる受取利息，受取配当金及び支払利息は営業活動によるキャッシュ・フローの区分に記載し，損益の算定に含まれない支払配当金は財務活動によるキャッシュ・フローの区分に記載する方法である。

　一方，方法②は，投資活動の成果である受取利息及び受取配当金は投資活動によるキャッシュ・フローの区分に記載し，財務活動上のコストである支払利息及び支払配当金は財務活動によるキャッシュ・フローの区分に記載する方法である。

| 例題26-14 | 利息及び配当金の表示区分 |

　利息及び配当金の受取額及び支払額が以下のとおりであった場合，キャッシュ・フロー計算書における表示区分を示しなさい。

　利息の受取額： 2,000千円

　配当金の受取額： 1,200千円

　利息の支払額： 1,300千円

　配当金の支払額：　 900千円

解 答 (単位：千円)

方法①

営業活動によるキャッシュ・フロー	
小計	×××
利息及び配当金の受取額	3,200※
利息の支払額	△1,300
財務活動によるキャッシュ・フロー	
配当金の支払額	△900

※　2,000 + 1,200 = 3,200

方法②

投資活動によるキャッシュ・フロー	
利息及び配当金の受取額	3,200
財務活動によるキャッシュ・フロー	
利息及び配当金の支払額	△2,200※

※　1,300 + 900 = 2,200

(2)　**間接法の場合の注意事項**

　　直接法・間接法のいずれの場合も，利息及び配当金の受取額（利息の支払額）は当期における収入額（支出額）を表示する。これとは別に，間接法の場合，営業活動によるキャッシュ・フロー（小計より上）において損益項目の調整を行うが，その金額は損益計算書における収益（費用）としての受取利息（支払利息）と同額である。

例題26－15　　利息及び配当金（間接法）

　　以下の資料に基づいて，キャッシュ・フロー計算書（間接法）の表示を示しなさい。なお，当期はX1年12月31日を決算日とする１年間である。

１．X1年５月１日に銀行より60,000千円を借り入れた。利率は年５％，利払日は毎年10月末日および４月末日の年２回（後払い）である。

２．利息の支払額は営業活動によるキャッシュ・フローの区分に表示する。

３．利息の計算は月割計算による。

解　答（単位：千円）

１．当期の会計処理

(1)　X1年５月１日

（現 金 預 金）	60,000	（借 入 金）	60,000

(2)　X1年10月31日

（支 払 利 息）	1,500	（現 金 預 金）	1,500

※　60,000×５％×６ヶ月／12ヶ月＝1,500

(3)　X1年12月31日（決算整理仕訳）

（支 払 利 息）	500	（未 払 利 息）	500

※　60,000×５％×２ヶ月／12ヶ月＝500

2．キャッシュ・フロー計算書（一部）

営業活動によるキャッシュ・フロー	
税引前当期純利益	×××
支払利息	2,000※1
小計	×××
利息の支払額	△1,500※2

※1　損益計算書における支払利息と同額

　　　1,500＋500＝2,000　　または，60,000×5％×8ヶ月／12ヶ月＝2,000

※2　当期の支出額

　　なお，未払利息（負債）の増減額は，営業活動によるキャッシュ・フロー（小計）とは関係のない項目であるため，調整の対象とはならない。

2．リース取引に係る支払リース料

　ファイナンス・リース取引に係る支払リース料のうち，元本返済部分は，当該リースが資金調達活動の一環として利用されているものと認められることから，財務活動によるキャッシュ・フローの区分に記載し，利息相当額部分については，企業が採用した支払利息の表示区分に従って記載する。

　オペレーティング・リース取引に係る支払リース料は，通常は損益計算書において販売費及び一般管理費に計上されるため，営業活動によるキャッシュ・フローの区分（その他の営業支出）に記載する。

例題26-16　ファイナンス・リース取引に係る支払リース料

　以下の資料に基づいて，キャッシュ・フロー計算書（一部）を作成しなさい。なお，利息の支払額は営業活動の区分に記載するものとする。

1．当期首に，リース会社から備品をリースする契約を締結した（所有権移転ファイナンス・リース取引）。

2．貸手の現金購入価額：10,000千円（借手にとって明らか）

3．貸手の計算利子率：3.15%（借手にとって明らか）

4．リース料総額：10,800千円（毎期末に，経過した1年分のリース料を支払う）

5．解約不能のリース期間：4年

解　答（単位：千円）

1．リース料支払時の仕訳

（リース債務）	2,385	（現金預金）	2,385※2
		リース債務の返済による支出	
（支払利息）	315	（現金預金）	315※1
		利息の支払額	

※1　10,000×3.15%＝315

※2　リース料：10,800÷4年＝2,700

　　　2,700－315＝2,385

2．キャッシュ・フロー計算書

営業活動によるキャッシュ・フロー	
小計	×××
利息の支払額	△315
財務活動によるキャッシュ・フロー	
リース債務の返済による支出	△2,385

3．純額表示

　キャッシュ・フロー計算書においては，主要な取引ごとのキャッシュ・フローを原則として総額で表示する。しかし，期間が短く，かつ，回転が速い項目に係るキャッシュ・フローは純額で表示することができる。たとえば，短期借入金の借換えによるキャッシュ・フロー，短期貸付金の貸付けと返済が連続して行われている場合のキャッシュ・フローなどが該当する。

> 　期間が短く，回転が速い項目に係るキャッシュ・フローを総額で表示すると，キャッシュ・フローの金額が大きくなり，かえって財務諸表利用者の判断を誤らせるおそれがあるため，一会計期間の純増減額で表示することができる。

例題26−17　　純額表示

　以下の資料に基づいて，キャッシュ・フロー計算書（一部）を作成しなさい（決算日：3月31日）。

1．前期3月1日に，2,000千円の資金の借入れを行った。当該借入金は3ヶ月後にいったん返済するが，返済の翌日に同額の借入れを行うこととしている。

2．当期5月31日に，上記の借入金の返済を行い，翌日に同条件の借入れを行った。

3．当期9月1日，12月1日，3月1日においても同様の借換えを行った。なお，12月1日の借入れから借入額を2,500千円としている。

解 答 （単位：千円）

1．短期借入金勘定

短期借入金

5／31返済	2,000	期首	2,000
8／31返済	2,000	6／1借入	2,000
11/30返済	2,000	9／1借入	2,000
2／28返済	2,500	12/1借入	2,500
期末	2,500	3／1借入	2,500

2．総額表示を行う場合

財務活動によるキャッシュ・フロー	
短期借入れによる収入	9,000※1
短期借入金の返済による支出	△8,500※2

※1　2,000＋2,000＋2,500＋2,500＝9,000

※2　2,000＋2,000＋2,000＋2,500＝8,500

3．純額表示を行う場合

財務活動によるキャッシュ・フロー	
短期借入金の純増減額	500

※　2,500－2,000＝500

4．外貨建の現金及び現金同等物に係る為替差損益

外貨建の現金及び現金同等物に係る為替差損益の額は，**現金及び現金同等物に係る換算差額**として表示する。

例題26－18　　現金及び現金同等物に係る換算差額

以下の資料に基づいて，キャッシュ・フロー計算書を作成しなさい。

1．当期首に外国通貨50千ドルを保有しており，期首の現金及び現金同等物は当該外国通貨のみである。前期末の為替レートは1ドル＝100円であった。

2．当期末時点で引続き，当該外国通貨を保有しており，期末の現金及び現金同等物は当該外国通貨のみである。当期末の為替レートは1ドル＝110円であった。

3．期中に上記以外のキャッシュ・フローは生じていないものとする。

解　答（単位：千円）

現金及び現金同等物に係る換算差額	500※3
現金及び現金同等物の増減額	500
現金及び現金同等物の期首残高	5,000※1
現金及び現金同等物の期末残高	5,500※2

※1　50千ドル×@100円＝5,000

※2　50千ドル×@110円＝5,500

※3　50千ドル×（@110円－@100円）＝500

5．外貨によるキャッシュ・フロー

　外貨建取引に係るキャッシュ・フローは，その取引日における為替相場で表示する。また，外貨建取引等によって生じた為替差損益は損益計算書に計上されるが，間接法を採用している場合，調整項目となる為替差損益について以下のように分類する必要がある。

　営業活動（小計）によって生じた為替差損益　　：調整不要
　営業活動（小計）以外によって生じた為替差損益：逆算調整

例題26－19　**外貨によるキャッシュ・フロー**

以下の資料に基づいて，キャッシュ・フロー計算書（一部）を作成しなさい。

〔資料Ⅰ〕　貸借対照表

貸借対照表（一部）　　　　　　　（単位：千円）

借　　方	前期末	当期末	貸　　方	前期末	当期末
売 上 債 権	900	1,260			
短 期 貸 付 金	0	21,000			

〔資料Ⅱ〕　損益計算書

損益計算書　　　　　　　（単位：千円）

借　　方	金　額	貸　　方	金　額
売 上 原 価	8,000	売 上 高	13,000
給　　　料	3,000	受 取 利 息	420
営 業 費	1,636	為 替 差 損 益	1,216
当 期 純 利 益	2,000		
合　　計	14,636	合　　計	14,636

〔資料Ⅲ〕　外貨建取引

1．前期末の売上債権は外貨10千ドルを前期末の為替レート1ドル＝90円で換算したものである。

2．当期の売上高は海外に商品を130千ドルで一時に掛売上したものである。売上時の為替レートは1ドル＝100円である。

3．当期中に売上債権128千ドル（前期末の10千ドル及び当期発生の118千ドル）を一時に回収した。回収時の為替レートは1ドル＝102円である。

4．当期中に200千ドルの貸付けを行った。貸付時の為替レートは1ドル＝101円である。

5．当期末の為替レートは1ドル＝105円である。

解答 （単位：千円）

1．直接法

(1) 売上債権に係る仕訳

① 売上時

（売 上 債 権）	13,000	（売　　　　　上）	13,000

※　130千ドル×@100円＝13,000

② 回収時

（売 上 債 権）	356	（為 替 差 損 益）	356※
（現 金 預 金） 営業収入	13,056	（売 上 債 権）	13,056

※　入金額：128千ドル×@102円＝13,056

　　回収簿価：10千ドル×@90円＋118千ドル×@100円＝12,700

　　13,056－12,700＝356

③ 期末時

（売 上 債 権）	60	（為 替 差 損 益）	60

※　(130千ドル－118千ドル)×(@105円－@100円)＝60
　　　　　　　　期末残高

(2) 売上債権の分析（上記の仕訳どおりに勘定記入を行う）

売上債権

期首	900	回収額	
売上高			
	13,000		13,056
為替差損益	356		
為替差損益	60	期末	1,260

(3)　貸付金に係る仕訳

①　貸付時

| （短 期 貸 付 金） | 20,200 | （現 金 預 金） | 20,200 |

貸付けによる支出

※　200千ドル×@101円＝20,200

②　期末時

| （短 期 貸 付 金） | 800 | （為 替 差 損 益） | 800 |

※　200千ドル×（@105円－@101円）＝800

(4)　キャッシュ・フロー計算書

営業活動によるキャッシュ・フロー	
営業収入	13,056
商品の仕入れによる支出	△8,000
人件費の支出	△3,000
その他の営業支出	△1,636
小計	420

2．間接法

(1)　売上債権の分析

売上債権

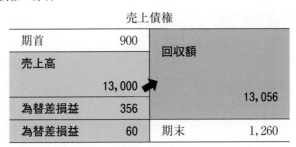

損益計算書における売上高13,000，為替差損益356及び60（合計：13,416）を回収額13,056に修正するため，売上債権の増加額360［＝1,260－900］を減算調整する。

(2) 貸付金から生じた為替差損益

　　貸付金から生じた為替差損益は，営業活動によるキャッシュ・フロー（小計）と関係しない項目であるため，逆算調整を行う。

(3) 間接法による場合の調整項目（損益計算書及び直接法による場合の各項目との関係図）

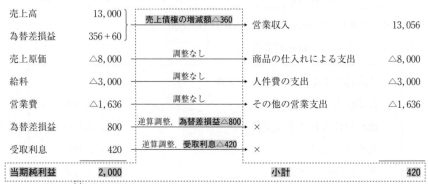

損益計算書　　　　　　　　　　　　　　　　　　　　キャッシュ・フロー計算書（直接法）

営業活動によるキャッシュ・フロー

損益計算書			キャッシュ・フロー計算書（直接法）	
売上高	13,000	売上債権の増減額△360	営業収入	13,056
為替差損益	356 + 60			
売上原価	△8,000	調整なし	商品の仕入れによる支出	△8,000
給料	△3,000	調整なし	人件費の支出	△3,000
営業費	△1,636	調整なし	その他の営業支出	△1,636
為替差損益	800	逆算調整．為替差損益△800	×	
受取利息	420	逆算調整．受取利息△420	×	
当期純利益	2,000		小計	420

　　間接法における表示

(4) キャッシュ・フロー計算書

営業活動によるキャッシュ・フロー	
税引前当期純利益	2,000
受取利息	△420
為替差損益	△800
売上債権の増減額	△360
小計	420

6．手形の割引による収入

　手形の割引による収入は，営業活動に係る債権から生じるキャッシュ・フローであり，営業収入に含めることになる。この場合，営業収入とする金額については，2つの方法がある。

① **手形売却損控除後の手取額による方法**

（現 金 預 金） 営業収入	×××	（受 取 手 形）	×××
（手 形 売 却 損）	×××		

② **手形金額の総額による収入があったとみなす方法**

（現 金 預 金） 営業収入	×××※1	（受 取 手 形）	×××
（手 形 売 却 損）	×××	（現 金 預 金） 利息の支払額	×××※2

　※1　額面金額

　※2　割引料

例題26－20　**手形の割引による収入**

　以下の資料に基づいて，キャッシュ・フロー計算書（営業活動の区分）を作成しなさい。なお，利息の支払額は営業活動の区分に記載するものとする。

〔資料Ⅰ〕　貸借対照表

貸借対照表（一部）　　　　（単位：千円）

借　　方	前期末	当期末	貸　　方	前期末	当期末
売　上　債　権	750	820			

〔資料Ⅱ〕　損益計算書

損益計算書　　　　（単位：千円）

借　　方	金　　額	貸　　方	金　　額
売　上　原　価	3,100	売　　上　　高	5,000
給　　　　料	800		
営　業　費	650		
手　形　売　却　損	50		
当　期　純　利　益	400		
合　　計	5,000	合　　計	5,000

〔資料Ⅲ〕　手形の割引

　期中に，額面500千円の約束手形を銀行で割引き，割引料50千円を差引かれた残額の450千円が当座預金に入金された。なお，保証債務は計上しないものとする。

解 答 （単位：千円）

1．直接法

（1）　手形売却損控除後の手取額による方法

　　①　手形割引の仕訳

（現　金　預　金）	450	（売　上　債　権）	500
（手　形　売　却　損）	50		

　　②　売上債権の分析（上記の仕訳どおりに勘定記入を行う）

売上債権

期首	750	回収額	
			4,880
売上高		手形売却損	50
	5,000	期末	820

　　③　キャッシュ・フロー計算書

営業活動によるキャッシュ・フロー	
営業収入	4,880
商品の仕入れによる支出	△3,100
人件費の支出	△800
その他の営業支出	△650
営業活動によるキャッシュ・フロー	330

（2）　手形金額の総額による収入があったとみなす方法

　　①　手形割引の仕訳

（現　金　預　金）	500	（売　上　債　権）	500
（手　形　売　却　損）	50	（現　金　預　金）	50

② 売上債権の分析（上記の仕訳どおりに勘定記入を行う）

売上債権

期首	750	回収額	
売上高			4,930
	5,000	期末	820

③ キャッシュ・フロー計算書

営業活動によるキャッシュ・フロー	
営業収入	4,930
商品の仕入れによる支出	△3,100
人件費の支出	△800
その他の営業支出	△650
小計	380
利息の支払額	△50
営業活動によるキャッシュ・フロー	330

２．間接法

(1) 手形売却損控除後の手取額による方法

① 売上債権の分析

売上債権

期首	750	回収額	
売上高			4,880
		手形売却損	50
	5,000	期末	820

　損益計算書における売上高5,000及び手形売却損50（純額：4,950）を回収額4,880に修正するため，売上債権の増加額70［＝820－750］を減算調整する。

② キャッシュ・フロー計算書

営業活動によるキャッシュ・フロー	
税引前当期純利益	400
売上債権の増減額	△70
営業活動によるキャッシュ・フロー	330

(2) 手形金額の総額による収入があったとみなす方法

① 売上債権の分析

売上債権

期首	750	回収額	
売上高			4,930
	5,000	期末	820

　損益計算書における売上高5,000を回収額4,930に修正するため，売上債権の増加額70［＝820－750］を減算調整する。

　この場合，損益計算書における手形売却損は営業活動（小計）と関係しない損益項目と捉えられるため，逆算調整を行う。

② キャッシュ・フロー計算書

営業活動によるキャッシュ・フロー	
税引前当期純利益	400
手形売却損	50
売上債権の増減額	△70
小計	380
利息の支払額	△50
営業活動によるキャッシュ・フロー	330

7．事業譲受・事業譲渡に係るキャッシュ・フロー

　　事業の譲受又は譲渡に係るキャッシュ・フローは，投資活動によるキャッシュ・フローの区分に以下の金額で記載する。

　　事業の譲受による支出：事業の取得による支出額から譲受けた事業の現金及び現金同等物の額を控除した金額。

　　事業の譲渡による収入：事業の売却による収入額から譲渡した事業の現金及び現金同等物の額を控除した金額。

　　なお，譲受又は譲渡した事業の，現金及び現金同等物以外の資産・負債の増減による影響はキャッシュ・フロー計算書に含めないようにする。

例題26－21	事業譲受

以下の資料に基づいて，キャッシュ・フロー計算書を作成しなさい。

〔**資料Ⅰ**〕　貸借対照表

貸借対照表　　　　　　　　　（単位：千円）

借　　　方	前期末	当期末	貸　　　方	前期末	当期末
現　　　　　金	8,000	9,900	仕　入　債　務	600	1,900
売　上　債　権	800	2,200	資　本　金	5,000	5,000
土　　　　　地	1,000	5,000	繰越利益剰余金	4,200	10,200
合　　計	9,800	17,100	合　　計	9,800	17,100

〔**資料Ⅱ**〕　損益計算書

損益計算書　　　　　　（単位：千円）

借　　　方	金　　額	貸　　　方	金　　額
売　上　原　価	8,000	売　　上　　高	14,000
当　期　純　利　益	6,000		
合　　計	14,000	合　　計	14,000

〔**資料Ⅲ**〕　事業譲受

1．当期末にX社よりx事業を譲受け，対価として現金5,000千円を支払った。

2．x事業の資産・負債の時価は以下のとおりである。

　　現　　　金：　800千円　　土　　　地：4,000千円

　　売　上　債　権：1,200千円　　仕　入　債　務：1,000千円

解 答（単位：千円）

＜営業活動によるキャッシュ・フローを直接法で表示する場合＞

１．営業収入

売上債権

期首	800	回収額	
売上高			**13,800**
	14,000		
事業譲受	1,200	期末	2,200

２．商品の仕入れによる支出

仕入債務

支払額		期首	600
	7,700	当期仕入	
			8,000
期末	1,900	事業譲受	1,000

　なお，棚卸資産は期首期末ともに存在しないため，売上原価が全額当期仕入高となる。

３．事業譲受

（現　　　　金）事業譲受による支出	800	（現　　　　金）事業譲受による支出	5,000
（売　上　債　権）	1,200	（仕　入　債　務）	1,000
（土　　　　地）	4,000		

　事業譲受による支出：800－5,000＝△4,200

4．キャッシュ・フロー計算書

営業活動によるキャッシュ・フロー	
営業収入	13,800
商品の仕入れによる支出	△7,700
営業活動によるキャッシュ・フロー	6,100
投資活動によるキャッシュ・フロー	
事業譲受による支出	△4,200
投資活動によるキャッシュ・フロー	△4,200
現金及び現金同等物の増減額	1,900
現金及び現金同等物の期首残高	8,000
現金及び現金同等物の期末残高	9,900

＜営業活動によるキャッシュ・フローを間接法で表示する場合＞

1．営業収入

売上債権

期首	800	回収額	
売上高			
	14,000		13,800
事業譲受	1,200	期末	2,200

損益計算書における売上高14,000を営業収入13,800に修正するため，売上債権の増加額200 [＝(2,200−1,200)−800] を減算調整する。

期末(＊)　　期首

（＊）　事業譲受による増加分1,200は営業活動に係るキャッシュ・フローとは無関係のため，期末残高から減算し，事業譲受前の金額に修正する。

2．商品の仕入れによる支出

仕入債務

支払額		期首	600
		当期仕入	
	7,700		8,000
期末	1,900	**事業譲受**	**1,000**

　　損益計算書における売上原価△8,000を商品の仕入れによる支出△7,700に修正するため，仕入債務の増加額300 ［＝$(\underset{期末(*)}{1,900-1,000})-\underset{期首}{600)}$］を加算調整する。

　　（＊）　事業譲受による増加分1,000は営業活動に係るキャッシュ・フローとは無関係のため，期末残高から減算し，事業譲受前の金額に修正する。

3．間接法による場合の調整項目（損益計算書及び直接法による場合の各項目との関係図）

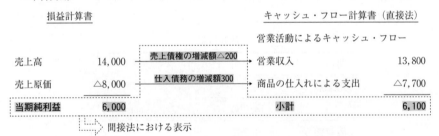

4．キャッシュ・フロー計算書

営業活動によるキャッシュ・フロー	
税引前当期純利益	6,000
売上債権の増減額	△200
仕入債務の増減額	300
営業活動によるキャッシュ・フロー	6,100

例題26-22　　事業譲渡

以下の資料に基づいて，キャッシュ・フロー計算書を作成しなさい。

〔資料Ⅰ〕　貸借対照表

貸借対照表　　　　　　（単位：千円）

借　　方	前期末	当期末	貸　　方	前期末	当期末
現　　　　　金	3,500	13,400	仕　入　債　務	1,400	600
売　上　債　権	1,500	800	資　　本　　金	5,000	5,000
土　　　　　地	5,000	1,000	繰越利益剰余金	3,600	9,600
合　　計	10,000	15,200	合　　計	10,000	15,200

〔資料Ⅱ〕　損益計算書

損益計算書　　　　　　（単位：千円）

借　　方	金　額	貸　　方	金　額
売　上　原　価	8,000	売　　上　　高	14,000
当　期　純　利　益	6,000		
合　　計	14,000	合　　計	14,000

〔資料Ⅲ〕　事業譲受

１．当期末にＹ社へｙ事業を譲渡し，対価として現金5,000千円を受け取った。

２．ｙ事業の資産・負債の帳簿価額は以下のとおりである。

　　現　　　金：　800千円　　土　　　地：4,000千円

　　売上債権：1,200千円　　仕入債務：1,000千円

解答 （単位：千円）

＜営業活動によるキャッシュ・フローを直接法で表示する場合＞

１．営業収入

売上債権

期首	1,500	事業譲渡	1,200
売上高		回収額	
			13,500
	14,000	期末	800

２．商品の仕入れによる支出

仕入債務

事業譲渡	1,000	期首	1,400
支払額		当期仕入	
	7,800		
期末	600		8,000

　なお，棚卸資産は期首期末ともに存在しないため，売上原価が全額当期仕入高となる。

３．事業譲渡

（現　　　　金） 事業譲渡による収入	5,000	（現　　　　金） 事業譲渡による収入	800
（仕　入　債　務）	1,000	（売　上　債　権）	1,200
		（土　　　　地）	4,000

　事業譲渡による収入：5,000 − 800 ＝ 4,200

4．キャッシュ・フロー計算書

営業活動によるキャッシュ・フロー	
営業収入	13,500
商品の仕入れによる支出	△7,800
営業活動によるキャッシュ・フロー	5,700
投資活動によるキャッシュ・フロー	
事業譲渡による収入	4,200
投資活動によるキャッシュ・フロー	4,200
現金及び現金同等物の増減額	9,900
現金及び現金同等物の期首残高	3,500
現金及び現金同等物の期末残高	13,400

＜営業活動によるキャッシュ・フローを間接法で表示する場合＞

1．営業収入

売上債権

期首	1,500	事業譲渡	1,200
売上高		回収額	
	14,000		13,500
		期末	800

　損益計算書における売上高14,000を営業収入13,500に修正するため，売上債権の増加額500 ［＝$\underset{期末（*）}{(800＋1,200)}－\underset{期首}{1,500}$］を減算調整する。

　（*）　事業譲渡による減少分1,200は営業活動に係るキャッシュ・フローとは無関係のため，期末残高に加算し，事業譲渡前の金額に修正する。

２．商品の仕入れによる支出

仕入債務

事業譲渡	1,000	期首	1,400
支払額		当期仕入	
	7,800		
期末	600		8,000

　損益計算書における売上原価△8,000を商品の仕入れによる支出△7,800に修正するため，仕入債務の増加額200 $[=(\underset{期末（＊）}{600+1,000})-\underset{期首}{1,400}]$ を加算調整する。

　（＊）　事業譲渡による減少分1,000は営業活動に係るキャッシュ・フローとは無関係のため，期末残高に加算し，事業譲渡前の金額に修正する。

３．間接法による場合の調整項目（損益計算書及び直接法による場合の各項目との関係図）

４．キャッシュ・フロー計算書

営業活動によるキャッシュ・フロー	
税引前当期純利益	6,000
売上債権の増減額	△500
仕入債務の増減額	200
営業活動によるキャッシュ・フロー	5,700

第27章
四半期財務諸表

第1節　総論

1．意義

　四半期とは，1年の4分の1，すなわち3ヶ月という期間のことである。**四半期財務諸表**は，3ヶ月ごとに作成する財務諸表のことで，特定の会社（上場会社等）は，四半期財務諸表を作成し，開示することが求められている。

　企業を取り巻く経営環境の変化は激しく，企業業績も短期間のうちに大きく変化することがある。このため，投資者に適時に投資判断材料を提供することを目的に，特に流動性の高い流通市場を持つ有価証券の発行会社（上場会社等）に対して，1事業年度の財務諸表だけではなく，四半期ごとに財務諸表を作成することが要求されている。

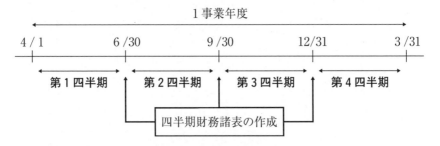

2．四半期財務諸表の範囲及び開示対象期間

　四半期財務諸表の範囲及び開示対象期間は以下のとおりである。

種　　類	期日又は期間
四半期貸借対照表	四半期会計期間の末日
四半期損益計算書	期首からの累計期間（開示対象期間を期首からの累計期間及び四半期会計期間とすることができる。）
四半期キャッシュ・フロー計算書	期首からの累計期間（第1四半期及び第3四半期において，開示を省略することができる。）

3．表示

　　四半期財務諸表の表示方法は，年度の財務諸表に準じる。ただし，四半期財務諸表における個々の表示科目は，財務諸表利用者の判断を誤らせない限り，集約して記載することができる。

各四半期に開示される四半期財務諸表（点線枠のものは省略可能）

〔第1四半期〕

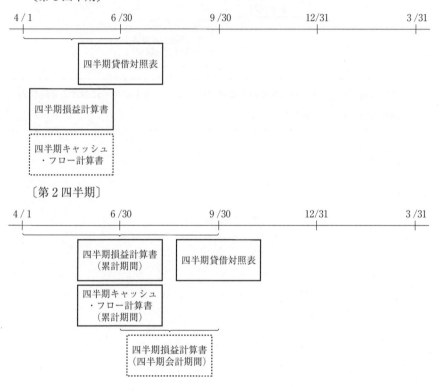

〔第3四半期〕

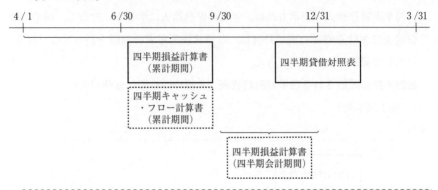

四半期段階での株主資本等変動計算書については，四半期開示における適時性の要請などから開示は要さない。

第2節　会計処理

1．簡便的な会計処理

　四半期財務諸表の作成のために採用する会計方針は，原則として年度の財務諸表の作成にあたって採用する会計方針に準拠する。ただし，開示の迅速性の観点から，以下に例示するような簡便的な会計処理が認められている。

債権	一般債権の貸倒実績率が前年度の決算において算定した貸倒実績率と著しく変動していないと考えられる場合は，前年度の決算において算定した貸倒実績率を用いて，四半期会計期間末における貸倒見積高を算定することができる。
棚卸資産	実地棚卸を省略して，四半期会計期間末における棚卸高を合理的な方法により算定することができる。
	四半期会計期間末における棚卸資産の簿価切下げにあたっては，収益性が低下していることが明らかな棚卸資産についてのみ正味売却価額を見積り，簿価切下げを行うことができる。
経過勘定	経過勘定項目は合理的な算定方法による概算額で計上することができる。
減価償却費	定率法を採用している場合には，年度に係る減価償却費を期間按分する方法により，期首からの累計期間（又は四半期会計期間）の減価償却費として計上することができる。
退職給付費用	期首に算定した年間の退職給付費用については，期間按分した額を期首からの累計期間（又は四半期会計期間）に計上する。

例題27－1　減価償却費

　以下の資料を参照し，（A）原則的な処理及び（B）簡便的な処理それぞれの場合における第1四半期会計期間及び第2四半期会計期間における減価償却費の金額を算定しなさい。また，千円未満の端数が生じた場合には，千円未満の端数を四捨五入すること。

　当社は，期首に取得原価5,000千円の備品を購入して使用を開始した。耐用年数は3年，残存価額10%，減価償却方法は定率法により，減価償却費を計上する。定率法の償却率は3年：0.536，12年：0.175である。

解　答（単位：千円）

（A）原則的な処理

1．第1四半期会計期間

$5,000 \times 0.175 = 875$

2．第2四半期会計期間

$(5,000 - 875) \times 0.175 \fallingdotseq 722$

（B）簡便的な処理

1．第1四半期会計期間

$5,000 \times 0.536 \div 4 = 670$

2．第2四半期会計期間

$5,000 \times 0.536 \div 4 = 670$

２．四半期特有の会計処理

(1)　税金費用の計算

①　原則的な処理

　税金費用については，原則として，年度決算と同様の方法により計算する。すなわち，課税所得に税率を乗じることによって法人税等を計算し，一時差異に関して税効果会計を適用する。また，繰延税金資産及び繰延税金負債については，回収可能性等を検討した上で，四半期貸借対照表に計上する。

四半期損益計算書

税引前四半期純利益		×××
法人税等	×××※１	
法人税等調整額	×××※２	×××
四半期純利益		×××

　　※１　課税所得×法定実効税率

　　※２　一時差異×法定実効税率

②　四半期特有の処理

　税金費用について，納付税額と法人税等調整額に区分せず，両者を一括して，税引前四半期純利益に見積実効税率を乗じて計算する。見積実効税率は，予想年間税金費用を予想年間税引前当期純利益で除して求める。この場合には，前年度末の繰延税金資産及び繰延税金負債については，回収可能性等を検討した上で，問題がなければそのまま四半期貸借対照表に計上する。

> ①　予想年間税金費用＝（予想年間税引前当期純利益±永久差異）
> 　　×法定実効税率－税額控除見積額
> ②　見積実効税率＝予想年間税金費用÷予想年間税引前当期純利益
> ③　税金費用＝税引前四半期純利益×見積実効税率

四半期損益計算書

税引前四半期純利益	×××
法人税等	×××※
四半期純利益	×××

　※　税引前四半期純利益×見積実効税率

例題27－2　税金費用の計算(1)

　以下の資料を参照して，（A）原則的な処理及び（B）四半期特有の処理それぞれの場合における第1四半期の税金費用に係る仕訳を示しなさい。

1．第1四半期の税引前四半期純利益は2,000千円であり，予想年間税引前当期純利益は10,000千円とする。

2．第1四半期の一時差異（減価償却超過額）の金額は150千円であり，年間では600千円とする。なお，前期末に一時差異はない。

3．第1四半期の永久差異（交際費の損金不算入額）の金額は200千円であり，年間では750千円とする。

4．法定実効税率40％である。

解　答（単位：千円）

（A）原則的な処理

（法 人 税 等）	940※1	（未払法人税等）	940
（繰延税金資産）	60	（法人税等調整額）	60※2

　※1　課税所得：2,000＋150＋200＝2,350

　　　　法人税等：2,350×40％＝940

　※2　150×40％＝60

（B）四半期特有の処理

（法　人　税　等）	860	（未払法人税等）	860

※　予想年間税金費用：$(10,000 + 750) \times 40\% = 4,300$

　　見積実効税率：$4,300 \div 10,000 = 43\%$

　　税金費用：$2,000 \times 43\% = 860$

　　四半期特有の処理による場合，税金費用は納付税額と法人税等調整額に区分しないで一括して計算するため，一時差異は税金費用と税引前当期純利益の比率に影響を及ぼさない。そのため，見積実効税率の計算にあたっては，永久差異を考慮すれば足りる。

予想年間損益計算書

税引前当期純利益		10,000	
法人税等	4,540※１		43%
法人税等調整額	△240※２	4,300	
当期純利益		5,700	

※１　法人税等　　：　　$(10,000 + 600 + 750) \times 40\% = 4,540$

※２　法人税等調整額：$-)$　　　　　　600　　×40% =　240

　　　税金費用　　：　　$(10,000$　　　　+750)×40% = 4,300

例題27－3	税金費用の計算(2)

　以下の資料を参照して，（A）原則的な処理及び（B）四半期特有の処理それぞれの場合における第1四半期の税金費用に係る仕訳を示しなさい。

1．第1四半期の税引前四半期純利益は2,000千円であり，予想年間税引前当期純利益は10,000千円とする。

2．第1四半期の一時差異（減価償却超過額）の金額は150千円であり，年間では600千円とする。なお，前期末に一時差異はない。

3．第1四半期の永久差異（交際費の損金不算入額）の金額は200千円であり，年間では750千円とする。

4．第1四半期の税額控除（研究開発費の控除）の金額は20千円であり，年間では100千円とする。

5．法定実効税率40%である。

解　答（単位：千円）

（A）原則的な処理

（法　人　税　等）	920※1	（未払法人税等）	920
（繰延税金資産）	60	（法人税等調整額）	60※2

※1　課税所得：2,000＋150＋200＝2,350

　　　法人税等：2,350×40％－20＝920

※2　150×40％＝60

（B）四半期特有の処理

（法　人　税　等）	840	（未払法人税等）	840

※　予想年間税金費用：（10,000＋750）×40％－100＝4,200

　　見積実効税率：4,200÷10,000＝42％

　　税金費用：2,000×42％＝840

(2)　原価差異の繰延処理

　　標準原価計算等を採用している場合における原価差異は，売上原価に賦課するか，売上原価と棚卸資産に配賦して処理する。しかし，原価差異が操業度等の季節的な変動に起因して発生したものであり，かつ，原価計算期間末までにほぼ解消が見込まれるときは，継続適用を条件として，当該原価差異を流動資産又は流動負債として繰り延べることができる。

　　原価差異の繰延処理は，操業度等が季節的に大きく変動することにより，売上高と売上原価の対応関係が適切に表示されない可能性があることを考慮した会計処理である。当該会計処理により，四半期会計期間における経済的実態をより適切に反映することができると考えられる。

例題27－4　原価差異の繰延処理

　　以下の資料を参照して，原価差異の繰延処理を適用する場合に，第1四半期末に行われる仕訳を示しなさい。

1．当社は，標準原価計算を採用している。操業度が季節により大きく変動し，第3四半期に最も操業度が上昇し，第1四半期に最も低下する。そのため，操業度の変動に起因して原価差異（操業度差異）が発生する。なお，原価計算期間は年度と一致しており，各四半期で生じる原価差異（操業度差異）は，原価計算期間末までにはほぼ解消が見込まれる。
2．原価標準の設定の際に使用された予想操業度は次のとおりである。

	第1四半期	第2四半期	第3四半期	第4四半期
予想操業度(個)	1,000	4,000	7,000	4,000

　　また，製品1個当たりの標準原価は200千円と算定した。
3．第1四半期における実際の操業度は1,000個，標準原価は200,000千円，原価の実際発生額は290,000千円であった。なお，原価差異はすべて操業度差異である。

解 答（単位：千円）

（その他の流動資産）	90,000	（原 価 差 異）	90,000

※　290,000 − 200,000 = 90,000

標準原価と実際発生額の相違から，原価差異（借方差異）が90,000生じているが，操業度の季節的な変動に起因して発生したものであり，原価計算期間末までにほぼ解消することが見込まれることから，当該原価差異の売上原価・棚卸資産への配賦等は行わず，流動資産として繰り延べる。

3．その他の会計処理

(1) 有価証券の減損処理

　　年度決算において，有価証券の減損処理を行った場合には，当該切下げ後の価額を翌期首の取得原価とすることになり，評価損の戻入は認められない。

　　これに対して，四半期会計期間末に計上した評価損については，洗替法と切放法のいずれかの方法を選択適用することができる。

年度決算	四半期決算
切放法	洗替法 又は切放法

例題27－5　　有価証券の減損処理(1)

　　以下の資料を参照して，有価証券の減損処理の方法として，（A）四半期切放法を採用している場合及び（B）四半期洗替法を採用している場合，それぞれについて必要となる仕訳を示しなさい。税効果会計については考慮しないものとする。

1．当社は，前期以前よりA社株式（その他有価証券）を保有している。なお，その他有価証券の評価差額の処理方法は全部純資産直入法による。

2．A社株式の帳簿価額は2,000千円，第1四半期会計期間末の時価は900千円，第2四半期会計期間末の時価は800千円である。

3．時価が帳簿価額に対して50％以上下回ったときに減損処理を行うものとする。

解答 （単位：千円）

（A）四半期切放法

1．第1四半期期末

| （投資有価証券評価損） | 1,100 | （投 資 有 価 証 券） | 1,100 |

※　2,000 − 900 ＝ 1,100

　2,000 × 50％ ＝ 1,000 ＞ 900 より，減損処理を行う。

2．第2四半期期首

| 仕訳なし |

※　切放法のため，評価損の戻入は行わない。

3．第2四半期期末

| （その他有価証券評価差額金） | 100 | （投 資 有 価 証 券） | 100 |

※　900 − 800 ＝ 100

　900 × 50％ ＝ 450 ＜ 800 より，減損処理は行わない。

（B）四半期洗替法

1．第1四半期期末

| （投資有価証券評価損） | 1,100 | （投 資 有 価 証 券） | 1,100 |

※　2,000 − 900 ＝ 1,100

　2,000 × 50％ ＝ 1,000 ＞ 900 より，減損処理を行う。

2．第2四半期期首

| （投 資 有 価 証 券） | 1,100 | （投資有価証券評価損） | 1,100 |

※　洗替法のため，評価損の戻入を行う。

3．第2四半期期末

| （投資有価証券評価損） | 1,200 | （投 資 有 価 証 券） | 1,200 |

※　2,000 − 800 ＝ 1,200

　2,000 × 50％ ＝ 1,000 ＞ 800 より，減損処理を行う。

例題27－6　有価証券の減損処理(2)

　　以下の資料を参照して，有価証券の減損処理の方法として，（A）四半期切放法を採用している場合及び（B）四半期洗替法を採用している場合，それぞれについて必要となる仕訳を示しなさい。税効果会計については考慮しないものとする。

1．当社は，前期以前よりA社株式（その他有価証券）を保有している。なお，その他有価証券の評価差額の処理方法は全部純資産直入法による。

2．A社株式の帳簿価額は2,000千円，第1四半期会計期間末の時価は900千円，第2四半期会計期間末の時価は1,300千円である。

3．時価が帳簿価額に対して50％以上下回ったときに減損処理を行うものとする。

解　答（単位：千円）

（A）四半期切放法

1．第1四半期期末

（投資有価証券評価損）	1,100	（投 資 有 価 証 券）	1,100

※　2,000 － 900 ＝ 1,100

　　2,000×50％＝1,000＞900より，減損処理を行う。

2．第2四半期期首

仕訳なし

※　切放法のため，評価損の戻入は行わない。

3．第2四半期期末

（投 資 有 価 証 券）	400	（その他有価証券 評 価 差 額 金）	400

※　1,300 － 900 ＝ 400

（B）四半期洗替法

1．第1四半期期末

| （投資有価証券評価損） | 1,100 | （投 資 有 価 証 券） | 1,100 |

※　2,000－900＝1,100

　　2,000×50％＝1,000＞900より，減損処理を行う。

2．第2四半期期首

| （投 資 有 価 証 券） | 1,100 | （投資有価証券評価損） | 1,100 |

※　洗替法のため，評価損の戻入を行う。

3．第2四半期期末

| （その他有価証券
評 価 差 額 金） | 700 | （投 資 有 価 証 券） | 700 |

※　2,000－1,300＝700

　　2,000×50％＝1,000＜1,300より，減損処理は行わない。

例題27－7　有価証券の減損処理(3)

　以下の資料を参照して，有価証券の減損処理の方法として，（A）四半期切放法を採用している場合及び（B）四半期洗替法を採用している場合，それぞれについて必要となる仕訳を示しなさい。税効果会計については考慮しないものとする。

1．当社は，前期以前よりA社株式（その他有価証券）を保有している。なお，その他有価証券の評価差額の処理方法は全部純資産直入法による。

2．A社株式の帳簿価額は2,000千円，第1四半期会計期間末の時価は900千円，第2四半期会計期間末の時価は300千円である。

3．時価が帳簿価額に対して50％以上下回ったときに減損処理を行うものとする。

解 答 （単位：千円）

（A）四半期切放法

1．第1四半期期末

（投資有価証券評価損）	1,100	（投 資 有 価 証 券）	1,100

　※　2,000－900＝1,100

　　　2,000×50％＝1,000＞900より，減損処理を行う。

2．第2四半期期首

仕訳なし

　※　切放法のため，評価損の戻入は行わない。

3．第2四半期期末

（投資有価証券評価損）	600	（投 資 有 価 証 券）	600

　※　900－300＝600

　　　900×50％＝450＞300より，減損処理を行う。

（B）四半期洗替法

1．第1四半期期末

（投資有価証券評価損）	1,100	（投 資 有 価 証 券）	1,100

　※　2,000－900＝1,100

　　　2,000×50％＝1,000＞900より，減損処理を行う。

2．第2四半期期首

（投 資 有 価 証 券）	1,100	（投資有価証券評価損）	1,100

　※　洗替法のため，評価損の戻入を行う。

3．第2四半期期末

（投資有価証券評価損）	1,700	（投 資 有 価 証 券）	1,700

　※　2,000－300＝1,700

　　　2,000×50％＝1,000＞300より，減損処理を行う。

⑵　**棚卸資産の簿価切下げ**

　　年度決算において，収益性の低下により棚卸資産の簿価切下げを行う場合，洗替法と切放法の選択適用が認められている。

　　四半期決算においても棚卸資産の簿価切下げを行うが，この場合，年度決算で洗替法を採用している場合には，四半期決算においても洗替法によることになる。一方，年度決算で切放法を採用している場合には，切放法と洗替法のいずれかを選択適用することができる。

年度決算	四半期決算	
洗替法 又は切放法	年度決算で洗替法を採用していた場合	年度決算で切放法を採用していた場合
	洗替法	洗替法 又は切放法

第28章
会計上の変更及び誤謬の訂正

第1節　総論

1．遡及処理

　上場会社などの特定の会社は，財務諸表を開示するにあたって，当期の財務諸表の比較情報として前期の財務諸表も開示することが求められる。**遡及処理**とは，過去の財務諸表を遡及的に処理することをいい，具体的には，既に作成された前期の財務諸表を当期において遡及的に修正して開示することになる。

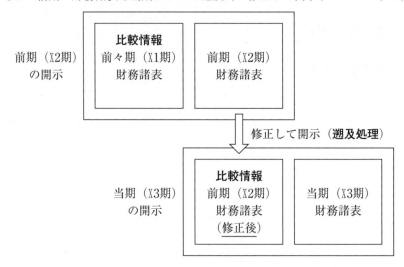

2．会計上の変更及び誤謬の訂正

　　会計方針の変更，**表示方法の変更**及び**会計上の見積りの変更**を合わせて**会計上の変更**という。過去の財務諸表における**誤謬の訂正**は，会計上の変更には該当しない。会計方針の変更，表示方法の変更及び誤謬の訂正に関しては遡及処理を行うのに対して，会計上の見積りの変更に関しては遡及処理を行わない。

区　　　分		遡及処理の有無
会計上の変更	会計方針の変更	遡及処理する （遡及適用）
	表示方法の変更	遡及処理する （財務諸表の組替え）
	会計上の見積りの変更	遡及処理しない
誤謬の訂正		遡及処理する （修正再表示）

第2節　各論

1．会計方針の変更

⑴　意義

　　会計方針とは，財務諸表の作成にあたって採用した会計処理の原則及び手続きをいう。また，**会計方針の変更**とは，従来採用していた一般に公正妥当と認められた会計方針から他の一般に公正妥当と認められた会計方針に変更することをいう。会計方針は毎期継続して適用することが原則であるが，正当な理由に基づく場合はこれを変更することができる。

⑵　取扱い

　　会計方針を変更した場合，新たな会計方針を過去の期間のすべてに**遡及適用**する。遡及適用とは，新たな会計方針を過去の財務諸表に遡って適用していたかのように会計処理することをいう。変更後の会計方針に基づいた過去の財務諸表を比較情報として提供することにより，当期の財務諸表との比較可能性を確保することができる。

　　新たな会計方針を遡及適用する場合には，次の処理を行う。

① 　表示期間（当期及び前期）より前の期間に関する遡及適用による累積的影響額は，表示する財務諸表のうち最も古い期間（前期）の期首の資産，負債及び純資産の額に反映する。

② 　表示する過去の各期間（前期）の財務諸表には，当該各期間の影響額を反映する。

当期より棚卸資産の評価方法を総平均法から先入先出法に変更した場合

設立期 （X1期）	前期 （X2期）	当期 （X3期）

X1期財務諸表
総平均法
売上原価：500

X2期財務諸表
総平均法
売上原価：600

①繰越利益剰余金
（期首）を
＋50修正する

②売上原価を
△100修正する

X1期財務諸表
先入先出法
売上原価：450

X2期財務諸表
先入先出法
売上原価：500

X3期財務諸表
先入先出法

表示期間

例題28－1　会計方針の変更

　当社は比較情報として前期の財務諸表を当期の財務諸表と合わせて開示している。以下の資料を参照して，当社の当期（X3年度）に開示する貸借対照表（一部），損益計算書，株主資本等変動計算書（繰越利益剰余金のみ）及びキャッシュ・フロー計算書（一部）を作成しなさい。

１．当社は当期より，通常の販売目的で保有する棚卸資産の評価方法を総平均法から先入先出法に変更した。なお，先入先出法を過去の会計年度から遡及適用することは可能である。

　　前期の商品の増減について，従来の方法である総平均法を適用した場合と先入先出法を遡及適用した場合の金額は以下のとおりである。払出高はすべて販売に対応するものである。

（単位：千円）

	前期 期首残高	前期 仕入高	前期 払出高	前期 期末残高
総平均法（従来の方法）	8,700	62,000	63,000	7,700
先入先出法を遡及適用した場合	9,300	62,000	62,700	8,600

２．前期に開示した財務諸表（単位：千円）

　(1)　貸借対照表（一部）

	X1年度	X2年度
資産の部		
商品	8,700	7,700
純資産の部		
繰越利益剰余金	15,000	21,000

(2) 損益計算書

	X1年度	X2年度
売上高	××	78,750
売上原価	××	63,000
販売費及び一般管理費	××	5,750
税引前当期純利益	××	10,000
法人税等	××	4,000
当期純利益	××	6,000

(3) 株主資本等変動計算書（繰越利益剰余金のみ）

	X1年度	X2年度
株主資本		
繰越利益剰余金		
当期首残高	××	15,000
当期変動額		
当期純利益	××	6,000
当期末残高	15,000	21,000

(4) キャッシュ・フロー計算書（一部）

	X1年度	X2年度
営業活動によるキャッシュ・フロー		
税引前当期純利益	××	10,000
棚卸資産の増減額	××	1,000

解答（単位：千円）

1．商品ＢＯＸ

設立〜前々期末			前　期		
仕入	売上原価		前期首	売上原価	
		?	8,700**+600**		63,000
		△**600**	仕入		**+600**△**900**
?	前々期末			前期末	
	8,700**+600**		62,000	7,700**+900**	

　総平均法における商品ＢＯＸに，先入先出法を適用した場合への修正額を斜体で追加する。前々期末（前期首）の商品の金額を9,300とすると，前々期までの売上原価が600［＝9,300−8,700］減少するとともに，前期の売上原価が600増加する。また，前期末の商品の金額を8,600とすると，前期末の商品の金額が900［＝8,600−7,700］増加するとともに，前期の売上原価が900減少する。

2．前期財務諸表の修正仕訳

(1)　前期首の商品

（売　上　原　価） 期首商品棚卸高	600	（繰越利益剰余金） 会計方針の変更による累積的影響額	600

※　前々期までの売上原価が600少なかったものとすると，前期の繰越利益剰余金は600多いことになるので，繰越利益剰余金を増額修正するとともに，前期の売上原価を増額修正する。

(2)　前期末の商品

（商　　　　品）	900	（売　上　原　価） 期末商品棚卸高	900

※　貸借対照表の商品の金額を増額修正するとともに，売上原価を減額修正する。

3．当期に開示する財務諸表

(1) 貸借対照表（一部）

	X2年度	X3年度
資産の部		
商品	8,600	××
純資産の部		
繰越利益剰余金	21,900	××

(2) 損益計算書

	X2年度	X3年度
売上高	78,750	××
売上原価	62,700	××
販売費及び一般管理費	5,750	××
税引前当期純利益	10,300	××
法人税等	4,000	××
当期純利益	6,300	××

(3) 株主資本等変動計算書（繰越利益剰余金のみ）

	X2年度	X3年度
株主資本		
繰越利益剰余金		
当期首残高	15,000	21,900
会計方針の変更による累積的影響額	600※	—
遡及処理後当期首残高	15,600	21,900
当期変動額		
当期純利益	6,300	××
当期末残高	21,900	××

※　前々期までの遡及処理の累積的影響額は，株主資本等変動計算書において，前期首残高に対する累積的影響額としてその金額を別途表示する。

(4)　キャッシュ・フロー計算書（一部）

	X2年度	X3年度
営業活動によるキャッシュ・フロー		
税引前当期純利益	10,300	××
棚卸資産の増減額	700※	××

※　9,300 − 8,600 = 700

4．法定実効税率を40%として税効果会計を適用した場合

(1)　税効果会計の適用

　　税務上の商品の金額は従来の方法である総平均法による評価額と捉えられる。これと先入先出法による修正後の会計上の評価額との間に差異が遡及的に生じるため，税効果会計を適用する。

(2)　前期財務諸表の税効果会計に係る修正仕訳

①　差異の発生（前々期）

（繰越利益剰余金） 会計方針の変更による累積的影響額	240	（繰延税金負債）	240

※　600 × 40% = 240

　　前々期までに繰延税金負債及び法人税等調整額を計上したものとする。法人税等調整額を240借方に計上したものとすると，前期の繰越利益剰余金は240少ないことになるので，繰越利益剰余金を減額修正する。

②　差異の解消（前期）

（繰延税金負債）	240	（法人税等調整額）	240

③　差異の発生（前期）

（法人税等調整額）	360	（繰延税金負債）	360

※　900 × 40% = 360

(3)　当期に開示する財務諸表

①　損益計算書

	X2年度	X3年度
売上高	78,750	××
売上原価	62,700	××
販売費及び一般管理費	5,750	××
税引前当期純利益	10,300	××
法人税等	4,000	××
法人税等調整額	120	××
法人税等計	4,120	××
当期純利益	6,180	××

②　株主資本等変動計算書（繰越利益剰余金のみ）

	X2年度	X3年度
株主資本		
繰越利益剰余金		
当期首残高	15,000	21,540
会計方針の変更による累積的影響額	360	—
遡及処理後当期首残高	15,360	21,540
当期変動額		
当期純利益	6,180	××
当期末残高	21,540	××

2．表示方法の変更

(1) 意義

表示方法とは，財務諸表の作成にあたって採用した表示の方法（注記による開示も含む）をいい，財務諸表の科目分類，科目配列及び報告様式が含まれる。また，**表示方法の変更**とは，従来採用していた一般に公正妥当と認められた表示方法から他の一般に公正妥当と認められた表示方法に変更することをいう。

(2) 取扱い

表示方法を変更した場合，表示する過去の期間の財務諸表について，新たな表示方法に従い**財務諸表の組替え**を行う。財務諸表の組替えとは，新たな表示方法を過去の財務諸表に遡って適用していたかのように表示を変更することをいう。財務諸表の組替えを行うことによって，会計方針の変更について遡及適用することと同様に，当期の財務諸表との比較可能性を確保することができる。

例題28-2　表示方法の変更

当社は比較情報として前期の財務諸表を当期の財務諸表と合わせて開示している。以下の資料を参照して，当社の当期（X3年度）に開示する貸借対照表（一部）を作成しなさい。

1. 当社は当期より，従来「投資その他の資産」の「その他」に含めていた「長期貸付金」の金額的重要性が増したため，これを独立掲記する表示方法の変更を行った。前期の「その他」には「長期貸付金」1,200千円が含まれていた。

2. 前期に開示した貸借対照表（一部）（単位：千円）

	X1年度	X2年度
投資その他の資産		
その他	××	3,400

解　答　（単位：千円）

当期に開示する貸借対照表（一部）

	X2年度	X3年度
投資その他の資産		
長期貸付金	1,200	××
その他	2,200※	××

※　3,400－1,200＝2,200

3．会計上の見積りの変更

(1)　意義

　　会計上の見積りとは，資産及び負債や収益及び費用等の額に不確実性がある場合において，財務諸表作成時に入手可能な情報に基づいて，その合理的な金額を算出することをいう。また，会計上の見積りの変更とは，新たに入手可能となった情報に基づいて，過去に財務諸表を作成する際に行った会計上の見積りを変更することをいう。

(2)　取扱い

　　会計上の見積りの変更は，当該変更が変更期間のみに影響する場合には，当該変更期間に会計処理を行い，当該変更が将来の期間にも影響する場合には，将来にわたり会計処理を行う。会計上の見積りの変更は新しい情報によってもたらされるものであるという認識から，過去に遡って処理せず，その影響を当期以降の財務諸表において認識する。

　　会計上の見積りの変更のうち当期に影響を与えるものには，当期だけに影響を与えるものもあれば，当期と将来の期間の両方に影響を与えるものもある。たとえば，回収不能債権に対する貸倒見積額の見積りの変更は当期の損益や資産の額に影響を与え，当該影響は当期においてのみ認識される。一方，有形固定資産の耐用年数の見積りの変更は，当期及びその資産の残存耐用年数にわたる将来の各期間の減価償却費に影響を与える。

| 例題28－3 | 会計上の見積りの変更 |

　以下の資料を参照して，当期（X4年3月31日を決算日とする1年間）における備品に係る減価償却費の金額を求めなさい。

1．当社は，当期において，保有する備品の耐用年数について，新たに得られた情報に基づき，従来の8年を5年に見直す会計上の見積りの変更を行った。

2．当該備品については，X1年4月1日に50,000千円で取得，同日に事業の用に供したものであり，残存価額ゼロとして定額法で減価償却を行っている。

解答（単位：千円）

1．期首帳簿価額

　　$50,000 \times (8 年 - 2 年) / 8 年 = 37,500$

2．当期減価償却費

　　$37,500 \div (5 年 - 2 年) = 12,500$

(3)　減価償却方法の変更

　　減価償却方法は会計方針に該当する。しかし，減価償却方法は固定資産に関する経済的便益の消費パターンを反映するものであり，減価償却方法の変更は経済的便益の消費パターンに関する見積りの変更を伴うものと考えられる。

　　このため，減価償却方法の変更は，会計方針の変更を会計上の見積りの変更と区別することが困難な場合と位置づけられ，会計上の見積りの変更と同様に会計処理する。したがって，遡及適用は行わない。

例題28－4　　減価償却方法の変更

　以下の資料を参照して，当期（X4年3月31日を決算日とする1年間）における備品に係る減価償却費の金額を求めなさい。

1．当社は，当期において，管理部門において使用する備品の減価償却方法について，従来の定率法から定額法に変更する会計方針の変更を行った。

2．当該備品については，X1年4月1日に80,000千円で取得，同日に事業の用に供したものであり，前期まで耐用年数10年，残存価額ゼロ，償却率0.250として減価償却を行っている。

解　答（単位：千円）

1．期首帳簿価額

　　$80,000 \times (1 - 0.250)^2 = 45,000$

2．当期減価償却費

　　$45,000 \div (10年 - 2年) = 5,625$

⑷　ソフトウェア

①　**市場販売目的のソフトウェア**

　　市場販売目的のソフトウェアの減価償却費は，以下のⅰとⅱのいずれか大きい額を計上する。

ⅰ　**見込販売数量又は見込販売収益に基づく償却額**

$$
各期の減価償却額 = \frac{ソフトウェア}{の未償却残高} \times \frac{各期の実績販売数量又は収益}{\begin{array}{c}各期の期首（販売開始時）\\の見込販売数量又は収益\end{array}}
$$

ⅱ　**残存有効期間（3年以内）に基づく均等配分額**

$$
各期の減価償却額 = \frac{ソフトウェア}{の未償却残高} \div 残存有効期間
$$

　　市場販売目的のソフトウェアについて，見込販売数量（又は見込販売収益）は適宜見直しを行う。また，販売開始後の見込販売数量（又は見込販売収益）の見直しの結果，見込販売数量（又は見込販売収益）を変更した場合は，会計上の見積りの変更に該当する。

例題28－5　**市場販売目的のソフトウェアの見込販売数量の見直し**

　以下の資料を参照して，各期における市場販売目的のソフトウェアに係る減価償却費の金額を求めなさい。

1．市場販売目的のソフトウェアの取得原価：900,000千円

2．ソフトウェアの見込有効期間：3年

3．償却方法：見込販売数量に基づく方法

4．販売開始時（X1年度期首）における各期の見込販売数量

X1年度	X2年度	X3年度
2,000個	1,600個	1,200個

5．X1年度の実際販売数量は当初の見込みどおりであったが，X1年度期末時点でX2年度以降の見込販売数量を以下のように変更した。

X2年度	X3年度
1,200個	800個

6．X2年度及びX3年度の実際販売数量はX1年度期末に見直した見込販売数量と等しかった。

7．過去に見積った見込販売数量はその時点での合理的な見積りに基づくものとする。

解　答（単位：千円）

1．X1年度

　(1)　900,000×2,000個/(2,000個＋1,600個＋1,200個)＝375,000

　(2)　900,000÷3年＝300,000

　(3)　375,000＞300,000より，375,000

2．X2年度

　(1)　(900,000－375,000)×1,200個/(1,200個＋800個)＝315,000

　(2)　(900,000－375,000)÷2年＝262,500

　(3)　315,000＞262,500より，315,000

3．X3年度

　　900,000－375,000－315,000＝210,000

② **自社利用のソフトウェア**

　　自社利用のソフトウェアについて，利用可能期間は適宜見直しを行う。また，ソフトウェアの利用可能期間の見直しの結果，耐用年数の変更を要することとなった場合は，会計上の見積りの変更に該当する。

例題28－6　　**自社利用のソフトウェアの利用可能期間の見直し**

　以下の資料を参照して，各期における自社利用のソフトウェアに係る減価償却費の金額を求めなさい。

1．自社利用のソフトウェアの取得原価：300,000千円
2．取得時（X1年度期首）におけるソフトウェアの見込利用可能期間：5年
3．償却方法：定額法
4．X2年度末において利用可能期間の見直しを行ったところ，X3年度以降の残存利用可能期間が2年であることが明らかとなった（結果として当初からの利用可能期間は4年）。
5．過去に定めた耐用年数はその時点での合理的な見積りに基づくものとする。

解　答（単位：千円）

1．X1年度及びX2年度の減価償却費

　　$300,000 \div 5\,年 = 60,000$

2．X3年度及びX4年度の減価償却費

　　$(300,000 - 60,000 \times 2\,年) \div 2\,年 = 90,000$

4．過去の誤謬

(1) 意義

　　誤謬とは，原因となる行為が意図的であるか否かにかかわらず，財務諸表作成時に入手可能な情報を使用しなかったことによる，又はこれを誤用したことによる誤りをいう。たとえば，事実の見落としや誤解から生じる会計上の見積りの誤りや会計方針の適用の誤りが含まれる。

(2) 取扱い

　　過去の財務諸表における誤謬が発見された場合には**修正再表示**する。修正再表示とは，過去の財務諸表における誤謬の訂正を財務諸表に反映することをいう。

　　過去の誤謬を修正再表示する場合には，次の処理を行う。

① 　表示期間（当期及び前期）より前の期間に関する修正再表示による累積的影響額は，表示する財務諸表のうち最も古い期間（前期）の期首の資産，負債及び純資産の額に反映する。

② 　表示する過去の各期間（前期）の財務諸表には，当該各期間の影響額を反映する。

　　会計上の見積りの変更は，新しい情報によってもたらされるものとの認識からその影響を将来に向けて認識する。これは，過去の見積りが財務諸表作成時において入手可能な情報に基づいた最善の見積りであったことが前提である。したがって，過去に見積りの誤りがあり，これを事後的に合理的な見積りに基づいたものに変更する場合には，会計上の見積りの変更ではなく過去の誤謬の訂正に該当するものとして，修正再表示を行うこととなる。

例題28－7　過去の誤謬の訂正

　当社は比較情報として前期の財務諸表を当期の財務諸表と合わせて開示している。以下の資料を参照して，当社の当期（X3年度）に開示する貸借対照表（一部），損益計算書（一部）及び株主資本等変動計算書（繰越利益剰余金のみ）を作成しなさい。

1．貸借対照表に計上される備品（取得価額20,000千円）に関しては，X1年度期首に取得して使用を開始したものであり，耐用年数8年，残存価額ゼロとする定額法で減価償却を行う。しかし，X1年度及びX2年度において減価償却費を2,000千円として計上しており，当該金額について誤謬が認められるため，修正再表示する。

2．前期に開示した財務諸表（単位：千円）

　（1）　貸借対照表（一部）

	X1年度	X2年度
資産の部		
備品	20,000	20,000
減価償却累計額	2,000	4,000
純資産の部		
繰越利益剰余金	20,000	26,000

　（2）　損益計算書（一部）

	X1年度	X2年度
販売費及び一般管理費		
減価償却費	××	2,000
税引前当期純利益	××	10,000
法人税等	××	4,000
当期純利益	××	6,000

(3) 株主資本等変動計算書（繰越利益剰余金のみ）

	X1年度	X2年度
株主資本		
繰越利益剰余金		
当期首残高	××	20,000
当期変動額		
当期純利益	××	6,000
当期末残高	20,000	26,000

解 答 （単位：千円）

1．前期財務諸表の修正仕訳

・(1) 前々期の減価償却の修正

（繰越利益剰余金） 過去の誤謬の訂正 による累積的影響額	500	（減価償却累計額）	500

※　20,000÷8年＝2,500（適正な減価償却費の金額）

　　2,500－2,000＝500

　　前々期の減価償却費が2,500だったとすると，前期の繰越利益剰余金
は500少ないことになるので，繰越利益剰余金を減額修正するとともに，
減価償却累計額を増額修正する。

(2) 前期の減価償却の修正

（減 価 償 却 費）	500	（減価償却累計額）	500

※　減価償却費及び減価償却累計額を増額修正する。

2．当期に開示する財務諸表

（1）貸借対照表（一部）

	X2年度	X3年度
資産の部		
備品	20,000	××
減価償却累計額	5,000	××
純資産の部		
繰越利益剰余金	25,000	××

（2）損益計算書（一部）

	X2年度	X3年度
販売費及び一般管理費		
減価償却費	2,500	××
税引前当期純利益	9,500	××
法人税等	4,000	××
当期純利益	5,500	××

（3）株主資本等変動計算書（繰越利益剰余金のみ）

	X2年度	X3年度
株主資本		
繰越利益剰余金		
当期首残高	20,000	25,000
過去の誤謬の訂正による累積的影響額	△500	―
遡及処理後当期首残高	19,500	25,000
当期変動額		
当期純利益	5,500	××
当期末残高	25,000	××

3．法定実効税率を40％として税効果会計を適用した場合

⑴　税効果会計の適用

　　税務上の備品の金額は既に計上された減価償却費に基づいた金額と捉えられる。これと修正後の会計上の帳簿価額との間に差異が遡及的に生じるため，税効果会計を適用する。

⑵　前期財務諸表の税効果会計に係る修正仕訳

①　差異の発生（前々期）

| （繰延税金資産） | 200 | （繰越利益剰余金）
過去の誤謬の訂正
による累積的影響額 | 200 |

※　500×40％＝200

　　前々期に繰延税金資産及び法人税等調整額を計上したものとする。法人税等調整額を200貸方に計上したものとすると，前期の繰越利益剰余金は200多いことになるので，繰越利益剰余金を増額修正する。

②　差異の発生（前期）

| （繰延税金資産） | 200 | （法人税等調整額） | 200 |

⑶　当期に開示する財務諸表

①　損益計算書（一部）

	X2年度	X3年度
販売費及び一般管理費		
減価償却費	2,500	××
税引前当期純利益	9,500	××
法人税等	4,000	××
法人税等調整額	△200	××
法人税等計	3,800	××
当期純利益	5,700	××

② 株主資本等変動計算書（繰越利益剰余金のみ）

	X2年度	X3年度
株主資本		
繰越利益剰余金		
当期首残高	20,000	25,400
過去の誤謬の訂正による累積的影響額	△300	—
遡及処理後当期首残高	19,700	25,400
当期変動額		
当期純利益	5,700	××
当期末残高	25,400	××

第29章
1株当たり情報

第1節　1株当たり当期純利益

1．意義

1株当たり当期純利益は，財務諸表に注記として記載する情報である。1株当たり当期純利益の算定及び開示は，普通株主に関する一会計期間における企業の成果を示し，投資家の的確な投資判断に資する情報を提供するために行われる。

普通株式は株主としての権利内容に制限がない，標準となる株式のことをいい，これに対して，普通株式よりも配当請求権が優先的に認められる株式を配当優先株式という。また，配当優先株式における優先的な剰余金の配当を優先配当という（留保利益から行われるものとする，以下同様）。

1株当たり当期純利益は，普通株主に関する一会計期間における企業の成果を示すものとされるが，これは，市場で流通する株式の多くが普通株式だからである。

2．算定

1株当たり当期純利益は，**普通株式に係る当期純利益**を**普通株式の期中平均株式数**で除して算定する。

普通株式に係る当期純利益は，損益計算書上の当期純利益から優先配当額など普通株主に帰属しない金額を控除して算定する。1株当たり当期純利益の算定の目的は普通株主に関する企業の成果を示すことにあるため，普通株主に帰属しない金額は計算に含めない。

また，期中に普通株式が発行された場合，普通株式の期中平均株式数は，期首における普通株式の発行済株式数に，普通株式の発行時から期末までの期間に応じた普通株式の発行済株式数を加算して算定する。

$$1株当たり当期純利益 = \frac{普通株式に係る当期純利益}{普通株式の期中平均株式数}$$

連結財務諸表において，損益計算書上の当期純利益は，親会社株主に帰属する当期純利益とする。

例題29－1　　**基本例題**

　以下の資料により，当期における1株当たり当期純利益を算定しなさい。当期はX2年3月31日を決算日とする1年間である。なお，1株未満の端数は計算過程において小数点以下第1位を四捨五入し，円未満の端数は小数点以下第3位を四捨五入すること。

＜ケース1＞
　1．当期純利益：37,000千円
　2．発行済株式総数：2,600千株（すべて普通株式，期中に増減していない）

＜ケース2＞
　1．当期純利益：24,000千円
　2．当期首における発行済株式総数：800千株（すべて普通株式）
　3．X2年2月1日に新株150千株を発行した。

＜ケース3＞
　1．当期純利益：30,000千円
　2．優先配当額：800千円
　3．発行済株式総数：800千株（うち普通株式600千株，配当優先株式200千株，期中に増減していない）

解 答

＜ケース1＞

37,000,000円÷2,600,000株≒14円23銭

＜ケース2＞

1．普通株式に係る当期純利益：24,000,000円

2．普通株式の期中平均株式数：

800,000株＋150,000株×59日/365日≒824,247株

3．1株当たり当期純利益：24,000,000円÷824,247株≒29円12銭

＜ケース3＞

1．普通株式に係る当期純利益：30,000,000円－800,000円＝29,200,000円

2．普通株式の期中平均株式数：600,000株

3．1株当たり当期純利益：29,200,000円÷600,000株≒48円67銭

3．自己株式

　普通株式の期中平均株式数は，普通株式の期中平均発行済株式数から期中平均自己株式数を控除して算定する。すなわち，1株当たり当期純利益の算定上，普通株式の期中平均株式数は市場で流通している株式数とする。

例題29－2　　自己株式

　以下の資料により，当期における1株当たり当期純利益を算定しなさい。当期はX2年3月31日を決算日とする1年間である。なお，1株未満の端数は計算過程において小数点以下第1位を四捨五入し，円未満の端数は小数点以下第3位を四捨五入すること。

＜ケース1＞

　1．当期純利益：41,000千円

　2．発行済株式総数：2,500千株（すべて普通株式，期中に増減していない）

　3．X2年3月1日に自己株式50千株を取得し，X2年3月31日において保有している。

＜ケース2＞

　1．当期純利益：41,000千円

　2．発行済株式総数：2,500千株（すべて普通株式）

　3．X2年3月1日に自己株式50千株を取得し，ただちに消却した。

解答

＜ケース1＞

1．普通株式の期中平均株式数：

2,500,000株－50,000株×31日/365日≒2,495,753株

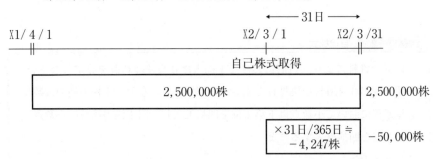

2．1株当たり当期純利益：41,000,000円÷2,495,753株≒16円43銭

＜ケース2＞

　ケース1と同じ解答である。自己株式を取得した場合，それを保有し続けよう
がただちに消却しようが流通している株式数に変わりはないため，計算結果は異
ならないことになる。

第2節　潜在株式調整後1株当たり当期純利益

1．総論

(1)　意義

潜在株式調整後1株当たり当期純利益は，1株当たり当期純利益と同じく，財務諸表に注記として記載する情報である。**潜在株式**とは，普通株式を取得することができる権利などをいい，たとえば，新株予約権がある。この潜在株式に係る権利の行使を仮定することにより算定した1株当たり当期純利益が潜在株式調整後1株当たり当期純利益である。

潜在株式調整後1株当たり当期純利益の開示は，投資家による将来の普通株式の価値の算定に役立つ。

(2)　算定

潜在株式調整後1株当たり当期純利益は，普通株式に係る当期純利益に**当期純利益調整額**を加えた合計金額を，普通株式の期中平均株式数に**普通株式増加数**を加えた合計株式数で除して算定する。当期純利益調整額は，潜在株式の権利行使を仮定した場合の普通株式に係る当期純利益に対する影響額である。また，普通株式増加数は，潜在株式の権利行使を仮定した場合の普通株式の増加数である。

$$\text{潜在株式調整後1株}\atop\text{当たり当期純利益} = \frac{\text{普通株式に係る当期純利益＋当期純利益調整額}}{\text{普通株式の期中平均株式数＋普通株式増加数}}$$

(3)　希薄化効果

潜在株式調整後1株当たり当期純利益が1株当たり当期純利益を下回る場合に，この潜在株式は**希薄化効果**を有することになる。潜在株式が存在していても希薄化効果を有しない場合には，潜在株式調整後1株当たり当期純利益の開示は行わない。

2．各潜在株式に係る潜在株式調整後1株当たり当期純利益の算定

(1) 転換株式（普通株式に転換される配当優先株式）

① 当期純利益調整額

　　配当優先株式が普通株式に転換されたと仮定すると，優先配当額を支払う必要がなくなるため，優先配当額を当期純利益調整額として普通株式に係る当期純利益に加算する。

② 普通株式増加数

　　転換株式が転換されたと仮定した場合に発行する株式数を普通株式増加数とする。期首に転換株式が存在する場合は期首に転換されたと仮定し，期中に転換株式を発行した場合は発行時において転換されたと仮定する。発行時において転換されたと仮定する場合は，発行時から期末までの期間に応じた株式数を算定する。

　　なお，期中に転換株式が普通株式に転換された場合は，期首又は発行時から転換時までの期間に応じた普通株式数を算定する。

③ 希薄化効果の判定

　　転換株式に関する当期純利益調整額を普通株式増加数で除して算定した増加普通株式1株当たりの当期純利益調整額が，1株当たり当期純利益を下回る場合に，転換株式は希薄化効果を有することになる。すなわち，潜在株式調整後1株当たり当期純利益が1株当たり当期純利益を下回る。

$$1株当たり当期純利益 > 増加普通株式1株当たりの当期純利益調整額 \left(\frac{当期純利益調整額}{普通株式増加数}\right)$$

$$\Rightarrow 1株当たり当期純利益 > 潜在株式調整後1株当たり当期純利益$$

例題29－3　転換株式

以下の資料により，当期における1株当たり当期純利益及び潜在株式調整後1株当たり当期純利益を算定しなさい。当期はX2年3月31日を決算日とする1年間である。なお，1株未満の端数は計算過程において小数点以下第1位を四捨五入し，円未満の端数は小数点以下第3位を四捨五入すること。

1．当期純利益：20,000千円

2．当期首における発行済株式総数：3,200千株（うち普通株式3,000千株，配当優先株式200千株）

3．配当優先株式

(1)　配当優先株式1株は普通株式2株に転換可能である。

(2)　X1年12月1日に，配当優先株式80千株について普通株式160千株に転換された。

(3)　優先配当額は，期末の配当優先株式1株当たり年5円である。

解　答

1．1株当たり当期純利益

(1)　普通株式に係る当期純利益

20,000,000円－120,000株［＝200,000株－80,000株］×5円

＝19,400,000円

(2)　普通株式の期中平均株式数

3,000,000株＋160,000株×121日/365日≒3,053,041株

(3)　1株当たり当期純利益

19,400,000円÷3,053,041株≒6円35銭

2．潜在株式調整後1株当たり当期純利益

(1)　当期純利益調整額

120,000株×5円＝600,000円

(2)　普通株式増加数

①　転換分：160,000株×244日/365日 ≒ 106,959株

②　未転換分：120,000株× 2 ＝240,000株

③　106,959株＋240,000株＝346,959株

(3)　希薄化効果の判定

600,000円÷346,959株 ≒ 1 円73銭＜ 6 円35銭　∴希薄化効果を有する

(4)　潜在株式調整後 1 株当たり当期純利益

(19,400,000円＋600,000円)÷(3,053,041株＋346,959株) ≒ 5 円88銭

3 ．普通株式の期中平均株式数及び普通株式増加数の図解

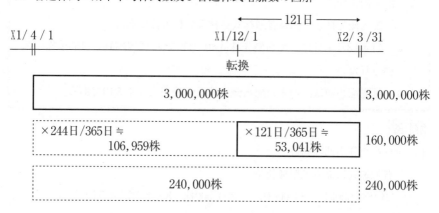

⑵　転換社債型新株予約権付社債（一括法により処理されたもの）

①　当期純利益調整額

　　転換社債型新株予約権付社債が権利行使され，普通株式を発行したと仮定すると，新株予約権付社債に関する費用（社債利息など）が計上されないこととなるため，新株予約権付社債に関して計上された費用から税額相当額を控除した金額を当期純利益調整額として普通株式に係る当期純利益に加算する。

②　普通株式増加数

　　転換社債型新株予約権付社債が権利行使されたと仮定した場合に発行する株式数を普通株式増加数とする。期首に転換社債型新株予約権付社債が存在する場合は期首に権利行使されたと仮定し，期中に転換社債型新株予約権付社債を発行した場合は発行時において権利行使されたと仮定する。発行時において権利行使されたと仮定する場合は，発行時から期末までの期間に応じた株式数を算定する。

　　なお，期中に転換社債型新株予約権付社債が権利行使され，普通株式を発行した場合は，期首又は発行時から権利行使時までの期間に応じた普通株式数を算定する。

③　希薄化効果の判定

　　転換社債型新株予約権付社債に関する当期純利益調整額を普通株式増加数で除して算定した増加普通株式1株当たりの当期純利益調整額が，1株当たり当期純利益を下回る場合に，転換社債型新株予約権付社債は希薄化効果を有することになる。

$$1株当たり当期純利益 > 増加普通株式1株当たりの当期純利益調整額\left(\frac{当期純利益調整額}{普通株式増加数}\right)$$

$$\Rightarrow 1株当たり当期純利益 > 潜在株式調整後1株当たり当期純利益$$

例題29－4　転換社債型新株予約権付社債

　　以下の資料により，当期における1株当たり当期純利益及び潜在株式調整
後1株当たり当期純利益を算定しなさい。当期はX2年3月31日を決算日とす
る1年間である。なお，1株未満の端数は計算過程において小数点以下第1
位を四捨五入し，円未満の端数は小数点以下第3位を四捨五入すること。

1．当期純利益：250,000千円

2．当期首における発行済株式総数：5,000千株（すべて普通株式）

3．転換社債型新株予約権付社債（一括法）

　⑴　発行日：X1年10月31日

　⑵　発行価額（額面）：900,000千円

　⑶　転換価格：500円

　⑷　すべて転換されたと仮定した場合の普通株式の発行数：1,800千株

　⑸　X2年2月1日に，額面100,000千円について権利行使を受け，普通株
　　式200千株を発行した。

　⑹　当期の社債利息：10,750千円

4．法人税等の法定実効税率：40%

解 答

1．1株当たり当期純利益

⑴　普通株式に係る当期純利益

　250,000,000円

⑵　普通株式の期中平均株式数

　5,000,000株＋200,000株×59日/365日≒5,032,329株

⑶　1株当たり当期純利益

　250,000,000円÷5,032,329株≒49円68銭

2．潜在株式調整後1株当たり当期純利益

(1)　当期純利益調整額

$10,750,000円 \times (1-40\%) = 6,450,000円$

(2)　普通株式増加数

①　行使分：$200,000株 \times 92日/365日 \fallingdotseq 50,411株$

②　未行使分：$(1,800,000株 - 200,000株) \times 151日/365日 \fallingdotseq 661,918株$

③　$50,411株 + 661,918株 = 712,329株$

(3)　希薄化効果の判定

$6,450,000円 \div 712,329株 \fallingdotseq 9円05銭 < 49円68銭$　∴希薄化効果を有する

(4)　潜在株式調整後1株当たり当期純利益

$(250,000,000円 + 6,450,000円) \div (5,032,329株 + 712,329株) \fallingdotseq 44円64銭$

3．普通株式の期中平均株式数及び普通株式増加数の図解

(3)　新株予約権

① 当期純利益調整額

　新株予約権が権利行使され，普通株式が発行されたと仮定しても，当期純利益に影響はないため，当期純利益調整額はない。

② 普通株式増加数

　新株予約権が期首又は発行時において権利行使されたと仮定した場合に発行する普通株式数から，期中平均株価にて普通株式を買い受けたと仮定した普通株式数を差し引いて，普通株式増加数を算定する。新株予約権の行使による入金額の使途を，何らかの仮定をおいて，潜在株式調整後1株当たり当期純利益の算定に反映する必要があるため，自己株式の買受に用いたと仮定して計算する。

　なお，期中に新株予約権が権利行使された場合は，期首又は発行時から権利行使時までの期間に応じた普通株式数を算定する。

③ 希薄化効果の判定

　新株予約権の行使価格が普通株式の期中平均株価を下回る場合に，新株予約権は希薄化効果を有することになる。

> 普通株式の期中平均株価＞新株予約権の行使価格
> ⇒1株当たり当期純利益＞潜在株式調整後1株当たり当期純利益

例題29－5　新株予約権

以下の資料により，当期における1株当たり当期純利益及び潜在株式調整後1株当たり当期純利益を算定しなさい。当期はX2年3月31日を決算日とする1年間である。なお，1株未満の端数は計算過程において小数点以下第1位を四捨五入し，円未満の端数は小数点以下第3位を四捨五入すること。

1．当期純利益：150,000千円

2．当期首における発行済株式総数：3,000千株（すべて普通株式）

3．新株予約権

  (1) 発行日：X1年10月31日

  (2) 発行数：1,300千個

  (3) すべて行使されたと仮定した場合の普通株式の発行数：1,300千株

  (4) 行使価格：500円

  (5) X2年2月1日に，300千個について権利行使を受け，普通株式300千株を発行した。

4．平均株価

  (1) 新株予約権発行時から権利行使時までの期間：700円

  (2) 新株予約権発行時から期末までの期間：730円

解答

1．1株当たり当期純利益

 (1) 普通株式に係る当期純利益

    150,000,000円

 (2) 普通株式の期中平均株式数

    3,000,000株＋300,000株×59日/365日≒3,048,493株

 (3) 1株当たり当期純利益

    150,000,000円÷3,048,493株≒49円20銭

2．潜在株式調整後1株当たり当期純利益

(1)　希薄化効果の判定

　　500円＜700円及び730円　∴希薄化効果を有する

(2)　当期純利益調整額なし

(3)　普通株式増加数

　　①　行使分：(300,000個⇒発行数：300,000株)

　　　　入金額：300,000株×500円＝150,000,000円

　　　　自己株式買受数：150,000,000円÷700円≒214,286株

　　　　普通株式増加数：(300,000株－214,286株)×92日/365日≒21,605株

　　②　未行使分：

　　　　(1,300,000個－300,000個＝1,000,000個⇒発行数：1,000,000株)

　　　　入金額：1,000,000株×500円＝500,000,000円

　　　　自己株式買受数：500,000,000円÷730円≒684,932株

　　　　普通株式増加数：(1,000,000株－684,932株)×151日/365日≒130,343株

　　③　21,605株＋130,343株＝151,948株

(4)　潜在株式調整後1株当たり当期純利益

　　150,000,000円÷(3,048,493株＋151,948株)≒46円87銭

3．普通株式の期中平均株式数及び普通株式増加数の図解

④　ストック・オプション（勤務条件が付されているもの）

　　ストック・オプションについては，行使期間が開始していなくても，普通株式増加数の算定上，付与された時点から既に行使期間が開始したものとして取り扱う。この場合，ストック・オプションの権利の行使により払い込まれると仮定した場合の入金額に，ストック・オプションの公正な評価額のうち，将来企業に提供されるサービスに係る分を含める。

　　なお，将来企業に提供されるサービスに係る公正な評価単価を含めたストック・オプションの行使価格が普通株式の期中平均株価を下回る場合に，ストック・オプションは希薄化効果を有することになる。

例題29－6　　ストック・オプション

　　以下の資料により，当期における1株当たり当期純利益及び潜在株式調整後1株当たり当期純利益を算定しなさい。当期はX2年3月31日を決算日とする1年間である。なお，1株未満の端数は計算過程において小数点以下第1位を四捨五入し，円未満の端数は小数点以下第3位を四捨五入すること。

1．当期純利益：200,000千円

2．発行済株式総数：5,200千株（すべて普通株式，期中に増減していない）

3．ストック・オプション

(1)　付与日：X1年4月1日

(2)　付与数：900千個

(3)　すべて行使されたと仮定した場合の普通株式の発行数：900千株

(4)　行使価格：500円

(5)　付与時のストック・オプションの公正な評価単価：50円

(6)　対象勤務期間：4年（権利確定日：X5年3月31日）

(7)　退職による将来の失効見込みはゼロとする。

4．期中平均株価：740円

解 答

1．1株当たり当期純利益

（1）普通株式に係る当期純利益

200,000,000円

（2）普通株式の期中平均株式数

5,200,000株

（3）1株当たり当期純利益

200,000,000円÷5,200,000株≒38円46銭

2．潜在株式調整後1株当たり当期純利益

（1）希薄化効果の判定

500円＋50円×3年/4年＝537.5円＜740円　∴希薄化効果を有する

（2）当期純利益調整額なし

（3）普通株式増加数

将来提供されるサービスに係る公正な評価額：

900,000個×50円×3年/4年＝33,750,000円

入金額：900,000株×500円＋33,750,000円＝483,750,000円

自己株式買受数：483,750,000円÷740円≒653,716株

普通株式増加数：900,000株－653,716株＝246,284株

（4）潜在株式調整後1株当たり当期純利益

200,000,000円÷（5,200,000株＋246,284株）≒36円72銭

3．普通株式の期中平均株式数及び普通株式増加数の図解

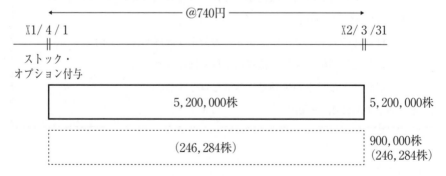

3．潜在株式が複数存在する場合

　潜在株式が複数存在する場合は，最大希薄化効果を反映した潜在株式調整後1株当たり当期純利益を算定する。この場合，潜在株式を各々の発行単位に分け，希薄化効果の大きな潜在株式から順に勘案して算定する。

例題29－7	潜在株式が複数存在する場合

　以下の資料により，当期における1株当たり当期純利益及び潜在株式調整後1株当たり当期純利益を算定しなさい。当期はX2年3月31日を決算日とする1年間である。なお，1株未満の端数は計算過程において小数点以下第1位を四捨五入し，円未満の端数は小数点以下第3位を四捨五入すること。

1．当期純利益　　　　　　　　　　　　　　　　　　435,000,000円
2．普通株式の期中平均株式数　　　　　　　　　　　21,500,000株
3．配当優先株式
　⑴　発行済株式数　　　　　　　　　　　　　　　　787,500株
　⑵　X1年度末日を基準日とする剰余金の配当に係る優先配当額
　　　　　　　　　　　　　　　　　　　　　　　　15,750,000円
　⑶　配当優先株式1株は普通株式1株に転換可能とする。
4．新株予約権
　⑴　行使価格　　　　　　　　　　　　　　　　　　450円
　⑵　発行数　　　　　　　　　　　　　　　　　1,700,000個
　　　（すべて行使されたと仮定した場合の普通株式の発行数　1,700,000株）
　⑶　普通株式の期中平均株価　　　　　　　　　　　520円
5．第1回転換社債型新株予約権付社債（一括法で処理）
　⑴　転換価格　　　　　　　　　　　　　　　　　　500円
　⑵　社債発行額（額面）　　　　　　　　　　　300,000,000円
　　　（すべて転換されたと仮定した場合の普通株式の発行数　　600,000株）
　⑶　X1年度の社債利息　　　　　　　　　　　　12,000,000円

6．第2回転換社債型新株予約権付社債（一括法で処理）

(1) 転換価格　　　　　　　　　　　　　　　　　　　　400円

(2) 社債発行額（額面）　　　　　　　　　　　200,000,000円

　　（すべて転換されたと仮定した場合の普通株式の発行数　500,000株）

(3) X1年度の社債利息　　　　　　　　　　　　16,000,000円

7．3.～6.は，前期に発行されたものであり，当期末まで新株予約権の行使，転換などによる普通株式の発行はなく，残高の増減はなかった。

8．法人税等の法定実効税率　　　　　　　　　　　　　40％

解答

1．1株当たり当期純利益

(1) 普通株式に係る当期純利益：

　　435,000,000円－15,750,000円＝419,250,000円

(2) 普通株式の期中平均株式数：21,500,000株

(3) 1株当たり当期純利益：419,250,000円÷21,500,000株＝19円50銭

2．潜在株式調整後1株当たり当期純利益

(1) 希薄化効果の順位

　　増加普通株式1株当たりの当期純利益調整額が小さい潜在株式ほど希薄化効果が大きい。希薄化効果の大きさを順位付けする。

	当期純利益調整額	普通株式増加数	増加普通株式1株当たりの当期純利益調整額	1株当たり当期純利益	希薄化効果
配当優先株式	15,750,000円	787,500株	20円00銭	＞ 19円50銭	有しない ＊1
新株予約権	―	228,846株＊2	0円00銭	＜ 19円50銭	有する（第1位）＊3
第1回転換社債型新株予約権付社債	7,200,000円＊4	600,000株	12円00銭	＜ 19円50銭	有する（第2位）
第2回転換社債型新株予約権付社債	9,600,000円＊5	500,000株	19円20銭	＜ 19円50銭	有する（第3位）

＊1　希薄化効果を有しないため，潜在株式調整後1株当たり当期純利益の算定に含めない。

＊2　自己株式買受数：1,700,000株×450円÷520円≒1,471,154株

　　　普通株式増加数：1,700,000株－1,471,154株＝228,846株

＊３　450円＜520円　∴希薄化効果を有する

＊４　12,000,000円×（1 －40％）＝7,200,000円

＊５　16,000,000円×（1 －40％）＝9,600,000円

(2)　潜在株式調整後１株当たり当期純利益の算定

　　希薄化効果の大きな潜在株式から順に勘案する。

	普通株式に係る 当 期 純 利 益 ＋ 当期純利益調整額	普 通 株 式 の 期中平均株式数 ＋ 普通株式増加数	潜在株式調整後 １株当たり当期純利益
１株当たり当期純利益	419,250,000円	21,500,000株	19円50銭
新株予約権	—	228,846株	
	419,250,000円	21,728,846株	19円29銭
第１回転換社債型 新株予約権付社債	7,200,000円	600,000株	
	426,450,000円	22,328,846株	19円10銭

　　19円10銭＜19円20銭より，第２回転換社債型新株予約権付社債を算定に含めると，最大希薄化効果を反映することができなくなる。このため，第１回転換社債型新株予約権付社債までを反映させたところで，潜在株式調整後１株当たり当期純利益の算定は終了となる。

4．株式併合・株式分割

　　当期に株式併合又は株式分割（ここでは株式無償割当ても含むものとする）が行われた場合，1株当たり当期純利益及び潜在株式調整後1株当たり当期純利益の算定上，普通株式の期中平均株式数及び普通株式増加数は，表示する財務諸表のうち最も古い期間（前期）の期首に当該株式併合又は株式分割が行われたと仮定する。株式併合又は株式分割は既存の普通株主に一律に影響するものであり，時系列比較を確保するため，遡及的に処理を行う。

例題29－8　　株式分割

　　以下の資料により，当期における1株当たり当期純利益及び潜在株式調整後1株当たり当期純利益を算定しなさい。当期はX2年3月31日を決算日とする1年間である。なお，1株未満の端数は計算過程において小数点以下第1位を四捨五入し，円未満の端数は小数点以下第3位を四捨五入すること。

1．当期純利益：750,000千円

2．当期首における発行済株式総数：20,000千株（すべて普通株式）

3．X2年1月1日に20%の株式分割を行った。

4．転換社債型新株予約権付社債（一括法）

　(1)　発行日：X1年3月31日

　(2)　発行価額（額面）：300,000千円

　(3)　当初の転換価格：300円

　　　（X2年1月1日の株式分割後の転換価格：250円）

　(4)　20%の株式分割が期首に行われたと仮定し，期首にすべて転換されたと仮定した場合に発行される普通株式数は1,200千株である。

　(5)　X1年7月1日の転換により発行された株式数：300千株

　(6)　X2年2月1日の転換により発行された株式数：240千株

　(7)　当期の社債利息：6,675千円

5．法人税等の法定実効税率：40%

解　答

1．1株当たり当期純利益

　(1)　普通株式に係る当期純利益

　　　750,000,000円

　(2)　普通株式の期中平均株式数（20％の株式分割が期首に行われたと仮定する）

　　　①　期首：20,000,000株×（1 ＋20％）＝24,000,000株

　　　②　権利行使（X1年7月1日）：

　　　　　360,000株［＝300,000株×（1 ＋20％）］×274日/365日≒270,247株

　　　③　権利行使（X2年2月1日）：240,000株×59日/365日≒38,795株

　　　④　24,000,000株＋270,247株＋38,795株＝24,309,042株

　(3)　1株当たり当期純利益

　　　750,000,000円÷24,309,042株≒30円85銭

2．潜在株式調整後1株当たり当期純利益

　(1)　当期純利益調整額

　　　6,675,000円×（1 －40％）＝4,005,000円

　(2)　普通株式増加数

　　　①　行使分（X1年7月1日）：360,000株×91日/365日≒89,753株

　　　②　行使分（X2年2月1日）：240,000株×306日/365日≒201,205株

　　　③　未行使分：1,200,000株－300,000株×（1 ＋20％）－240,000株＝600,000株

　　　④　89,753株＋201,205株＋600,000株＝890,958株

　(3)　希薄化効果の判定

　　　4,005,000円÷890,958株≒4円50銭＜30円85銭　∴希薄化効果を有する

　(4)　潜在株式調整後1株当たり当期純利益

　　　（750,000,000円＋4,005,000円）÷（24,309,042株＋890,958株）≒29円92銭

3．普通株式の期中平均株式数及び普通株式増加数の図解

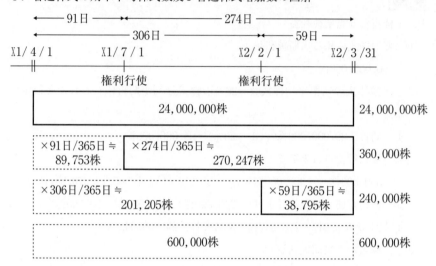

第3節　1株当たり純資産額

　1株当たり純資産額は，1株当たり当期純利益と同じく，財務諸表に注記として記載する情報である。1株当たり純資産額は，普通株式に係る期末の純資産額を，期末の普通株式の発行済株式数から自己株式数を控除した株式数で除して算定する。

　また，普通株式に係る期末の純資産額は，貸借対照表の純資産の部の合計額から新株予約権，非支配株主持分（連結財務諸表の場合）など普通株主に関連しない金額を控除して算定する。1株当たり純資産額の算定及び開示の目的は，普通株主に関する企業の財政状態を示すことにあるため，普通株主に関連しない金額は，算定上，期末の純資産額に含めない。

$$\frac{1\text{株当たり}}{\text{純資産額}}=\frac{\text{普通株式に係る期末の純資産額}}{\text{期末の普通株式の発行済株式数}-\text{期末の普通株式の自己株式数}}$$

| 例題29－9 | 1株当たり純資産額 |

　以下の資料により，当期における1株当たり純資産額を算定しなさい。当期はX2年3月31日を決算日とする1年間である。

1．貸借対照表における純資産の部（X2年3月31日）

資本金	1,000,000千円
利益準備金	50,000千円
繰越利益剰余金	600,000千円
株主資本　計	1,650,000千円
その他有価証券評価差額金	40,000千円
繰延ヘッジ損益	10,000千円
評価・換算差額等　計	50,000千円
新株予約権	300,000千円
合計	2,000,000千円

2．当期末における発行済株式総数：10,000千株（すべて普通株式）

解答

1．普通株式に係る期末の純資産額

2,000,000,000円 － 300,000,000円 ＝ 1,700,000,000円

2．1株当たり純資産額

1,700,000,000円 ÷ 10,000,000株 ＝ 170円

第30章
収益認識

第1節　総論

1．基本原則

　　顧客との契約から生じる収益に関して基本となる原則は，約束した財または
サービスの顧客への移転を当該財またはサービスと交換に企業が権利を得ると
見込む対価の額で描写するように，収益を認識することである。

　　このような原則に従って収益を認識するために，次の5つのステップを適用
する。

　　ステップ1：顧客との契約を識別する

　　ステップ2：契約における履行義務を識別する

　　ステップ3：取引価格を算定する

　　ステップ4：契約における履行義務に取引価格を配分する

　　ステップ5：履行義務を充足した時にまたは充足するにつれて収益を認識する

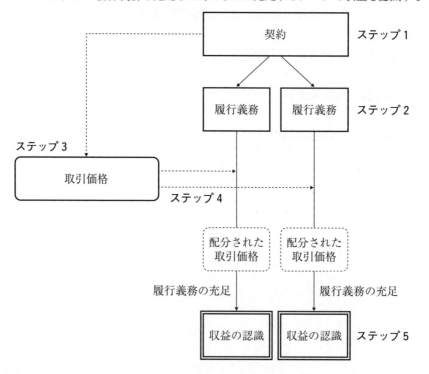

例題30－1　基本例題

以下の資料を参照して，X1期に認識される収益の額を答えなさい。

1．X1期の期首に，当社はA社（顧客）と，標準的な商品Xの販売と2年間の保守サービスを提供する1つの契約を締結した。当社は，X1期の期首に商品XをA社に引き渡し，X1期の期首からX2期の期末まで保守サービスを行う。

2．当社は，商品Xの販売と保守サービスの提供を履行義務として識別し，それぞれを収益認識の単位とする。

3．契約書に記載された対価の金額は5,000千円であり，これを各履行義務に配分した結果，商品Xの取引価格は4,000千円，保守サービスの取引価格は1,000千円となった。

4．商品Xの販売は一時点で充足される履行義務であると判断し，商品Xの引渡時に収益を認識する。保守サービスの提供は一定の期間にわたり充足される履行義務であると判断し，X1期の期首からX2期の期末にわたり，経過期間に応じて収益を認識する。

解 答（単位：千円）

X1期に認識される収益：$\underset{\text{商品X}}{4,000} + \underset{\text{保守サービス}}{1,000 \times 1\,\text{年}\,/\,2\,\text{年}} = 4,500$

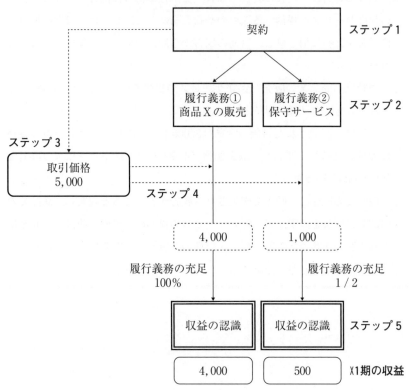

2．契約の識別

　　契約とは，法的な強制力のある権利および義務を生じさせる複数の当事者間における取決めをいう。次の要件のすべてを満たす顧客との契約を識別する。

・当事者が，書面，口頭，取引慣行等により契約を承認し，それぞれの義務の履行を約束していること

・移転される財またはサービスに関する各当事者の権利を識別できること

・移転される財またはサービスの支払条件を識別できること

・契約に経済的実質があること（すなわち，契約の結果として，企業の将来キャッシュ・フローのリスク，時期または金額が変動すると見込まれること）

・顧客に移転する財またはサービスと交換に企業が権利を得ることとなる対価を回収する可能性が高いこと

> 　同一の顧客と同時またはほぼ同時に締結した複数の契約について，当該複数の契約を結合し，単一の契約とみなして処理する場合もある。

3．履行義務の識別

　　契約における取引開始日に，顧客との契約において約束した財またはサービスを評価し，次の(1)または(2)のいずれかを顧客に移転する約束のそれぞれについて**履行義務**として識別する。

(1)　別個の財またはサービス（あるいは別個の財またはサービスの束）

(2)　一連の別個の財またはサービス（特性が実質的に同じであり，顧客への移転のパターンが同じである複数の財またはサービス）

　　顧客に約束した財またはサービスは，次の①および②の要件のいずれも満たす場合には，別個のものとする。

　　①　当該財またはサービスから単独で顧客が便益を享受することができること（あるいは，当該財またはサービスと顧客が容易に利用できる他の資源を組み合わせて顧客が便益を享受することができること）

　　②　当該財またはサービスを顧客に移転する約束が，契約に含まれる他の約束と区分して識別できること

　約束した財またはサービスが別個のものでない場合には，別個の財またはサービスの束を識別するまで，当該財またはサービスを他の約束した財またはサービスと結合する。

〔図１〕　別個の財またはサービスのそれぞれを履行義務として識別する場合

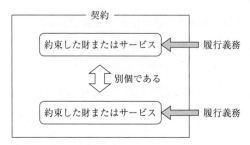

〔図２〕　別個の財またはサービスの束を履行義務として識別する場合

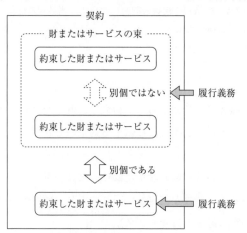

　たとえば，ビルの建設のように，設計・基礎工事・建設・配管・配線・仕上げといった様々な財またはサービスが含まれる契約に関して，これらの財またはサービス（インプット）を結合してビル（結合後のアウトプット）に統合する重要なサービスを提供するような場合に，これらの財またはサービスは別個のものではないと判断されることがある。

〔図３〕　一連の別個の財またはサービスを履行義務として識別する場合

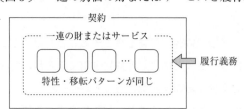

　たとえば，ビルの清掃サービスのように，実質的に同じ特性のサービスを定期的に繰り返すような場合に，一連の別個のサービスであると判断されることがある。

第2節　取引価格の算定

1.意義

　　取引価格とは，財またはサービスの顧客への移転と交換に企業が権利を得る
と見込む対価の額（ただし消費税など第三者のために回収する額を除く）をい
う。

2.変動対価

(1)　基本的な取り扱い

　　顧客と約束した対価のうち変動する可能性のある部分を**変動対価**という。
契約において，顧客と約束した対価に変動対価が含まれる場合，財または
サービスの顧客への移転と交換に企業が権利を得ることとなる対価の額を見
積る。

　　変動対価の額の見積りにあたっては，発生し得ると考えられる対価の額に
おける最も可能性の高い単一の金額（最頻値）による方法，または発生し得
ると考えられる対価の額を確率で加重平均した金額（期待値）による方法の
いずれかのうち，企業が権利を得ることとなる対価の額をより適切に予測で
きる方法を用いる。

(2)　変動対価の見積りの制限

　　見積られた変動対価の額については，変動対価の額に関する不確実性が事
後的に解消される際に，解消される時点までに計上された収益の著しい減額
が発生しない可能性が高い部分に限り，取引価格に含める。

(3)　返金負債

　　顧客から受け取ったまたは受け取る対価の一部あるいは全部を顧客に返金
すると見込む場合，受け取ったまたは受け取る対価の額のうち，企業が権利
を得ると見込まない額について，**返金負債**を認識する。

例題30－2	返品権付きの販売

以下の資料を参照して，売上原価対立法を前提として収益の計上および原価の計上に係る仕訳を示しなさい。

1．当社は，商品Xを1個50千円で販売する300件の契約を複数の顧客と締結し，商品X300個を引渡したときに現金を受け取った。商品Xの原価は1個30千円である。

2．取引慣行として，顧客が未使用の商品Xを30日以内に返品する場合，全額返金に応じることとしている。

3．この契約では顧客が商品Xを返品することが認められているため，当社が顧客から受け取る対価は変動対価である。当社は期待値による方法に基づき，商品X290個が返品されないと見積もった。なお，変動対価の額に関する不確実性が事後的に解消される時点までに，計上された収益の額の著しい減額が発生しない可能性が高いと判断した。

4．当社は，商品Xの回収コストには重要性がないと見積り，返品された商品Xは利益が生じるように原価以上の販売価格で再販売できると予想した。

解答（単位：千円）

1．収益の計上

（現　金　預　金）	15,000※1	（売　　　　　　上）	14,500※2
		（返　金　負　債）	500※3

※1　@50×300個＝15,000

※2　@50×290個＝14,500

※3　@50×10個［＝300個－290個］＝500

　　　返品されると見込む商品10個については収益を認識せず，返金負債を認識する。

２．原価の計上

（売　上　原　価）	8,700※2	（棚　卸　資　産）	9,000※1
（返　品　資　産）	300※3		

※1　@30×300個＝9,000

※2　@30×290個＝8,700

※3　@30×10個＝300

返金負債の決済時に顧客から商品を回収する権利について資産を認識する。

〔参考〕　返品および返金の際の会計処理（見積りどおりであった場合）

（返　金　負　債）	500	（現　金　預　金）	500
（棚　卸　資　産）	300	（返　品　資　産）	300

3．契約における重要な金融要素

　顧客との契約に重要な金融要素が含まれる場合，取引価格の算定にあたっては，約束した対価の額に含まれる金利相当分の影響を調整する。収益は，約束した財またはサービスが顧客に移転した時点で（または移転するにつれて），当該財またはサービスに対して顧客が支払うと見込まれる現金販売価格を反映する金額で認識する。

　ただし，契約における取引開始日において，約束した財またはサービスを顧客に移転する時点と顧客が支払を行う時点の間が１年以内であると見込まれる場合には，重要な金融要素の影響について約束した対価の額を調整しないことができる。

例題30－3　契約における重要な金融要素

　以下の資料を参照して，一連の仕訳を示しなさい。なお，当社の会計期間は３月31日を決算日とする１年間である。

1．当社は，X1年４月１日に顧客との間で商品Ａの販売契約を締結し，契約締結と同時に商品Ａを引渡した。商品Ａの現金販売価格は2,000千円である。
2．顧客は，X3年３月31日に対価2,205千円を支払うこととなっており，当該契約は重要な金融要素を含むものと判断された。
3．重要な金融要素の影響について約束した対価の額を調整するにあたって適用する利率は５％とする。

解　答 （単位：千円）

1．X1年4月1日

（売　　掛　　金）	2,000	（売　　　　　　上）	2,000

2．X2年3月31日

（売　　掛　　金）	100	（受　取　利　息）	100

※　2,000×5％＝100

3．X3年3月31日

（売　　掛　　金）	105	（受　取　利　息）	105

※　（2,000＋100）×5％＝105

（現　金　預　金）	2,205	（売　　掛　　金）	2,205

4．現金以外の対価

　　契約における対価が現金以外の場合に取引価格を算定するにあたっては，当該対価を時価により算定する。

5．顧客に支払われる対価

　　顧客に支払われる対価は，顧客から受領する別個の財またはサービスと交換に支払われるものである場合を除き，取引価格から減額する。

　　顧客に支払われる対価を取引価格から減額する場合には，次の(1)または(2)のいずれか遅いほうが発生した時点で，収益を減額する。

(1)　関連する財またはサービスの移転に対する収益を認識する時

(2)　企業が対価を支払うかまたは支払を約束する時

例題30－4　　顧客に支払われる対価

　以下の資料を参照して，X1年4月に行われる一連の仕訳を示しなさい。

1．消費者向け製品Xを製造している当社は，X1年4月に，大手の小売チェーンであるA社（顧客）に製品Xを1年間販売する契約を締結した。

2．契約では，A社が1年間に少なくとも30,000千円分の製品Xを購入すること，および当社が契約における取引開始日にA社に対して返金が不要な3,000千円の支払を行うことが定められている。この3,000千円の支払は，A社が当社の製品Xを収容するために棚に変更を加えることについての補償である。

3．当社はA社の棚への何らかの権利に対する支配を獲得するものではないため，A社への支払は，当社がA社から受領する別個の財またはサービスとの交換によるものではないと判断された。よって，A社に支払われる対価3,000千円につき，製品Xの販売に対する収益を認識する時に（製品XをA社に販売するにつれて），取引価格の減額として処理することとした。

4．当社は，X1年4月に製品Xを2,500千円販売した。

解答 (単位：千円)

1．契約における取引開始日

（前　払　金）	3,000	（現 金 預 金）	3,000

2．製品Xの販売時

（売　掛　金）	2,500	（前　払　金）	250※1
		（売　　　　上）	2,250※2

※1　$2,500 \times 10\%$ ［$= 3,000 \div 30,000$］$= 250$

※2　$2,500 - 250 = 2,250$

第3節　取引価格の配分

1．考え方

　それぞれの履行義務（あるいは別個の財またはサービス）に対する取引価格の配分は，財またはサービスの顧客への移転と交換に企業が権利を得ると見込む対価の額を描写するように行う。

　財またはサービスの独立販売価格の比率に基づき，契約において識別したそれぞれの履行義務に取引価格を配分する。**独立販売価格**とは，財またはサービスを独立して企業が顧客に販売する場合の価格をいう。

2．値引きの配分

　契約における約束した財またはサービスの独立販売価格の合計額が当該契約の取引価格を超える場合には，契約における財またはサービスの束について顧客に値引きを行っているものとして，当該値引きについて，契約におけるすべての履行義務に対して比例的に配分する。

　ただし，次の(1)から(3)の要件のすべてを満たす場合には，契約における履行義務のうち1つまたは複数に値引きを配分する。

(1)　契約における別個の財またはサービス（あるいは別個の財またはサービスの束）のそれぞれを，通常，単独で販売していること

(2)　当該別個の財またはサービスのうちの一部を束にしたものについても，通常，それぞれの束に含まれる財またはサービスの独立販売価格から値引きをして販売していること

(3)　(2)における財またはサービスの束のそれぞれに対する値引きが，当該契約の値引きとほぼ同額であり，それぞれの束に含まれる財またはサービスを評価することにより，当該契約の値引き全体がどの履行義務に対するものかについて観察可能な証拠があること

3．独立販売価格を直接観察できない場合

　財またはサービスの独立販売価格を直接観察できない場合には，市場の状況，企業固有の要因，顧客に関する情報等，合理的に入手できるすべての情報を考慮し，観察可能な入力数値を最大限利用して，独立販売価格を見積る。類似の状況においては，見積方法を首尾一貫して適用する。

　独立販売価格の見積方法には以下のような方法がある。

(1)　調整した市場評価アプローチ

　　財またはサービスが販売される市場を評価して，顧客が支払うと見込まれる価格を見積る方法

(2)　予想コストに利益相当額を加算するアプローチ

　　履行義務を充足するために発生するコストを見積り，当該財またはサービスの適切な利益相当額を加算する方法

(3)　残余アプローチ

　　契約における取引価格の総額から契約において約束した他の財またはサービスについて観察可能な独立販売価格の合計額を控除して見積る方法。この方法は，次の①または②のいずれかに該当する場合に限り使用できる。

　　①　同一の財またはサービスを異なる顧客に幅広い価格帯で販売していること

　　②　当該財またはサービスの価格を企業が未だ設定しておらず，当該財またはサービスを独立して販売したことがないこと

例題30－5　値引きの配分

　以下の資料を参照して，各ケースにおいて，それぞれの履行義務（商品）に配分される取引価格を答えなさい。

（ア）値引きをすべての履行義務に対して比例的に配分する場合（下記3.を考慮しない場合）

（イ）値引きを商品BおよびCを移転する約束（履行義務）に配分する場合

1．当社は，商品A，BおよびCを440千円で販売する契約を締結した。当社は，それぞれの商品に係る履行義務を異なる時点で充足する。

2．当社は，通常，商品A，BおよびCを独立して販売しており，独立販売価格は以下のとおりである（独立販売価格の合計は500千円）。

　　　商品A：125千円　　　　商品B：225千円　　　　商品C：150千円

3．当社は，通常，商品BとCを組み合わせて315千円で販売している。

解　答（単位：千円）

（ア）値引きをすべての履行義務に対して比例的に配分する場合

　　　　商品Aに配分される取引価格：$440 \times 125/(125+225+150)=110$

　　　　商品Bに配分される取引価格：$440 \times 225/(125+225+150)=198$

　　　　商品Cに配分される取引価格：$440 \times 150/(125+225+150)=132$

　　　なお，値引き60［$=(125+225+150)-440$］についても，独立販売価格の比率で配分される。

　　　　商品Aに配分される値引き：$60 \times 125/(125+225+150)=15$

　　　　商品Bに配分される値引き：$60 \times 225/(125+225+150)=27$

　　　　商品Cに配分される値引き：$60 \times 150/(125+225+150)=18$

（イ）値引きを商品ＢおよびＣを移転する約束（履行義務）に配分する場合

商品Ａに配分される取引価格：125（独立販売価格）

商品Ｂに配分される取引価格：$(440-125) \times 225/(225+150) = 189$

商品Ｃに配分される取引価格：$(440-125) \times 150/(225+150) = 126$

なお，値引き60［$=(225+150)-315$］について，商品ＢとＣに対して独立販売価格の比率で配分される。

商品Ｂに配分される値引き：$60 \times 225/(225+150) = 36$

商品Ｃに配分される値引き：$60 \times 150/(225+150) = 24$

（ア）の場合

独立販売価格

商品Ａ	商品Ｂ	商品Ｃ
110	198	132
(15)	(27)	(18)

}値引き

（イ）の場合

独立販売価格

商品Ａ	商品Ｂ	商品Ｃ
125	189	126
	(36)	(24)

}値引き

例題30－6　残余アプローチ

　以下の資料を参照して，それぞれの履行義務（商品）に配分される取引価格を答えなさい。

1．当社は，商品A，B，CおよびDを520千円で販売する契約を締結した。当社は，それぞれの商品に係る履行義務を異なる時点で充足する。

2．当社は，通常，商品A，BおよびCを独立して販売しており，独立販売価格は以下のとおりである（独立販売価格の合計は500千円）。

　　商品A：125千円　　　　商品B：225千円　　　　商品C：150千円

3．当社は，通常，商品BとCを組み合わせて315千円（60千円の値引き）で販売している。

4．当社は，商品Dをさまざまな顧客に幅広い価格帯（50千円から120千円）で販売している。

5．取引価格520千円のうち，440千円は商品A，BおよびCに配分し，60千円の値引きは商品BおよびCを移転する約束に配分する。

6．商品Dの独立販売価格は残余アプローチを使用して見積る。

解　答（単位：千円）

　商品Aに配分される取引価格：125（独立販売価格）

　商品Bに配分される取引価格：$(440 - 125) \times 225/(225 + 150) = 189$

　商品Cに配分される取引価格：$(440 - 125) \times 150/(225 + 150) = 126$

　商品Dに配分される取引価格：$520 - (125 + 189 + 126) = 80$

第4節　履行義務の充足による収益の認識

1. 履行義務の充足パターン

　　企業は約束した財またはサービスを顧客に移転することにより履行義務を充足した時にまたは充足するにつれて，収益を認識する。

　　このため，契約における取引開始日に，識別された履行義務のそれぞれが，次のaまたはbのいずれに該当するものかを判定する。

---

　　a　一時点で充足される履行義務

　　　　⇒　履行義務を充足した時に収益を認識する

　　b　一定の期間にわたり充足される履行義務

　　　　⇒　履行義務を充足するにつれて収益を認識する

---

2. 一定の期間にわたり充足される履行義務

(1) 履行義務の充足に係る進捗度

　　一定の期間にわたり充足される履行義務については，履行義務の充足に係る進捗度を見積り，当該進捗度に基づき収益を一定の期間にわたり認識する。

　　履行義務の充足に係る進捗度の適切な見積りの方法には，アウトプット法とインプット法があり，その方法を決定するにあたっては，財またはサービスの性質を考慮する。

　　アウトプット法は，現在までに移転した財またはサービスの顧客にとっての価値を直接的に見積るものであり，現在までに移転した財またはサービスと契約において約束した残りの財またはサービスとの比率に基づき，収益を認識するものである。アウトプット法に使用される指標には，達成した成果の評価，経過期間，引渡単位数などがある。

　インプット法は，履行義務の充足に使用されたインプットが契約における取引開始日から履行義務を完全に充足するまでに予想されるインプット合計に占める割合に基づき，収益を認識するものである。インプット法に使用される指標には，消費した資源，発生した労働時間，発生したコストなどがある。

> 　履行義務の充足に係る進捗度は，各決算日に見直し，当該進捗度の見積りを変更する場合には，会計上の見積りの変更として処理する。

⑵　履行義務の充足に係る進捗度を合理的に見積ることができない場合

　一定の期間にわたり充足される履行義務については，履行義務の充足に係る進捗度を合理的に見積ることができる場合にのみ収益を認識する。

　履行義務の充足に係る進捗度を合理的に見積ることができないが，当該履行義務を充足する際に発生する費用を回収することが見込まれる場合には，履行義務の充足に係る進捗度を合理的に見積ることができる時まで，一定の期間にわたり充足される履行義務について原価回収基準により処理する。**原価回収基準**とは，履行義務を充足する際に発生する費用のうち，回収することが見込まれる費用の金額で収益を認識する方法をいう。

例題30－7　　履行義務の充足に係る進捗度(1)

以下の資料を参照して，X1年度に計上される売上高と売上原価を答えなさい。

1．当社（建設会社）は，X1年度に，A社（顧客）の所有する土地にビルを建設する契約をA社と締結した。当該契約に係る取引価格は1,400,000千円であり，建物は2年後に完成する見込みである。

2．当社は，当該建設工事について，一定の期間にわたり充足される単一の履行義務であると判断した。また，発生した原価を基礎としたインプットに基づき，履行義務の充足に係る進捗度を適切に見積ることができると判断した。

3．契約における取引開始日の見積工事原価総額は1,000,000千円であり，X1年度末までに発生した原価は300,000千円であった。

解 答（単位：千円）

1．売上高

$$1,400,000 \times \underset{\text{進捗度}}{30\%} \ [=300,000/1,000,000] = 420,000$$

2．売上原価

300,000（発生した原価）

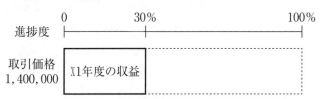

参 考　原価回収基準により処理する場合

売上高：300,000（発生する費用の全額を回収することが見込まれる場合）

売上原価：300,000

例題30－8　履行義務の充足に係る進捗度(2)

　以下の資料を参照して，X2年３月期に計上される売上高と売上原価を答え
なさい。なお，当社の会計期間は３月31日を決算日とする１年間である。

１．当社は，X2年２月に，建物を改装して新しいエレベーターを設置する契
　　約をA社（顧客）と締結した。

２．当該契約に係る取引価格は12,000千円である。

３．当社は，エレベーターの設置を含む約束した改装サービスは，一定の期
　　間にわたり充足される履行義務であると判断した。

４．当社はエレベーターをA社に移転する前にエレベーターに対する支配を
　　獲得し，A社はX2年３月にエレベーターが現地に引き渡された時にエレ
　　ベーターに対する支配を獲得する。ただし，エレベーターはX2年８月まで
　　は建物に設置されない。

５．当社は，履行義務の充足に係る進捗度を見積るために，コストに基づく
　　インプット法を使用する。予想原価は次のとおりである（単位：千円）。

　　　エレベーター　　　　　　　　3,500
　　　その他の原価　　　　　　　　6,000
　　　　合　計　　　　　　　　　　9,500

６．当社は，エレベーターの調達原価を進捗度の見積りに含めると，自らの
　　履行の程度を過大に表示することになると判断し，進捗度の見積りにおい
　　て，エレベーターの調達原価3,500千円を発生したコストから除外する。

７．当社は，エレベーターの移転に係る収益をエレベーターの調達原価と同
　　額（すなわち利益相当額はゼロ）で認識する。

８．X2年３月末までに発生したその他の原価（エレベーターを除く）は
　　1,200千円であった。

解答 （単位：千円）

1．売上高

(1) 進捗度の見積り

1,200/6,000＝20％（分母にエレベーターの調達原価を含めない）

(2) X2年3月期の収益（売上高）

① エレベーターの移転に係る収益：3,500

② その他の収益：(12,000−3,500)×20％＝1,700

③ 合計：5,200

2．売上原価

① エレベーターの調達原価：3,500

② その他の原価：1,200

③ 合計：4,700

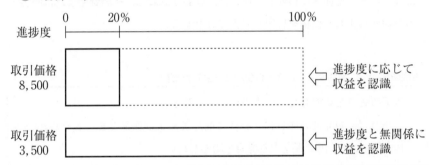

　発生したコストが，履行義務の充足に係る進捗度に寄与しない場合（仕損のコスト等）は，インプット法の進捗度の見積りに反映しない。

　発生したコストが，履行義務の充足に係る進捗度に比例しない場合（本例題のケース等）は，インプット法を修正して，発生したコストの額で収益を認識するかどうかを判断する。

第5節　契約資産・契約負債

1．契約資産と顧客との契約から生じた債権

契約資産とは，企業が顧客に移転した財またはサービスと交換に受け取る対価に対する企業の権利（ただし顧客との契約から生じた債権を除く）をいう。

顧客との契約から生じた債権とは，企業が顧客に移転した財またはサービスと交換に受け取る対価に対する企業の権利のうち無条件のもの（すなわち対価に対する法的な請求権）をいう。対価に対する企業の権利が無条件であるとは，当該対価を受け取る期限が到来する前に必要となるのが時の経過のみであるものをいう。

顧客から対価を受け取る前または対価を受け取る期限が到来する前に，財またはサービスを顧客に移転した場合は，収益を認識し，契約資産または顧客との契約から生じた債権を貸借対照表に計上する。

例題30−9　　契約資産と顧客との契約から生じた債権

以下の資料を参照して，一連の仕訳を示しなさい。

1．当社は，X1年4月1日に，顧客に商品Xおよび商品Yをそれぞれ700千円および300千円で販売する契約を締結した。

2．当社は，X1年4月30日に商品Xを引き渡し，X1年6月30日に商品Yを引き渡す。商品Xおよび商品Yの引き渡しは別個の独立した履行義務である。

3．商品Xの対価の支払いは，商品Yの引き渡しが完了するまで留保され，商品Xと商品Yの両方が顧客に引き渡されるまで，対価に対する無条件の権利を有さない。

4．商品Yの引き渡しが完了した後，X1年7月31日に対価の支払いが行われる。

解 答 (単位：千円)

1．X1年4月30日（商品Xの引き渡し）

(契　約　資　産)	700	(売　　　　　上)	700

※　この時点では無条件の権利ではないため，契約資産を認識する。

2．X1年6月30日（商品Yの引き渡し）

(売　掛　金)	1,000※	(契　約　資　産)	700
		(売　　　　　上)	300

※　700＋300＝1,000

　　この時点で無条件の権利を得るため，顧客との契約から生じた債権
（売掛金）を認識する。

3．X1年7月31日（対価の受け取り）

(現　金　預　金)	1,000	(売　掛　金)	1,000

2．契約負債

契約負債とは，財またはサービスを顧客に移転する企業の義務に対して，企業が顧客から対価を受け取ったものまたは対価を受け取る期限が到来しているものをいう。

財またはサービスを顧客に移転する前に顧客から対価を受け取る場合，顧客から対価を受け取った時または対価を受け取る期限が到来した時のいずれか早い時点で，顧客から受け取る対価について契約負債を貸借対照表に計上する。

例題30－10　契約負債

　以下の資料を参照して，（A）契約が解約可能な場合，（B）契約が解約不能な場合のそれぞれについて，一連の仕訳を示しなさい。

1．当社は，X1年4月1日に，顧客に商品を800千円で販売する契約を締結した。
2．契約上，X1年4月30日に対価の受領期限が到来するため，当社は同日に当該対価について顧客に請求を行った。
3．当社は，X1年5月31日に顧客から対価を受け取った。
4．当社は，X1年7月31日に商品を引き渡した。

解 答（単位：千円）

（A）契約が解約可能な場合

1．X1年4月30日（対価の受領期限到来）

仕訳なし

　※　契約が解約可能な場合，契約が存在しないとみなし，契約負債を計上しない。

2．X1年5月31日（対価の受け取り）

（現　金　預　金）	800	（契　約　負　債）	800

3. X1年7月31日（商品の引き渡し）

（契　約　負　債）	800	（売　　　　　上）	800

（B）契約が解約不能な場合

1. X1年4月30日（対価の受領期限到来）

（売　　掛　　金） <small>顧客との契約から生じた債権</small>	800	（契　約　負　債）	800

　※　対価に対する無条件の権利を有しているため，顧客との契約から生じた債権を計上する。

2. X1年5月31日（対価の受け取り）

（現　金　預　金）	800	（売　　掛　　金） <small>顧客との契約から生じた債権</small>	800

3. X1年7月31日（商品の引き渡し）

（契　約　負　債）	800	（売　　　　　上）	800

まとめ　5つのステップと権利・義務

　ステップ1：契約により権利・義務が生じる

対価の受取り　　財・サービスの提供

（顧客と企業の双方が未履行の場合には
資産・負債は認識されない）

　ステップ2：契約における履行義務を識別する

それぞれの履行義務の充足される
タイミングは異なる

ステップ３：取引価格を算定する

取引価格

企業が権利を得ると見込む対価の額を
もって取引価格と算定する

ステップ４：取引価格を履行義務に配分する

取引価格

財またはサービスの移転と交換に権利を
得ると見込む対価の額を描写するように
配分する

ステップ５：履行義務の充足 ⇒ 収益の認識

取引価格

財またはサービスの移転を，当該財またはサービスと交換に
権利を得ると見込む対価の額で描写するように収益を認識する

〔対価を受け取る前に収益を認識する場合〕

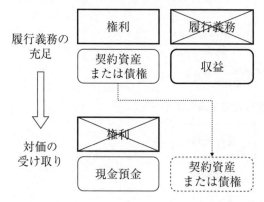

〔収益を認識する前に対価を受け取る場合〕

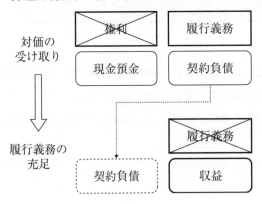

第6節　契約変更等

1．取引価格の変動

　取引価格の事後的な変動については，契約における取引開始日と同じ基礎により契約における履行義務に配分する。取引価格の事後的な変動のうち，すでに充足した履行義務に配分された額については，取引価格が変動した期の収益の額を修正する。

　ただし，契約変更によって生じる取引価格の変動については，契約変更（後述）に係る会計処理を適用する。

例題30−11　数量値引きの見積り

　以下の資料を参照して，X2年3月期に認識される収益の額を答えなさい。なお，当社の会計期間は3月31日を決算日とする1年間である。

1．当社は，商品Xを1個当たり150千円で販売する契約をX1年1月1日にA社（顧客）と締結した。この契約における対価には変動性があり，A社がX2年12月31日までに商品Xを800個よりも多く購入する場合には，1個当たりの価格を遡及的に140千円に減額する。

2．X1年3月期に，当社は商品80個をA社に販売した。当社は，X2年12月31日までのA社の購入数量は800個を超えないであろうと判断した。また，当社は，変動対価の額に関する不確実性が事後的に解消される時点までに計上された収益の著しい減額が発生しない可能性が高いと判断し，X1年3月期に12,000千円の収益を認識した。

3．X1年5月に，A社が他の企業を買収し，当社は，X2年3月期において，追加的に商品X450個をA社に販売した。当社は，新たな事実を考慮して，A社の購入数量はX2年12月31日までに800個を超えるであろうと見積り，1個当たりの価格を140千円に遡及的に減額することが必要になると判断した。

解 答（単位：千円）

1．X1年3月期

（売 　 掛 　 金）	12,000	（売 　　　　　 上）	12,000

　　※　　@150×80個＝12,000

2．X2年3月期

（売 　 掛 　 金）	67,500※2	（売 　　　　　 上）	62,200※1
		（返 　 金 　 負 　 債）	5,300※3

　※1　　$\underset{\text{X2年3月期販売分}}{@140×450個} - \underset{\substack{\text{X1年3月期販売分について}\\\text{の取引価格の変動}}}{\underline{(@150-@140)×80個}} = 62,200$

　※2　　@150×450個＝67,500

　※3　　(@150－@140)×(80個＋450個)＝5,300

２．契約変更

　　契約変更は，契約の当事者が承認した契約の範囲または価格（あるいはその両方）の変更であり，契約の当事者が，契約の当事者の強制力のある権利および義務を新たに生じさせる変更または既存の強制力のある権利および義務を変化させる変更を承認した場合に生じるものである。

⑴　契約変更を独立した契約として処理する場合

　　契約変更について，次の①および②の要件のいずれも満たす場合には，当該契約変更を独立した契約として処理する。

　①　別個の財またはサービスの追加により，契約の範囲が拡大されること

　②　変更される契約の価格が，追加的に約束した財またはサービスに対する独立販売価格に特定の契約の状況に基づく適切な調整を加えた金額分だけ増額されること

⑵　契約変更が独立した契約として処理されない場合

　　契約変更が上記の要件を満たさず，独立した契約として処理されない場合には，契約変更日において未だ移転していない財またはサービスについて，次のいずれかの方法により処理する。

　a　未だ移転していない財またはサービスが契約変更日以前に移転した財またはサービスと別個のものである場合には，契約変更を既存の契約を解約して新しい契約を締結したものと仮定して処理する。残存履行義務に配分すべき対価の額は，次の①および②の合計額とする。

　①　顧客が約束した対価（顧客からすでに受け取った額を含む）のうち，取引価格の見積りに含まれているが収益として認識されていない額

　②　契約変更の一部として約束された対価

　　b　未だ移転していない財またはサービスが契約変更日以前に移転した財ま
　　たはサービスと別個のものではなく，契約変更日において部分的に充足さ
　　れている単一の履行義務の一部を構成する場合には，契約変更を既存の契
　　約の一部であると仮定して処理する。これにより，完全な履行義務の充足
　　に向けて財またはサービスに対する支配を顧客に移転する際の企業の履行
　　を描写する進捗度および取引価格が変更される場合は，契約変更日におい
　　て収益の額を累積的な影響に基づき修正する。

　契約変更日において未だ移転していない財またはサービスが上記aとbの両方を
含む場合には，契約変更が変更後の契約における未充足の履行義務に与える影響
を，それぞれaまたはbの方法に基づき処理する。

例題30-12　契約変更を独立した契約として処理する場合

　以下の資料を参照して，それぞれの履行義務（商品）に配分される取引価
格を答えなさい。
1．当社は，X1年10月1日に，2つの別個の商品Xおよび商品Yを販売する
　契約をA社（顧客）と締結した。当社は，商品XをX1年10月1日に，商品
　YをX2年4月30日にA社に引き渡す。また，契約の価格は600千円であり，
　商品Xおよび商品Yの独立販売価格はいずれも同額である。
2．当社とA社は，X1年11月30日に契約の範囲を変更した。まだA社に引き
　渡されていない商品Yに加えて，商品ZをX2年6月30日にA社に引き渡す
　約束を追加するとともに，契約の価格を150千円増額した。なお，商品Z
　の独立販売価格は150千円である。
3．契約変更により追加された商品Zは別個のものであり，増額された対価
　150千円は商品Zの独立販売価格である。よって当社は，この契約変更を
　独立した契約として処理すると判断した。

解 答（単位：千円）

1．契約における取引開始日

(1) 商品Xに配分される取引価格：600÷2＝300

(2) 商品Yに配分される取引価格：600÷2＝300

(3) 商品Xの引き渡しに関する仕訳

（売　　掛　　金）	300	（売　　　　上）	300

2．契約変更時

仕訳なし

3．契約変更後の仕訳

(1) 商品Yの引き渡しに関する仕訳

（売　　掛　　金）	300	（売　　　　上）	300

(2) 商品Zの引き渡しに関する仕訳

（売　　掛　　金）	150	（売　　　　上）	150

4．解答

(1) 商品Xに配分される取引価格：300

(2) 商品Yに配分される取引価格：300

(3) 商品Zに配分される取引価格：150

例題30−13　　契約変更が独立した契約として処理されない場合(1)

　　以下の資料を参照して，それぞれの履行義務（商品）に配分される取引価格を答えなさい。

1．当社は，X1年10月1日に，2つの別個の商品Xおよび商品Yを販売する契約をA社（顧客）と締結した。当社は，商品XをX1年10月1日に，商品YをX2年4月30日にA社に引き渡す。また，契約の価格は600千円であり，商品Xおよび商品Yの独立販売価格はいずれも同額である。

2．当社とA社は，X1年11月30日に契約の範囲を変更した。まだA社に引き渡されていない商品Yに加えて，商品ZをX2年6月30日にA社に引き渡す約束を追加するとともに，契約の価格を150千円増額した。なお，商品Zの独立販売価格は150千円ではなく，商品Xおよび商品Yの独立販売価格と同額であった。

3．まだA社に引き渡されていない商品Yおよび商品Zは，契約変更前に引き渡した商品Xとは別個のものであり，商品Zの対価150千円は商品Zの独立販売価格を表していない。よって当社は，この契約変更について，既存の契約を解約して新しい契約を締結したものと仮定して処理すると判断した。

解　答 （単位：千円）

1．契約における取引開始日

(1) 商品Xに配分される取引価格：

　　$600 \div 2 = 300$　⇒　X1年10月1日に収益を認識

(2) 商品Yに配分される取引価格：$600 \div 2 = 300$

(3) 商品Xの引き渡しに関する仕訳

（売　　掛　　金）	300	（売　　　　　上）	300

2．契約変更時

(1) 残存履行義務に配分すべき対価の額：

$$\underset{\text{商品Yに配分された取引価格}}{300} + \underset{\text{契約変更による増額分}}{150} = 450$$

(2)　商品Yに配分される取引価格：

450 ÷ 2 ＝225　⇒　X2年4月30日に収益を認識

(3)　商品Zに配分される取引価格：

450 ÷ 2 ＝225　⇒　X2年6月30日に収益を認識

(4)　契約変更に関する仕訳

仕訳なし

3．契約変更後の仕訳

(1)　商品Yの引き渡しに関する仕訳

（売　　掛　　金）	225	（売　　　　　上）	225

(2)　商品Zの引き渡しに関する仕訳

（売　　掛　　金）	225	（売　　　　　上）	225

4．解答

(1)　商品Xに配分される取引価格：300

(2)　商品Yに配分される取引価格：225

(3)　商品Zに配分される取引価格：225

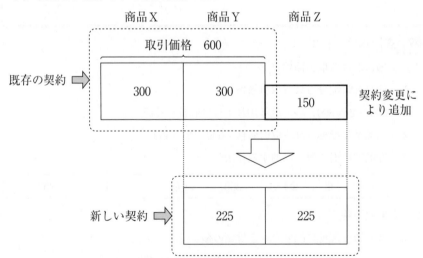

※　本問において各商品の独立販売価格は同額である。

例題30-14　契約変更が独立した契約として処理されない場合(2)

以下の資料を参照して，X2年度の契約変更に関して，追加で認識すべき収益の額を答えなさい。

1．当社（建設会社）は，X1年度に，A社（顧客）の所有する土地にビルを建設する契約をA社と締結した。契約における固定対価は1,300,000千円であるが，建物が24ヶ月以内に完成した場合には，当社は300,000千円の割増金を受け取る。

2．当社は，変動対価の額に関する不確実性が事後的に解消される時点までに，計上された収益の著しい減額が発生しない可能性が高いとは判断できないため，300,000千円の割増金は取引価格に含めないこととした。

3．当社は，当該建設工事について，一定の期間にわたり充足される単一の履行義務であると判断した。また，発生した原価を基礎としたインプットに基づき，履行義務の充足に係る進捗度を適切に見積ることができると判断した。

4．契約における取引開始日の見積工事原価総額は1,000,000千円であり，X1年度末までに発生した原価は360,000千円であった。

5．X2年度に，当社とA社は，建物の間取りを変更するために，契約を変更することに合意した。その結果，固定対価は250,000千円，見積工事原価は200,000千円増加した。なお，X2年度の期首から契約変更時までに原価は発生していない。

6．当該契約変更により，当社が割増金の300,000千円を受け取る条件となる期間が6ヶ月延長され，建物が30ヶ月以内に完成した場合に変更された。当社は，当該契約変更日において，変動対価の額に関する不確実性が事後的に解消される時点までに，計上された収益の著しい減額が発生しない可能性が高いと判断し，300,000千円の割増金について取引価格に含めると判断した。

> 7．当社は，当該契約変更を評価する際に，変更後の契約により移転する残りの財またはサービスが，契約変更日以前に移転した財またはサービスと別個のものではないと判断し，この契約を引き続き単一の履行義務として処理すると判断した。

解 答（単位：千円）

1．X1年度の収益

（契　約　資　産）	468,000	（売　　　　　上）	468,000

※　$1,300,000 × \underset{\text{進捗度}}{36\%}$ ［$= 360,000/1,000,000$］$= 468,000$

2．契約変更（累積的な影響に基づく収益の額の修正）

(1)　変更後の取引価格：$\underset{\text{固定対価}}{\underline{1,300,000 + 250,000}} + \underset{\text{割増金}}{300,000} = 1,850,000$

なお，割増金に関する判断の変更は契約変更に伴うものであるため，契約変更による取引価格の変動として扱う。

(2)　変更後の進捗度：$360,000/\underset{\text{変更後の見積工事原価}}{(1,000,000 + 200,000)} = 30\%$

(3)　追加で認識する収益の額：

$1,850,000 × 30\% - \underset{\text{変更時までに認識した収益}}{468,000} = 87,000$

(4)　契約変更に関する仕訳

（契　約　資　産）	87,000	（売　　　　　上）	87,000

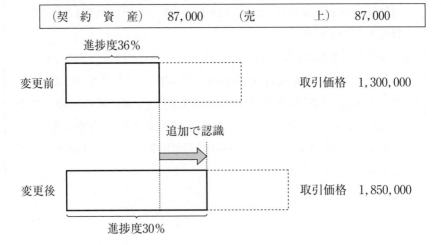

例題30－15　　契約変更後の取引価格の変動

　以下の資料を参照して、それぞれの履行義務（商品）に配分される取引価格を答えなさい。

1. 当社は、X1年10月１日に、２つの別個の商品Ｘおよび商品Ｙを販売する契約をＡ社（顧客）と締結した。当社は、商品ＸをX1年10月１日に、商品ＹをX2年４月30日にＡ社に引き渡す。商品Ｘおよび商品Ｙの独立販売価格はいずれも同額である。

2. 契約の価格には600千円の固定対価に加えて、100千円増額される可能性がある変動対価が含まれている。当社は、変動対価の額に関する不確実性が事後的に解消される時点までに、計上された収益の著しい減額が発生しない可能性が高いと判断し、当該変動対価の見積りを取引価格に含めた。

3. 当社とＡ社は、X1年11月30日に契約の範囲を変更した。まだＡ社に引き渡されていない商品Ｙに加えて、商品ＺをX2年６月30日にＡ社に引き渡す約束を追加するとともに、契約の価格を150千円（固定対価）増額した。なお、商品Ｚの独立販売価格は150千円ではなく、商品Ｘおよび商品Ｙの独立販売価格と同額であった。

4. まだＡ社に引き渡されていない商品Ｙおよび商品Ｚは、契約変更前に引き渡した商品Ｘとは別個のものであり、商品Ｚの対価150千円は商品Ｚの独立販売価格を表していない。よって当社は、この契約変更について、既存の契約を解約して新しい契約を締結したものと仮定して処理すると判断した。

5. 当社は、X2年３月31日（決算日）において、権利を得ると見込む変動対価の額の見積りを、当初見積った100千円から120千円に変更した。当社は、変動対価の額に関する不確実性が事後的に解消される時点までに、計上された収益の著しい減額が発生しない可能性が高いため、当該変動対価の見積りの変更を取引価格に含めることができると判断した。

解　答（単位：千円）

1．契約における取引開始日

(1) 商品Xに配分される取引価格：

$(600＋100)÷2＝350$　⇒　X1年10月1日に収益を認識

(2) 商品Yに配分される取引価格：$(600＋100)÷2＝350$

(3) 商品Xの引き渡しに関する仕訳

（売　　掛　　金）	350	（売　　　　上）	350

2．契約変更時

(1) 残存履行義務に配分すべき対価の額：

$$\underset{\text{商品Yに配分された取引価格}}{350}＋\underset{\text{契約変更による増額分}}{150}＝500$$

(2) 商品Yに配分される取引価格：$500÷2＝250$

(3) 商品Zに配分される取引価格：$500÷2＝250$

(4) 契約変更に関する仕訳

仕訳なし

3．決算日（X2年3月31日）

(1) 取引価格の増加額：$120－100＝20$

取引価格の変動は契約変更前に約束された変動対価の額に起因するため，取引価格の増加額を商品Xに係る履行義務と商品Yに係る履行義務に，契約における取引開始日と同じ基礎で配分する。

商品Xへの配分額：

$20÷2＝10$　⇒　X2年3月31日に追加で収益を認識

商品Yへの配分額：

$20÷2＝10$　⇒　残存履行義務（商品Yおよび商品Z）に配分

(2) 商品Xに関する追加の収益を認識する仕訳

（売　　掛　　金）	10	（売　　　　上）	10

4．X2年度に認識される収益

(1) 商品Yに配分される取引価格：

$$\underset{\text{契約変更直後}}{250} + \underset{\text{増加額}}{5} = 255 \quad \Rightarrow \quad \text{X2年4月30日に収益を認識}$$

(2) 商品Zに配分される取引価格：

$$\underset{\text{契約変更直後}}{250} + \underset{\text{増加額}}{5} = 255 \quad \Rightarrow \quad \text{X2年6月30日に収益を認識}$$

5．解答

(1) 商品Xに配分される取引価格：$350 + 10 = 360$

(2) 商品Yに配分される取引価格：$250 + 5 = 255$

(3) 商品Zに配分される取引価格：$250 + 5 = 255$

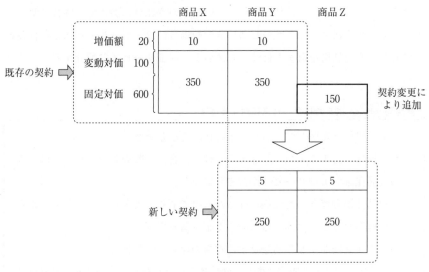

※　本問において各商品の独立販売価格は同額である。

第7節　その他の論点

1．財またはサービスに対する保証

　製品の販売後，一定期間にわたり製品が正常に機能することについて企業が保証を行うことがある。

　約束した財またはサービスに対する保証が，当該財またはサービスが合意された仕様に従っているという保証（潜在的な欠陥がないという品質の保証）のみである場合，当該保証について引当金として処理する。

　約束した財またはサービスに対する保証（またはその一部）が，当該財またはサービスが合意された仕様に従っているという保証に加えて，顧客にサービスを提供する保証（保証サービス）を含む場合には，保証サービスは履行義務であり，取引価格を財またはサービスおよび保証サービスに配分する。

例題30−16　　財またはサービスに対する保証

　以下の資料を参照して，X1年度末の仕訳を示しなさい。

1．当社は，X1年度末に，製品XをA社（顧客）に販売した。契約には，次の製品保証およびサービスが含まれている。

・製品Xが合意された仕様に従ったものであり，購入日から1年間，正常に機能することに関する無償の保証（基本保証）

・上記保証期間を2年間延長する有償の保証（延長保証）

2．当社は，製品Xの販売に際して常に基本保証を付与しているが，通常は延長保証を付与していない。なお，当社は，延長保証を別個に販売している。

3．契約の取引価格は940千円であり，販売と同時に対価を受け取った。製品Xの独立販売価格は900千円，延長保証の独立販売価格は100千円である。

4．基本保証について見込まれる費用を30千円と見積る。

5．当社は，基本保証は製品Xが合意された仕様に従っていることのみに係る保証であると判断し，延長保証は別個の保証サービスであると判断した。

解 答 （単位：千円）

（現 金 預 金）	940	（売　　　　　上）	846※1
		（契 約 負 債）	94※2
（製品保証引当金繰入額）	30	（製品保証引当金）	30

※1　940×900/(900＋100)＝846（製品Xの引渡時に収益を認識する）

※2　940×100/(900＋100)＝94（延長保証に係る履行義務の充足につれて収益を認識する）

　　取引価格を独立販売価格の比率に基づき各履行義務に配分する。

契約

製品X	基本保証	延長保証
履行義務	履行義務ではない	履行義務
引き渡した時に収益を認識	↓ 引当金を計上	保証期間にわたり収益を認識

2．本人と代理人の区分

　財またはサービスの提供に企業と顧客以外の他の当事者が関与している場合がある。

　顧客への財またはサービスの提供に他の当事者が関与している場合において，顧客との約束が当該財またはサービスを企業が自ら提供する履行義務であると判断され，企業が本人に該当するときには，当該財またはサービスの提供と交換に企業が権利を得ると見込む対価の総額を収益として認識する。

　顧客への財またはサービスの提供に他の当事者が関与している場合において，顧客との約束が当該財またはサービスを当該他の当事者によって提供されるように企業が手配する履行義務であると判断され，企業が代理人に該当するときには，他の当事者により提供されるように手配することと交換に企業が権利を得ると見込む報酬または手数料の金額を収益として認識する。

例題30-17 本人と代理人の区分

以下の資料を参照して，顧客がA社のウェブサイトを通じて600千円の商品Xを購入した場合において，A社およびB社が認識する収益の額を答えなさい。

1．A社はウェブサイトを運営しており，顧客は当該ウェブサイトを通じて，多くの供給者から商品を直接購入することができる。

2．A社は，B社（供給者）との契約条件に基づき，B社の商品Xが当該ウェブサイトを通じて販売される場合には，商品Xの販売価格の10％に相当する手数料を得る。

3．商品Xの販売価格はB社によって設定されており，当該ウェブサイトにより，B社と顧客との決済が容易となる。

4．A社は，注文が処理される前に顧客に支払を求めており，すべての注文について返金は不要である。A社は，顧客に商品Xが提供されるように手配した後は，顧客に対してそれ以上の義務は負わない。

5．A社は，契約条件等を考慮し，自らは取引における代理人であると判断した。

6．B社は，契約条件等を考慮し，自らは取引における本人に該当すると判断した。

解答 （単位：千円）

A社（代理人）が認識する収益の額：$600 \times 10\% = 60$

B社（本人）が認識する収益の額：600

3．委託販売と試用販売

(1)　委託販売

　　商品等を最終顧客に販売するために，販売業者等の他の当事者に引き渡す場合がある。販売業者等がその時点で当該商品等の支配を獲得しておらず，委託販売契約として商品等を保有している場合には，販売業者等への商品等の引渡時には収益を認識しない。

(2)　試用販売

　　商品等を顧客に試用目的で引き渡し，試用期間が終了するまで顧客が対価の支払を約束していない場合，顧客が商品等を検収するまで，あるいは試用期間が終了するまで，当該商品等に関する収益は認識しない。

4．追加の財またはサービスを取得するオプションの付与

　　顧客との契約において，既存の契約に加えて追加の財またはサービスを取得するオプションを顧客に付与する場合には，当該オプションが当該契約を締結しなければ顧客が受け取れない重要な権利を顧客に提供するときにのみ，当該オプションから履行義務が生じる。

　　この場合には，将来の財またはサービスが移転する時，あるいは当該オプションが消滅する時に収益を認識する。

例題30-18　追加の財またはサービスを取得するオプションの付与(1)

以下の資料を参照して，収益認識に関する一連の仕訳を示しなさい。

1．当社は，顧客が当社の商品を10円分購入するごとに，顧客に1ポイントを付与するポイント制度（カスタマー・ロイヤルティ・プログラム）を提供している。顧客は，当社の商品を将来購入する際に，1ポイント当たり1円の値引きを受けることができる。

2．X1年度中に，当社は顧客に414,200円の商品を販売し，顧客に41,420ポイントを付与した。対価は固定であり，商品の引き渡しと同時に現金414,200円を受け取った。当該商品の独立販売価格は414,200円である。

3．顧客に付与されたポイントは，契約を締結しなければ顧客が受け取れない重要な権利を顧客に提供するものであるため，当社は，顧客へのポイントの付与により履行義務が生じると判断した。ポイントに係る履行義務は，顧客によるポイントの使用につれて充足されるものとする。

4．当社は，商品の販売時点で，将来37,278ポイント（付与したポイントの90%）が使用されると見込んだ。当社は，顧客により使用される可能性を考慮して，付与したポイントの独立販売価格を37,278円（1ポイント当たり0.9円）と見積った。

5．X1年度に使用されたポイントは16,568ポイントである。

6．X2年度において，使用されるポイント総数の見積りを39,349ポイント（付与したポイントの95%）に更新した。X2年度に使用されたポイントは18,639ポイントであり，X2年度末までに累計で35,207ポイントが使用された。

解 答（単位：円）

1．商品の販売時

（現 金 預 金）	414,200	（売　　　　　上）	380,000※1
		（契 約 負 債）	34,200※2

※1　$414,200 \times 414,200 / (414,200 + 37,278) = 380,000$

※2　$414,200 \times 37,278 / (414,200 + 37,278) = 34,200$

　　　取引価格414,200を商品に係る履行義務とポイントに係る履行義務
に，独立販売価格の比率に基づき配分する。

```
┌─────────────────────────────────────────┐
│                   契約                      │
│            （取引価格414,200）              │
└─────────────────────────────────────────┘
┌──────────────────┐   ┌──────────────────┐
│      履行義務       │   │      履行義務       │
│  （商品の引き渡し）   │   │    （ポイント）      │
└──────────────────┘   └──────────────────┘
        380,000                 34,200

    引き渡した時に           ポイントの使用に
    収益を認識              つれて収益を認識
```

2．X1年度末

（契 約 負 債）	15,200	（売　　　　　上）	15,200

※　$34,200 \times 16,568$ポイント／ $37,278$ポイント　$= 15,200$
　　　　　　使用されたポイント　　使用される見積ポイント総数

　　　X1年度に充足された（顧客により行使されたポイント数に対応した）
履行義務について収益を認識する。

3．X2年度末

| （契　約　負　債） | 15,400 | （売　　　　上） | 15,400 |

※　34,200×　35,207ポイント　／　39,349ポイント　−15,200
　　　　　　　　使用されたポイント累計　使用される見積ポイント総数

　　＝15,400

　　X2年度末までに充足された（顧客により行使されたポイント数に対応した）履行義務に対応する収益からX1年度に認識した収益を控除した額がX2年度に認識される収益である。

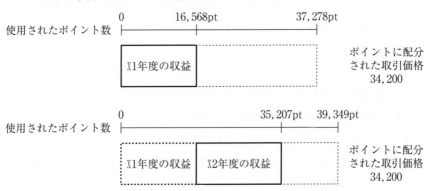

| 例題30-19 | 追加の財またはサービスを取得するオプションの付与(2) |

以下の資料を参照して，収益認識に関する一連の仕訳を示しなさい。

1．当社は，X1年度において，1年間の製品Xのメンテナンス・サービスを200千円で提供する契約を500件締結した。

2．契約条件により，各顧客は，X1年度末に200千円を追加で支払うことによって，当該契約を1年間更新できる（X2年度においてもメンテナンス・サービスを受けられる）オプションを有している。X1年度末に契約を更新した顧客には，X2年度末に200千円を支払うことにより，当該契約をさらに1年間更新できる（X3年度においてもメンテナンス・サービスを受けられる）オプションが与えられる。

3．当社は，製品Xの購入時にメンテナンス・サービス契約を締結していない顧客には，同様のメンテナンス・サービスについて著しく高い額（X2年度に600千円，X3年度に1,000千円）を請求する。

4．当社は，メンテナンス・サービスを更新できるオプションは，契約を締結しなければ顧客が受け取れない重要な権利を顧客に提供すると判断した。

5．当社は，顧客がX1年度に支払う200千円の一部は，実質的にはその後の年度に提供されるサービスに対する返金が不要な前払いであり，オプションを提供する約束は履行義務であると判断した。

6．この更新オプションはメンテナンス・サービスを継続するためのものであり，当該サービスは既存の契約と同じ条件で提供される。当社は，更新オプションの独立販売価格を直接見積らず，当社が提供すると見込まれるサービスと交換に受け取ると予想される対価を算定し，取引価格の配分を行う。

7．当社は，メンテナンス・サービス契約を締結した500名の顧客のうち，400名がX1年度末に契約を更新し，さらにX1年度末に契約を更新した顧客のうち360名がX2年度末にも契約を更新すると見込んだ。

8．当社は，契約における取引開始日に，契約全体の予想される対価総額と予想されるコストを次のように見積った（単位：千円）。

	予想される対価		予想されるコスト	
X1年度	@200×500件＝	100,000	@80×500件＝	40,000
X2年度	@200×400件＝	80,000	@125×400件＝	50,000
X3年度	@200×360件＝	72,000	@150×360件＝	54,000
合計		252,000		144,000

9．当社は，予想されるコストの総額に対して発生したコストの比率に基づいて収益を認識することが，顧客へのサービスの移転を描写すると判断した。

解答（単位：千円）

1．予想される対価の配分

X1年度：252,000×40,000/144,000＝70,000

X2年度：252,000×50,000/144,000＝87,500

X3年度：252,000×54,000/144,000＝94,500

2．契約における取引開始日

（現　金　預　金）	100,000	（契　約　負　債）	100,000

3．X1年度末（発生したコストと契約の更新は予想どおりであったものとする）

（1）収益の認識

（契　約　負　債）	70,000	（売　　　　　上）	70,000

（2）対価の受け取り

（現　金　預　金）	80,000	（契　約　負　債）	80,000

4．X2年度末（発生したコストと契約の更新は予想どおりであったものとする）

(1)　収益の認識

| （契　約　負　債） | 87,500 | （売　　　　　上） | 87,500 |

(2)　対価の受け取り

| （現　金　預　金） | 72,000 | （契　約　負　債） | 72,000 |

5．X3年度末（発生したコストは予想どおりであったものとする）

| （契　約　負　債） | 94,500 | （売　　　　　上） | 94,500 |

5．工事契約等から損失が見込まれる場合の取扱い

　工事契約について，工事原価総額等が工事収益総額を超過する可能性が高く，かつ，その金額を合理的に見積ることができる場合には，その超過すると見込まれる額（工事損失）のうち，当該工事契約に関してすでに計上された損益の額を控除した残額を，工事損失が見込まれた期の損失として処理し，工事損失引当金を計上する。受注制作のソフトウェアについても，工事契約に準じて取扱う。

| 例題30−20 | 工事契約等から損失が見込まれる場合の取扱い |

以下の資料を参照して，工事損失引当金に係る会計処理を示しなさい。

1．工事契約の施工者である当社は，X1年度の期首に，橋梁の建設についての契約を締結した。契約で取り決められた当初の工事収益総額は50,000百万円であり，工事原価総額の当初見積額は45,000百万円である。

2．橋梁はX3年度に完成する。

3．X1年度末およびX2年度末において，工事原価総額の見積額は増加したが，工事契約金額の見直しは行われなかった。

4．当社は，当該建設工事について，一定の期間にわたり充足される単一の履行義務であると判断した。また，発生した原価を基礎としたインプットに基づき，履行義務の充足に係る進捗度を適切に見積ることができると判断した。

5．各年度において見積られた工事収益総額，工事原価総額及び実際に発生した工事原価は以下のとおりである（単位：百万円）。

	X1年度	X2年度	X3年度
工事収益総額	50,000	50,000	50,000
過年度に発生した工事原価の累計	—	11,500	38,880
当期に発生した工事原価	11,500	27,380	15,120
完成までに要する工事原価	34,500	15,120	—
工事原価総額	46,000	54,000	54,000
工事利益（損失△）	4,000	△4,000	△4,000

解　答（単位：百万円）

１．X1年度

工事収益：$50,000 \times \underline{11,500/46,000}_{\text{進捗度}} = 12,500$

工事原価：11,500

工事利益：$12,500 - 11,500 = 1,000$

２．X2年度

⑴　工事損失引当金を考慮する前の金額

工事収益：$50,000 \times \underline{38,880/54,000}_{\text{進捗度}} - \underline{12,500}_{\text{X1年度の収益}} = 23,500$

工事原価：27,380

工事損失：$23,500 - 27,380 = \triangle 3,880$

⑵　工事損失引当金の計上

（売 上 原 価）	1,120	（工事損失引当金）	1,120

※　$\underset{\text{見積工事損失}}{\triangle 4,000} \ [= 50,000 - 54,000] - \underset{\text{計上済み損益}}{(\underline{1,000 + \triangle 3,880})} = \triangle 1,120$

３．X3年度

⑴　工事損失引当金を考慮する前の金額

工事収益：$50,000 - (\underset{\text{過年度に認識した収益}}{\underline{12,500 + 23,500}}) = 14,000$

工事原価：15,120

工事損失：$14,000 - 15,120 = \triangle 1,120$

⑵　工事損失引当金の取崩し

（工事損失引当金）	1,120	（売 上 原 価）	1,120

第31章
帳簿組織

第1節　簿記一巡の手続

1．簿記一巡の手続

　期首における開始手続から期末における決算手続までの，簿記一巡の手続と仕訳の分類を示すと以下のようになる。

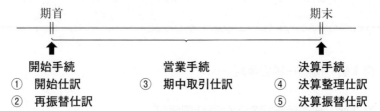

　複式簿記においては，企業に生じる取引等のすべてを仕訳帳に仕訳し，総勘定元帳に転記する。したがって，期中取引仕訳のみならず，開始仕訳から決算振替仕訳のすべての仕訳を仕訳帳に記入し，総勘定元帳上の各勘定に転記することになる。

2．決算手続

決算手続は以下の順序で行われる。

決算整理前の期中取引の記録が正確に行われているかを検証するために，**決算整理前試算表**を作成する。なお，試算表には，**合計試算表**，**残高試算表**，両者を合わせた**合計残高試算表**の３種類がある。

④決算整理仕訳

決算整理の記録が正確に行われているかを検証するために，**決算整理後試算表**を作成する。

(1) **損益振替仕訳**：収益勘定と費用勘定を損益勘定に振替える。

(2) **資本振替仕訳**：損益勘定の残高を繰越利益剰余金勘定に振替える。

(3) **残高振替仕訳**：資産勘定，負債勘定及び純資産勘定を残高勘定に振替える。なお，大陸式簿記法において行われる。

(4) 帳 簿 締 切 り：仕訳帳及び総勘定元帳の各勘定を締切る。

財務諸表の作成

決算振替仕訳

(1) 損益振替仕訳

| (収 | 益) | ××× | (損 | 益) | ××× |
| (損 | 益) | ××× | (費 | 用) | ××× |

※　当該仕訳後の損益勘定の残高が当期純利益となる。

(2) 資本振替仕訳

| (損 | 益) | ××× | (繰越利益剰余金) | ××× |

※　損益勘定の残高（当期純利益）を繰越利益剰余金勘定に振替える。

(3) 残高振替仕訳（大陸式簿記法）

（残	高）	×××		（資	産）	×××	
（負	債）	×××		（残	高）	×××	
（純　資　産）		×××					

※　当該仕訳後の残高勘定は貸借が一致し，残高はゼロとなる。

３．大陸式簿記法と英米式簿記法

(1) 序論

複式簿記の決算手続の方法としては，**大陸式簿記法**（大陸式決算法）と**英米式簿記法**（英米式決算法）がある。両者の違いは，開始仕訳及び残高振替仕訳の有無にある。

(2) 大陸式簿記法

大陸式簿記法においては，残高勘定を総勘定元帳に開設して，資産・負債・純資産の各勘定を残高勘定に振替えて締切る。

この残高振替仕訳の結果，資産・負債・純資産の各勘定の残高はゼロになる。しかし，残高勘定に振替えられた金額は，翌期首において資産・負債・純資産の各勘定の金額とする必要がある。このため，翌期首に資産・負債・純資産の各勘定に金額を記入することを目的として，開始仕訳を行う。開始仕訳は，資産と負債・純資産をそれぞれ相手勘定として仕訳する。

・開始仕訳の例

仕　訳　帳

日付		摘　　要	元丁	借　　方	貸　　方
4	1	諸　口　　　　　諸　口			
		（現　　　金）	1	500	
		（繰　越　商　品）	2	100	
		（未　払　営　業　費）	3		100
		（資　本　金）	4		400
		（繰越利益剰余金）	5		100

　なお，上記の決算方法を準大陸式簿記法と呼び，純大陸式簿記法と区別する場合がある。純大陸式簿記法における開始仕訳は，開始残高勘定を設けて，それを資産及び負債・純資産の相手勘定として行われる。

（資　　　産）×××　（開始残高）×××
（開始残高）×××　（負　　　債）×××
　　　　　　　　　　（純 資 産）×××

　また，純大陸式簿記法においては，開始仕訳における開始残高勘定に対して，決算の残高振替仕訳のときには閉鎖残高勘定を用いる。

例題31－1　大陸式簿記法

　以下の資料に基づいて，大陸式簿記法による場合の現金勘定の締切り及び翌期の開始仕訳を示しなさい。なお，会計期間は 3 月31日を決算日とする 1 年間である。

1．決算整理後残高試算表

決算整理後残高試算表　　（単位：千円）

現　　　　金	140,000	未 払 営 業 費	5,000
繰 越 商 品	20,000	資　　本　　金	100,000
仕　　　　入	115,000	繰越利益剰余金	40,000
営　　業　　費	20,000	売　　　　上	150,000
	295,000		295,000

2．期中仕訳（単位：千円）

①	（仕　　　　入）	120,000	（現　　　金）	120,000
②	（現　　　金）	150,000	（売　　　上）	150,000
③	（営　業　費）	20,000	（現　　　金）	20,000

3．期首の現金勘定の金額は130,000千円である。

解答（単位：千円）

1．現金勘定（仕丁欄の記入省略，以下同じ）

現　　　　金

日付		摘　　要	仕丁	借　方	日付		摘　　要	仕丁	貸　方
4	1	諸　　　口		130,000	①		仕　　　入		120,000
②		売　　　上		150,000	③		営　業　費		20,000
					3	31	残　　　高		140,000
				280,000					280,000

　　4月1日の摘要欄には前期繰越，3月31日の摘要欄には次期繰越と記入することもある。

2．翌期の開始仕訳（小書き及び元丁欄の記入省略，以下同じ）

仕　訳　帳

日付		摘　　要	元丁	借　方	貸　方
4	1	諸　口　　　　諸　口			
		（現　　　金）		140,000	
		（繰　越　商　品）		20,000	
		（未 払 営 業 費）			5,000
		（資　本　金）			100,000
		（繰越利益剰余金）			55,000※

$$※ \quad 40,000 + \underset{当期純利益}{\underline{(150,000 - 115,000 - 20,000)}} = 55,000$$
後T/B

(3)　英米式簿記法

英米式簿記法においては，総勘定元帳に直接，当期末の日付で残高金額を記入し，摘要欄に次期繰越と記入して締切ると同時に，次期繰越記入と貸借逆に，翌期首の日付で残高金額を記入し，摘要欄に前期繰越と記入する。大陸式簿記法と異なり，残高勘定を総勘定元帳に設けず，資産・負債・純資産の各勘定について残高振替仕訳は行わない。

この結果，翌期において，資産・負債・純資産の各勘定にはすでに金額が記入されているため，開始仕訳は必要とされない。

大陸式簿記法によれば，残高勘定における貸借合計が一致することにより，帳簿締切手続の正確性が保証される。これに対して，英米式簿記法によると，残高勘定を設けないことから，勘定記入による自動検証能力を欠くことになる。このため，資産・負債・純資産の各勘定の次期繰越金額の正確性を確認することを目的として，資産・負債・純資産の各勘定の期末残高の計算表である繰越試算表を作成する。

例題31－2　英米式簿記法

　以下の資料に基づいて，英米式簿記法による場合の現金勘定の締切り及び翌期の開始仕訳を示しなさい。なお，会計期間は 3 月31日を決算日とする 1 年間である。

１．決算整理後残高試算表

決算整理後残高試算表　　　（単位：千円）

現　　　　　金	140,000	未 払 営 業 費	5,000
繰 越 商 品	20,000	資　本　金	100,000
仕　　　　入	115,000	繰越利益剰余金	40,000
営　業　費	20,000	売　　　上	150,000
	295,000		295,000

２．期中仕訳（単位：千円）

①	（仕　　入）	120,000	（現　　金）	120,000
②	（現　　金）	150,000	（売　　上）	150,000
③	（営 業 費）	20,000	（現　　金）	20,000

３．期首の現金勘定の金額は130,000千円である。

解答 (単位：千円)

1．現金勘定

現　　　金

日付		摘　要	仕丁	借　方	日付		摘　要	仕丁	貸　方
4	1	前 期 繰 越	✓	130,000	①		仕　　入		120,000
②		売　　上		150,000	③		営 業 費		20,000
					3	31	次 期 繰 越	✓	140,000
				280,000					280,000
4	1	前 期 繰 越	✓	140,000					

　当期末の摘要欄に次期繰越と記入し，同時に翌期首の摘要欄に前期繰越と記入する。また，仕訳帳を経由せずに勘定記入がなされるため，仕丁欄にはチェック・マークを付す。

2．翌期の開始仕訳

　すでに，資産・負債・純資産の各勘定には金額が記入されているため，開始仕訳は行わない。

4．仕訳帳の合計額と合計試算表の合計額

合計試算表とは，総勘定元帳における各勘定の借方合計額と貸方合計額をまとめたものである。

大陸式簿記法においては，総勘定元帳への記入はすべて仕訳帳を経由して行われる。したがって，仕訳帳の合計額と合計試算表の合計額は一致することになる。また，両者の一致を確認することにより，仕訳帳から総勘定元帳への転記の正確性が検証できる。

これに対して英米式簿記法においては，開始仕訳は行われず，期首の資産・負債・純資産の金額を各勘定に直接記入する。したがって，総勘定元帳への記入が一部仕訳帳を経由せずに行われることになり，仕訳帳の合計額と合計試算表の合計額は一致しないことになる。

英米式簿記法においても，仕訳帳の合計額と合計試算表の合計額との照合を可能にするため，仕訳帳に以下のような開始記入を行う場合がある。

仕　訳　帳

日付		摘　　要	元丁	借　　方	貸　　方
4	1	前　期　繰　越	✓	×××※1	×××※2

※1　資産の前期繰越高の合計
※2　負債・純資産の前期繰越高の合計

この場合であっても，資産・負債・純資産の各勘定には前期繰越の記入がなされているため，元丁欄には転記不要のチェック・マークを付す。

例題31-3　簿記一巡の手続

　以下の資料に基づいて，（A）大陸式簿記法と（B）英米式簿記法による場合の簿記一巡の流れを示しなさい。なお，当期はX2年3月31日を決算日とする1年間である。

1．前期末貸借対照表

貸　借　対　照　表

X1年3月31日　　　　　（単位：千円）

現　　　　　金	130,000	未　払　費　用	5,000
商　　　　　品	15,000	資　　本　　金	100,000
		繰越利益剰余金	40,000
	145,000		145,000

　　※　未払費用は営業費に係るものである。

2．期中取引

　①　商品120,000千円を現金で仕入れた。

　②　商品を150,000千円で売上げ，代金として小切手を受取った。

　③　営業費として，現金で20,000千円支払った。

3．決算整理事項

　(1)　期末商品棚卸高は20,000千円である。

　(2)　営業費5,000千円を見越計上する。

解答（単位：千円）

（A）大陸式簿記法

1．開始仕訳，再振替仕訳及び期中取引仕訳

仕　訳　帳

日付		摘　　要	元丁	借　　方	貸　　方
4	1	諸　口　　　　諸　口			
		（現　　　　金）		130,000	
		（繰 越 商 品）		15,000	
		（未払営業費）			5,000
		（資　本　金）			100,000
		（繰越利益剰余金）			40,000
	〃	（未 払 営 業 費）		5,000	
		（営　業　費）			5,000
①		（仕　　　　入）		120,000	
		（現　　　　金）			120,000
②		（現　　　　金）		150,000	
		（売　　　　上）			150,000
③		（営　業　費）		20,000	
		（現　　　　金）			20,000
				440,000	**440,000**

2．総勘定元帳における各勘定

現　　金

4/1 諸　　口 130,000	① 仕　　　入 120,000	
② 売　　　上 150,000	③ 営 業 費 20,000	

繰 越 商 品

4/1 諸　　　口 15,000

未払営業費

4/1 営 業 費 5,000	4/1 諸　　　口 5,000

資　本　金

4/1 諸　　　口 100,000

繰越利益剰余金

4/1 諸　　　口 40,000

営　業　費

③ 現　　金 20,000	4/1 未払営業費 5,000

売　　上

② 現　　金 150,000

仕　　入

① 現　　金 120,000

3．（決算整理前）合計残高試算表

合計残高試算表

残　高	合　計	勘定科目	合　計	残　高
140,000	280,000	現　　　金	140,000	
15,000	15,000	繰　越　商　品		
	5,000	未　払　営　業　費	5,000	
		資　　本　　金	100,000	100,000
		繰越利益剰余金	40,000	40,000
		売　　　　上	150,000	150,000
120,000	120,000	仕　　　入		
15,000	20,000	営　業　費	5,000	
290,000	**440,000**	合　　　計	**440,000**	290,000

　　合計試算表の合計額は440,000であり，仕訳帳の合計額と一致することが確認できる。

4．決算整理仕訳

仕　訳　帳

日付		摘　　要	元丁	借　方	貸　方
3	31	（仕　　入）		15,000	
		（繰越商品）			15,000
	〃	（繰越商品）		20,000	
		（仕　　入）			20,000
	〃	（営　業　費）		5,000	
		（未払営業費）			5,000
				40,000	40,000

5．決算整理後残高試算表

決算整理後残高試算表

現　　　　金	140,000	未 払 営 業 費	5,000
繰 越 商 品	20,000	資　　本　　金	100,000
仕　　　　入	115,000	繰越利益剰余金	40,000
営　業　費	20,000	売　　　　上	150,000
	295,000		295,000

6．決算振替仕訳

仕　訳　帳

日付		摘　　要	元丁	借　　方	貸　　方
3	31	（売　　　　上）		150,000	
		（損　　　　益）			150,000
	〃	（損　　　益）　諸　口		135,000	
		（仕　　　　入）			115,000
		（営　業　費）			20,000
	〃	（損　　　　益）		15,000※1	
		（繰越利益剰余金）			15,000
	〃	（残　　　高）　諸　口		160,000	
		（現　　　金）			140,000
		（繰 越 商 品）			20,000
	〃	諸　口　（残　　　高）			160,000
		（未 払 営 業 費）		5,000	
		（資　本　金）		100,000	
		（繰越利益剰余金）		55,000※2	
				620,000	620,000

※1　150,000 − 135,000 = 15,000

※2　40,000 + 15,000 = 55,000

7．財務諸表の作成

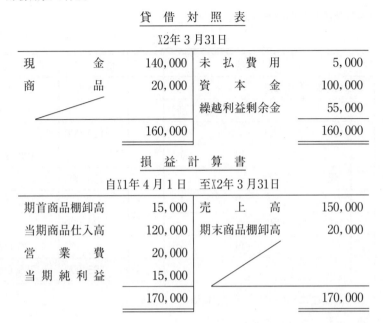

貸 借 対 照 表

X2年 3 月31日

現　　　　金	140,000	未 払 費 用	5,000
商　　　　品	20,000	資 本 金	100,000
		繰越利益剰余金	55,000
	160,000		160,000

損 益 計 算 書

自X1年 4 月 1 日　至X2年 3 月31日

期首商品棚卸高	15,000	売 上 高	150,000
当期商品仕入高	120,000	期末商品棚卸高	20,000
営 業 費	20,000		
当 期 純 利 益	15,000		
	170,000		170,000

（B）英米式簿記法

1．再振替仕訳及び期中取引仕訳

仕　訳　帳

日付		摘　　要	元丁	借　　方	貸　　方
4	1	（未払営業費）		5,000	
		（営　業　費）			5,000
①		（仕　　　　入）		120,000	
		（現　　　　金）			120,000
②		（現　　　　金）		150,000	
		（売　　　　上）			150,000
③		（営　業　費）		20,000	
		（現　　　　金）			20,000
				295,000	295,000

　　英米式簿記法においては，開始仕訳は行わない。

2．総勘定元帳における各勘定

```
              現      金                              繰 越 商 品
4/1前期繰越 130,000 │ ① 仕    入 120,000   4/1前期繰越  15,000 │
  ② 売    上 150,000 │ ③ 営 業 費  20,000
            未払営業費                                 資  本  金
4/1営 業 費  5,000 │ 4/1前期繰越  5,000                    │ 4/1前期繰越 100,000
          繰越利益剰余金                               営  業  費
                    │ 4/1前期繰越 40,000   ③ 現    金  20,000 │ 4/1未払営業費  5,000
              売      上                              仕      入
                    │ ② 現    金 150,000   ① 現    金 120,000 │
```

3．（決算整理前）合計残高試算表

　　大陸式簿記法と同様の合計残高試算表が作成される。なお，合計試算表の合計額は440,000であり，仕訳帳の合計額295,000と一致しない。英米式簿記法では，開始仕訳を行わず，仕訳帳を経由せずに直接勘定記入した金額があるため，その部分が差額となる。

4．決算整理仕訳

大陸式簿記法と同様である。

5．決算整理後残高試算表

大陸式簿記法と同様である。

6．決算振替仕訳

仕　訳　帳

日付		摘　　要	元丁	借　方	貸　方
3	31	（売　　　　　上）		150,000	
		（損　　　　益）			150,000
	〃	（損　　益）　諸　口		135,000	
		（仕　　　　入）			115,000
		（営　業　費）			20,000
	〃	（損　　益）		15,000	
		（繰越利益剰余金）			15,000
				300,000	300,000

残高振替仕訳は行わない。

7．財務諸表の作成

大陸式簿記法と同様である。

第2節　単一仕訳帳制と特殊仕訳帳制

1．主要簿と補助簿

　主要簿とは，複式簿記の仕組みから不可欠な帳簿をいい，仕訳帳と総勘定元帳が該当する。

　これに対して，**補助簿**とは，複式簿記の仕組みから不可欠ではないが，詳細な記録を行うために主要簿の補足として設けられる帳簿である。この補助簿には，**補助記入帳**と**補助元帳**の2種類がある。補助記入帳は特定の取引の詳細を発生順に記入する補助簿であり，仕訳帳における特定の仕訳の明細を記録する。補助元帳は特定の勘定の詳細を記入する補助簿であり，総勘定元帳における特定の勘定の内訳明細を記録する。

主要簿と補助簿

主要簿		仕訳帳，総勘定元帳
補助簿	補助記入帳	現金出納帳，当座預金出納帳，売上帳，仕入帳，受取手形記入帳，支払手形記入帳
	補助元帳	得意先元帳，仕入先元帳，商品有高帳

2．単一仕訳帳制

(1)　意義

　単一仕訳帳制は，1つの仕訳帳にすべての取引を発生順に記録し，その記録を総勘定元帳の各勘定に転記する帳簿組織である。単一仕訳帳制では，すべての取引について，取引ごとに仕訳帳から総勘定元帳へ転記を行う（**個別転記**）。

単一仕訳帳制

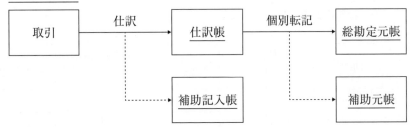

(2)　**単一仕訳帳制の短所**

　　単一仕訳帳制によって補助簿を併用する場合，1つの取引が仕訳帳と補助記入帳の両方に重複して記帳されることがあり，記帳事務が煩雑となる。また，すべての取引が個別転記されるため，転記の手数がかかる。

3．特殊仕訳帳制

(1)　**意義**

　　特殊仕訳帳制は，通常の仕訳帳とともに，仕訳帳化した補助記入帳（特殊仕訳帳）を用いて，これら2種類の仕訳帳から総勘定元帳の各勘定に転記する帳簿組織である。この場合，特殊仕訳帳に対して通常の仕訳帳を普通仕訳帳という。

　　特殊仕訳帳制においては，単一仕訳帳制における補助記入帳に記入する内容については，特殊仕訳帳にのみ記入し，普通仕訳帳に記入は行わない。このため，単一仕訳帳制と比べて記帳事務が簡素化される。また，特殊仕訳帳から総勘定元帳への転記は，特定の勘定科目について一定期間ごとの合計額を転記する手法（**合計転記**）が取り入れられる。このため，転記の手数を減少させることができる。

　　なお，特殊仕訳帳に記入しない内容の取引については，普通仕訳帳に記入し，総勘定元帳に個別転記する。また，期中取引仕訳以外の開始仕訳，再振替仕訳，決算整理仕訳及び決算振替仕訳はすべて普通仕訳帳に記入される。

特殊仕訳帳制

① 特殊仕訳帳に記入する取引

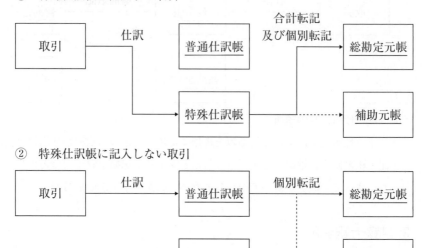

② 特殊仕訳帳に記入しない取引

(2) 個別転記と合計転記

特殊仕訳帳から総勘定元帳への転記は以下のように，項目ごとに合計転記
又は個別転記する。なお，補助元帳への転記は個別転記による。

項　目	転　記
親勘定 （特殊仕訳帳化された勘定科目）	合計転記
特別欄の勘定科目 （頻繁に生ずる特定の相手科目）	合計転記
諸口欄の勘定科目 （頻繁に生じない相手科目）	個別転記

⑶　合計転記の方法

　特殊仕訳帳から総勘定元帳への合計転記の方法は，以下の2つの方法がある。

決算方法	合計転記の方法
大陸式簿記法	普通仕訳帳に合計仕訳を行い，それを通して総勘定元帳へ転記する方法
英米式簿記法	特殊仕訳帳から総勘定元帳へ直接転記する方法

　特殊仕訳帳から総勘定元帳の各勘定へ直接転記すると，特殊仕訳帳に記入された取引は普通仕訳帳に記入する機会がないまま，総勘定元帳における各勘定に転記されることになる。この場合，合計試算表の合計額と普通仕訳帳の合計額は一致しないため，突合せにより総勘定元帳の記入の正確性が確かめられない。そこで，大陸式簿記法においては，合計試算表の合計額と普通仕訳帳の合計額を一致させるため，まず特殊仕訳帳の合計額によって普通仕訳帳に仕訳を行い（**合計仕訳**），普通仕訳帳の仕訳に基づいて総勘定元帳の各勘定に転記するという手続きを行う。

第3節　特殊仕訳帳の記帳

1．現金出納帳（当座預金出納帳）

　現金出納帳を特殊仕訳帳として利用するときは，補助記入帳として用いられる現金出納帳に加えて，収入及び支出の相手勘定を記入する欄と元丁欄を設ける。なお，**当座預金出納帳**を特殊仕訳帳として利用する場合も同様である。

例題31－4　　現金出納帳

　以下の10月中の取引について，現金出納帳と普通仕訳帳に記入し，総勘定元帳に転記しなさい。なお，現金出納帳のみを特殊仕訳帳としており（特別欄：売上，仕入），合計転記は月末に行う。

　現金の前月繰越高：20,000円

　10月2日：受取手数料1,000円を現金で受取った。

　10月5日：E商店より商品5,000円を現金で仕入れた。

　10月8日：X商店へ売価7,000円の商品を現金で売上げた。

　10月9日：販売費2,000円を現金で支払った。

　10月10日：備品を10,000円で購入し，代金は小切手を振出して支払った。

　10月17日：F商店より商品8,000円を現金で仕入れた。

　10月22日：Y商店へ売価10,000円の商品を現金で売上げた。

解 答 （単位：円）

（A）大陸式簿記法

1．現金出納帳

現 金 出 納 帳

日付		勘定科目	摘　要	元丁	売上	諸口	日付		勘定科目	摘　要	元丁	仕入	諸口
10	2	受取手数料		32		1,000	10	5	仕　　　入	E　商　店	✓	5,000	
	8	売　　　上	X　商　店	✓	7,000			9	販　売　費		42		2,000
	22	売　　　上	Y　商　店	✓	10,000			17	仕　　　入	F　商　店	✓	8,000	
					17,000	1,000						13,000	2,000
	31		売　　　上			17,000		31		仕　　　入			13,000
	〃		現　　　金			18,000		〃		現　　　金			15,000
	〃		前 月 繰 越			20,000		〃		次 月 繰 越			23,000
						38,000							38,000

　　　特別欄を設けた勘定科目に記入された金額は，一定期間後に合計転記するので，元丁欄には特殊仕訳帳からは転記しない旨を示すチェック・マークを付す。

2．普通仕訳帳

普 通 仕 訳 帳

日付		摘　　　要	元丁	借　　方	貸　　方
10	10	（備　　　品）	11	10,000	
		（当 座 預 金）	2		10,000
	31	（現　　　金）　　諸　口	1	18,000	
		（売　　　上）	31		17,000
		（諸　　　口）	✓		1,000
	〃	諸　口　　（現　　　金）	1		15,000
		（仕　　　入）	41	13,000	
		（諸　　　口）	✓	2,000	

　　普通仕訳帳に現金出納帳の合計額をもって合計仕訳を行い，現金勘定及び特別欄に設定した勘定に合計転記する。なお，諸口欄の勘定科目に記入された金額は，取引日に特殊仕訳帳から個別転記を行っているので，普通仕訳帳からは転記しない旨を示すチェック・マークを付す。

3．総勘定元帳（合計転記されたものを太字で示す）

	現　　金	1
10/1 前月繰越　20,000	**10/31現金出納帳**　15,000	
10/31現金出納帳　18,000		

	当座預金	2		備　　品	11
	10/10備　　品　10,000		10/10当座預金　10,000		

	売　　上	31		受取手数料	32
	10/31現金出納帳　17,000			10/2 現金出納帳　1,000	

	仕　　入	41		販　売　費	42
10/31現金出納帳　13,000			10/9 現金出納帳　2,000		

　　現金勘定及びその相手勘定の摘要欄には特殊仕訳帳名である現金出納帳と記入する。

当座預金勘定及び備品勘定⇒取引日に普通仕訳帳から個別転記

現金勘定及び特別欄に設定した勘定（売上勘定及び仕入勘定）⇒月末に普通仕訳帳から合計転記

諸口欄の勘定（受取手数料勘定及び販売費勘定）⇒取引日に特殊仕訳帳から個別転記

（B）英米式簿記法

1．現金出納帳

現 金 出 納 帳

日付		勘定科目	摘　要	元丁	売上	諸口	日付		勘定科目	摘　要	元丁	仕入	諸口
10	2	受取手数料		32		1,000	10	5	仕　　入	E 商 店	✓	5,000	
	8	売　　上	X 商 店	✓	7,000			9	販　売　費		42		2,000
	22	売　　上	Y 商 店	✓	10,000			17	仕　　入	F 商 店	✓	8,000	
					17,000	1,000						13,000	2,000
	31		売　　上	31		17,000		31		仕　　入	41		13,000
	〃		現　　金	1		18,000		〃		現　　金	1		15,000
	〃		前 月 繰 越	✓		20,000		〃		次 月 繰 越	✓		23,000
						38,000							38,000

　　現金出納帳から直接総勘定元帳に転記する。このため，現金勘定及び特別欄に設定した勘定科目の合計額の欄に，転記を示す勘定口座番号を記入する。

2．普通仕訳帳

普 通 仕 訳 帳

日付		摘　　要	元丁	借　　方	貸　　方
10	10	（備　　　品）	11	10,000	
		（当 座 預 金）	2		10,000

　　合計仕訳は行わない。

3．総勘定元帳

　　大陸式簿記法と同様である。

２．売上帳（仕入帳）

　売上帳を特殊仕訳帳として利用するときは，現金出納帳の場合と同様に，補助記入帳として用いられる売上帳に加えて，相手勘定を記入する欄と元丁欄を設ける。また，記帳及び転記の方法も現金出納帳の場合と同様である。なお，仕入帳を特殊仕訳帳として利用する場合も同様である。

例題31－5　売上帳

　以下の10月中の取引について，売上帳と普通仕訳帳に記入し，総勘定元帳に転記しなさい。なお，売上帳のみを特殊仕訳帳としており（特別欄：売掛金），合計転記は月末に行うものとする。

　10月1日：A商店へ商品を4,000円で売上げ，代金は掛とした。

　10月5日：B商店へ商品を5,000円で売上げ，代金は掛とした。

　10月8日：5日にB商店へ売上げた商品のうち品違いが含まれていたので，600円分の返品を受け掛と相殺した。

　10月16日：C商店へ商品を3,000円で売上げ，前受金を充当した。

　10月22日：D商店へ商品を1,500円で売上げ，代金として，以前自社が振出した約束手形を受取った。

解答 （単位：円）

（A）大陸式簿記法

1．売上帳

売　　上　　帳

日付		勘定科目	摘　　要	元丁	売掛金	諸　口
10	1	売　掛　金	A　　商　　店	✓	4,000	
	5	売　掛　金	B　　商　　店	✓	5,000	
	8	（売　掛　金）	（B商店・戻り）	✓	(600)	
	16	前　受　金	C　　商　　店	19		3,000
	22	支　払　手　形	D　　商　　店	16		1,500
					9,000	4,500
	31		売　掛　金			9,000
	〃		総　売　上　高			13,500
	〃		（戻　り　高）			(600)
			純　売　上　高			12,900

　　売上戻りは売上帳に赤字で記入する。なお，赤字で記入する箇所には括弧を付している。

2．普通仕訳帳

普　通　仕　訳　帳

日付		摘　　要	元丁	借　　方	貸　　方
10	31	諸　口　　　（売　　　　上）	31		13,500
		（売　掛　金）	4	9,000	
		（諸　　　口）	✓	4,500	
	〃	（売　　　上）	31	600	
		（売　掛　金）	4		600

　　総売上高と売上戻りを分けて，それぞれ合計仕訳する。

３．総勘定元帳（合計転記されたものを太字で示す）

売　　　上			31
10/31売　上　帳	600	10/31売　上　帳	13,500

前　受　金			19
10/16売　上　帳	3,000		

売　掛　金			4
10/31売　上　帳	9,000	10/31売　上　帳	60

支　払　手　形			16
10/22売　上　帳	1,500		

売上勘定及びその相手勘定の摘要欄には特殊仕訳帳名である売上帳と記入する。

（Ｂ）英米式簿記法

１．売上帳

売　　上　　帳

日付		勘定科目	摘　　要	元丁	売掛金	諸　口
10	1	売　　掛　　金	Ａ　　商　　店	✓	4,000	
	5	売　　掛　　金	Ｂ　　商　　店	✓	5,000	
	8	（売　　掛　　金）	（Ｂ商店・戻り）	✓	(600)	
	16	前　　受　　金	Ｃ　　商　　店	19		3,000
	22	支　　払　　手　　形	Ｄ　　商　　店	16		1,500
					9,000	4,500
	31		売　　掛　　金	4		9,000
	〃		総　　売　　上　　高	31		13,500
	〃		（戻　　り　　高）	31/4		(600)
			純　　売　　上　　高			12,900

２．普通仕訳帳

合計仕訳は行わない。

３．総勘定元帳

大陸式簿記法と同様である。

3．受取手形記入帳（支払手形記入帳）

　受取手形記入帳を特殊仕訳帳として利用するときは，現金出納帳の場合と同様に，補助記入帳として用いられる受取手形記入帳に加えて，相手勘定を記入する欄と元丁欄を設ける。また，記帳及び転記の方法も現金出納帳の場合と同様である。なお，**支払手形記入帳**を特殊仕訳帳として利用する場合も同様である。

　受取手形記入帳には手形債権の発生取引が，支払手形記入帳には手形債務の発生取引が記帳される。これに対して，受取手形及び支払手形の消滅は受取手形記入帳及び支払手形記入帳の顛末欄に記入されるが，一般に顛末欄は月日や概要のみ記入するものであるため，手形の消滅取引は受取手形記入帳及び支払手形記入帳以外の仕訳帳に記帳する。

例題31－6　　受取手形記入帳

　以下の10月中の取引について，受取手形記入帳と普通仕訳帳に記入し，総勘定元帳に転記しなさい。なお，受取手形記入帳のみを特殊仕訳帳としており（特別欄：売掛金），合計転記は月末に行うものとする。

　10月 2 日：A商店の売掛金5,000円を約束手形で回収した。

　10月 7 日：B商店へ商品を6,000円で売上げ，代金として約束手形を受取った。

　10月13日：C商店の売掛金4,000円を約束手形で回収した。

　10月20日：D商店から受取った約束手形3,000円が満期をむかえ，当座預金とした。

解 答（単位：円）

（A）大陸式簿記法

1．受取手形記入帳

受取手形記入帳

日付		勘定科目	摘　　要	元丁	売掛金	諸　口
10	2	売　掛　金	A　商　店	✓	5,000	
	7	売　　上	B　商　店	33		6,000
	13	売　掛　金	C　商　店	✓	4,000	
					9,000	6,000
	31		売　掛　金			9,000
	〃		受　取　手　形			15,000

　　諸口欄からさらに右側へと顛末欄等の記載を行うが，便宜上省略する。

2．普通仕訳帳

普 通 仕 訳 帳

日付		摘　　要	元丁	借　　方	貸　　方
10	20	（当 座 預 金）	2	3,000	
		（受 取 手 形）	4		3,000
	31	（受 取 手 形）　諸　口	4	15,000	
		（売　掛　金）	5		9,000
		（諸　　口）	✓		6,000

　　手形の消滅取引は，受取手形記入帳ではなく普通仕訳帳に記入し，個別転記する。

３．総勘定元帳（合計転記されたものを太字で示す）

受取手形　　　　　　　　　　　4	当座預金　　　　　　　　　　　2
10/31受取手形記入帳　15,000 ／ 10/20当座預金　3,000	10/20受取手形　3,000 ／

売掛金　　　　　　　　　　　　5	売上　　　　　　　　　　　　　33
／ **10/31受取手形記入帳　9,000**	／ 10/7受取手形記入帳　6,000

　　受取手形勘定の借方及びその相手勘定の摘要欄には特殊仕訳帳名である受取手形記入帳と記入する。

（Ｂ）英米式簿記法

１．受取手形記入帳

受取手形記入帳

日付		勘定科目	摘　　要	元丁	売掛金	諸　口
10	2	売　　　掛　　　金	A　　商　　店	✓	5,000	
	7	売　　　　　　　上	B　　商　　店	33		6,000
	13	売　　　掛　　　金	C　　商　　店	✓	4,000	
					9,000	6,000
	31		売　　　掛　　　金	5		9,000
	〃		受　　取　　手　　形	4		15,000

２．普通仕訳帳

普通仕訳帳

日付		摘　　要	元丁	借　　方	貸　　方
10	20	（当座預金）	2	3,000	
		（受取手形）	4		3,000

　　合計仕訳は行わない。

３．総勘定元帳

　　大陸式簿記法と同様である。

第4節　二重仕訳

1．序論

(1) 意義

　特殊仕訳帳制のもとでは，ある取引が2つの仕訳帳（普通仕訳帳及び特殊仕訳帳）にまたがって記入されることがある。これを**二重仕訳**という。

　二重仕訳は次の2つの取引によって生じる。

① 　2つの特殊仕訳帳に記入される取引（親勘定同士の取引）

② 　普通仕訳帳と特殊仕訳帳に記入される取引（一部現金取引，一部当座預金取引）

(2) 二重仕訳の問題点と対応

① 二重転記

　転記の原則にしたがって，2つの仕訳帳から総勘定元帳に転記すると，同一の取引について二重に転記されることになる。このような**二重転記**を回避するため，2つの仕訳帳相互にその相手勘定への転記を省略する。

② 普通仕訳帳の合計額と合計試算表の合計額の不一致

　大陸式簿記法において，総勘定元帳への合計転記は，普通仕訳帳における合計仕訳を通して行われる。この場合，合計仕訳を含む普通仕訳帳の仕訳のなかに同一の取引が二重に仕訳されることになる。一方で，二重転記を回避することにより，総勘定元帳への転記は1回だけ行われる。

　このため，普通仕訳帳の合計額と合計試算表の合計額が一致しないことになり，両者の突合せによって転記の正確性が検証できない。そこで，普通仕訳帳の合計額と合計試算表の合計額を一致させるために，普通仕訳帳の合計額から二重仕訳の金額を控除する手続きが必要となる（**二重仕訳金額の控除**）。

２．２つの特殊仕訳帳に記入される取引（親勘定同士の取引）

　たとえば，現金出納帳（当座預金出納帳），売上帳，仕入帳，受取手形記入帳及び支払手形記入帳を特殊仕訳帳として採用していた場合，現金売上取引（当座売上取引），現金仕入取引（当座仕入取引），手形売上取引及び手形仕入取引は２つの特殊仕訳帳に記入されることになる。このような取引があった場合には，二重転記を回避し，普通仕訳帳において二重仕訳の金額を控除する手続きが必要となる。

例題31－7　　親勘定同士の取引－基本例題

　以下の資料により，普通仕訳帳における二重仕訳金額控除を示しなさい。なお，当座預金出納帳及び仕入帳を特殊仕訳帳としており（当座預金出納帳の特別欄：仕入，仕入帳の特別欄：当座預金），合計転記は月末に行うものとする。また，大陸式簿記法を前提にすること。

　10月10日：商品5,000円を仕入れ，代金は小切手を振出して支払った。

解答（単位：円）

1．当座預金出納帳（締切は省略）

当座預金出納帳

日付	勘定科目	摘要	元丁	売上	諸口	日付	勘定科目	摘要	元丁	仕入	諸口
						10 10	仕　　入		✓	5,000	
										5,000	0

2．仕入帳（締切は省略）

仕　入　帳

日付	勘定科目	摘要	元丁	当座預金	諸口
10 10	当 座 預 金		✓	5,000	
				5,000	0

3．普通仕訳帳（合計仕訳）

普 通 仕 訳 帳

日付		摘　　　　要	元丁	借　　方	貸　　方
10	31	（仕　　　　入）	✓	5,000	
		（当 座 預 金）	2		5,000
		当座預金出納帳より			
	〃	（仕　　　　入）	38	5,000	
		（当 座 預 金）	✓		5,000
		仕入帳より			
				10,000	10,000

　当座預金出納帳及び仕入帳の合計仕訳からそれぞれ合計転記すると，総勘定元帳の当座預金勘定及び仕入勘定に１つの取引の金額が二重に転記されてしまうため，親勘定の相手勘定については元丁欄に転記不要のチェック・マークを付す。

4．総勘定元帳（合計転記されたものを太字で示す）

```
      当 座 預 金        2              仕      入         38
         10/31当座預金出納帳  5,000   10/31仕 入 帳  5,000 |
```

5．合計試算表

合 計 試 算 表

合　　計	勘定科目	合　　計
	当 座 預 金	5,000
5,000	仕　　　　入	
5,000	合　　　計	**5,000**

6．普通仕訳帳（二重仕訳金額の控除）

普 通 仕 訳 帳

日付		摘　　要	元丁	借　　方	貸　　方
				10,000	10,000
		二重仕訳金額控除		5,000	5,000
				5,000	5,000

　二重転記はチェック・マークを付すことで回避し，総勘定元帳への転記は1回だけ行われる。一方で，普通仕訳帳には二重に仕訳がなされているため，普通仕訳帳の単純合計（10,000）と合計試算表の合計額（5,000）が一致しないことになる。このとき，二重仕訳となっている取引の金額（5,000）を二重仕訳金額控除として，普通仕訳帳の単純合計（10,000）から減算することによって，普通仕訳帳の再計額（5,000）と合計試算表の合計額（5,000）が一致する。

例題31－8 　親勘定同士の取引－５つの特殊仕訳帳

以下の10月中の取引の資料により，普通仕訳帳における合計仕訳と二重仕訳金額控除を示しなさい。なお，普通仕訳帳の元丁欄には，必要なチェック・マーク（✔）のみを記入すること。

1．当座預金出納帳の金額欄の合計
　⑴　預入
　　　　売上欄：5,000円　　　売掛金欄：1,500円　　　受取手形欄：2,000円
　⑵　引出
　　　　仕入欄：3,000円　　　買掛金欄：1,100円　　　支払手形欄：1,800円

2．売上帳の金額欄の合計
　　　当座預金欄：5,000円　　　売掛金欄：7,000円　　　受取手形欄：4,000円

3．仕入帳の金額欄の合計
　　　当座預金欄：3,000円　　　買掛金欄：4,000円　　　支払手形欄：2,000円

4．受取手形記入帳の金額欄の合計
　　　売上欄：4,000円　　　売掛金欄：2,500円

5．支払手形記入帳の金額欄の合計
　　　仕入欄：2,000円　　　買掛金欄：1,200円

6．当座預金出納帳，売上帳，仕入帳，受取手形記入帳及び支払手形記入帳を特殊仕訳帳として利用しており，各特殊仕訳帳の相手勘定はすべて特別欄に設定している。

解　答 （単位：円）

1．二重仕訳となる取引

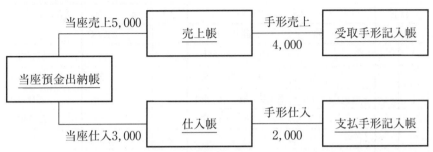

なお，当座預金による手形の回収及び支払は，受取手形及び支払手形の減少
取引が受取手形記入帳及び支払手形記入帳に記入されないため，二重仕訳とは
ならない。

また，二重仕訳金額控除の欄には，上記の取引の合計額を記入する。

5,000 + 4,000 + 3,000 + 2,000 = 14,000

2．普通仕訳帳

普 通 仕 訳 帳

日付		摘　　要	元丁	借　方	貸　方
10	31	（当 座 預 金）　　　諸　口		8,500	
		（売　　　　　上）	✓		5,000
		（売　掛　金）			1,500
		（受 取 手 形）			2,000
	〃	諸　口　　（当 座 預 金）			5,900
		（仕　　　　　入）	✓	3,000	
		（買　掛　金）		1,100	
		（支 払 手 形）		1,800	
	〃	諸　口　　（売　　　　上）			16,000
		（当 座 預 金）	✓	5,000	
		（売　掛　金）		7,000	
		（受 取 手 形）	✓	4,000	
	〃	（仕　　　　　入）　　　諸　口		9,000	
		（当 座 預 金）	✓		3,000
		（買　掛　金）			4,000
		（支 払 手 形）	✓		2,000
	〃	（受 取 手 形）　　　諸　口		6,500	
		（売　　　　　上）	✓		4,000
		（売　掛　金）			2,500
	〃	諸　口　　（支 払 手 形）			3,200
		（仕　　　　　入）	✓	2,000	
		（買　掛　金）		1,200	
				49,100	49,100
		二重仕訳金額控除		14,000	14,000
				35,100	35,100

　　二重仕訳となる取引については，二重転記を回避するため，特別欄であって
も合計仕訳により合計転記しない。そのため，元丁欄に転記不要のチェック・
マークを付す。

3．普通仕訳帳と特殊仕訳帳に記入される取引（一部現金取引，一部当座預金取引）

　一部現金取引とは，取引の一部について現金の収支を伴う取引である。たとえば，手持ちの手形を割引き，割引料を差引いた金額を現金で受取った場合が該当する。

　一部現金取引の例

（現　　　　　金）	950	（受　取　手　形）	1,000
（手 形 売 却 損）	50		

　なお，取引の一部について当座預金の入出金を伴う**一部当座預金取引**に関しても，一部現金取引と同様に扱う。

　一部現金取引には以下のように3種類の記帳方法がある。

① **取引を分解して記帳する方法**

　取引を現金部分とその他の部分に分解して，現金部分については現金出納帳に，その他の部分は普通仕訳帳に記入する。

（現　　　　　金）	950	（受　取　手　形）	950
⇒現金出納帳に記入			
（手 形 売 却 損）	50	（受　取　手　形）	50
⇒普通仕訳帳に記入			

　この方法による場合，二重仕訳は生じないが，1つの取引が2つの帳簿に分けて記帳されるので，取引の全体が把握しにくい。

② **取引を仮定して記帳する方法**

　取引全体の金額をいったん全額現金にて受領し（又は支払い），その後現金で支払った（又は受領した）と仮定して，両方の取引を現金出納帳に記入する。

（現　　　　　金）	1,000	（受　取　手　形）	1,000		
⇒現金出納帳に記入					
（手 形 売 却 損）	50	（現　　　　　金）	50		
⇒現金出納帳に記入					

　この方法による場合，二重仕訳は生じないが，事実と異なる処理をしてしまうことになる。

③ **取引の全体を普通仕訳帳に示す方法**

　現金の受領額（又は支払額）を現金出納帳に記入し，さらに，取引の全体を普通仕訳帳に記入する。

（現　　　　　金）	950	（受　取　手　形）	950
⇒現金出納帳に記入			
（現　　　　　金）	950	（受　取　手　形）	1,000
（手 形 売 却 損）	50		
⇒普通仕訳帳に記入			

　この方法による場合，普通仕訳帳において取引の内容を明瞭に示すことができる。しかし，現金受領額（又は支払額）部分の金額が２つの仕訳帳に記入されることになり，二重仕訳となる。このため，二重転記の回避及び二重仕訳金額の控除が必要となる。

> 　なお，一部現金取引は，現金勘定の生じた側（借方貸方）に別の勘定がある取引のことであり，たとえば，以下の仕訳のように現金勘定の相手勘定として複数の勘定が生じる取引は一部現金取引ではない。
>
> | | | | |
> |---|---|---|---|
> | （現　　　　　金） | ××× | （有 価 証 券） | ××× |
> | | | （有価証券売却益） | ××× |
>
> 　このような取引は現金出納帳に記入すればよく，記帳方法の問題とはならない。

例題31-9　一部現金取引

以下の取引について，現金出納帳及び普通仕訳帳に記入し，総勘定元帳に転記しなさい。なお，現金出納帳のみを特殊仕訳帳としており，合計転記は月末に行うものとする。また，大陸式簿記法を前提にすること。

10月5日：銀行で約束手形1,000円を割引き，割引料50円を差引かれ，手取金は現金で受取った。

解答（単位：円）

（A）取引を分解して記帳する方法

1．現金出納帳（締切は省略）

現 金 出 納 帳

日付	勘定科目	摘要	元丁	売上	諸口	日付	勘定科目	摘要	元丁	仕入	諸口
10 5	受取手形		3		950						
				0	950						

2．普通仕訳帳

普 通 仕 訳 帳

日付	摘要	元丁	借方	貸方
10 5	（手形売却損）	42	50	
	（受取手形）	3		50
31	（現金）	2	950	
	（諸口）	✓		950
			1,000	1,000

3．総勘定元帳（合計転記されたものを太字で示す）

現　金　　2	
10/31現金出納帳　950	

受取手形　　3	
	10/5手形売却損　50
	10/5現金出納帳　950

手形売却損　　42	
10/5受取手形　50	

4．合計試算表

合 計 試 算 表

合　計	勘定科目	合　計
950	現　　　　　金	
	受　取　手　形	1,000
50	手　形　売　却　損	
1,000	合　　　計	**1,000**

（B）取引を仮定して記帳する方法

1．現金出納帳（締切は省略）

現 金 出 納 帳

日付	勘定科目	摘　要	元丁	売上	諸口	日付	勘定科目	摘　要	元丁	仕入	諸口
10 5	受 取 手 形		3		1,000	10 5	手形売却損		42		50
				0	1,000					0	50

2．普通仕訳帳

普 通 仕 訳 帳

日付	摘　　要	元丁	借　方	貸　方
10 31	（現　　　　金）	2	1,000	
	（諸　　　口）	✓		1,000
〃	（諸　　　口）	✓	50	
	（現　　　金）	2		50
			1,050	**1,050**

3．総勘定元帳（合計転記されたものを太字で示す）

現　　金　　　　2
10/31現金出納帳　1,000 ┃ **10/31現金出納帳**　50

手形売却損　　42
10/ 5 現金出納帳　50

受 取 手 形　　3
10/ 5 現金出納帳　1,000

4．合計試算表

合 計 試 算 表

合　　計	勘定科目	合　　計
1,000	現　　　　　金	50
	受　取　手　形	1,000
50	手 形 売 却 損	
1,050	合　　　　　計	**1,050**

（C）取引の全体を普通仕訳帳に示す方法

1．現金出納帳（締切は省略）

現 金 出 納 帳

日付	勘定科目	摘　要	元丁	売上	諸口	日付	勘定科目	摘　要	元丁	仕入	諸口
10 5	受 取 手 形		✓		950						
				0	950						

　　諸口欄に記入される相手勘定には原則として個別転記するが，受取手形勘定には普通仕訳帳から個別転記されるため，現金出納帳には転記不要のチェック・マークを付す。

2．普通仕訳帳（取引全体を示す仕訳及び合計仕訳）

普 通 仕 訳 帳

日付	摘　　　　　要	元丁	借　　方	貸　　方
10 5	諸　　口　　（受 取 手 形）	3		1,000
	（現　　　　　金）	✓	950	
	（手 形 売 却 損）	42	50	
	31 （現　　　　　金）	2	950	
	（諸　　　　　口）	✓		950
			1,950	1,950

　　普通仕訳帳に取引の全体を示す記入を行うが，現金勘定には月末に合計転記するため，転記不要のチェック・マークを付す。

3．総勘定元帳（合計転記されたものを太字で示す）

	現　　金	2
10/31現金出納帳	**950**	

手形売却損	42
10/5受取手形	50

	受取手形	3
	10/5諸　口	1,000

4．合計試算表

合　計　試　算　表

合　　計	勘定科目	合　　計
950	現　　　　金	
	受　取　手　形	1,000
50	手　形　売　却　損	
1,000	合　　　　計	**1,000**

5．普通仕訳帳（二重仕訳金額の控除）

普　通　仕　訳　帳

日付	摘　　要	元丁	借　　方	貸　　方
			1,950	1,950
	二重仕訳金額控除		950	950
			1,000	**1,000**

　現金の受取額（950）が普通仕訳帳に二重に仕訳されているため，普通仕訳帳の単純合計額（1,950）と合計試算表の合計額（1,000）が一致しないことになる。このとき，二重仕訳となっている取引の金額（950）を二重仕訳金額控除として，普通仕訳帳の単純合計（1,950）から減算することによって，普通仕訳帳の再計額（1,000）と合計試算表の合計額（1,000）が一致する。

4．精算勘定

　二重仕訳による不都合（二重転記及び普通仕訳帳の合計額と合計試算表の合計額の不一致）を回避する方法として**精算勘定**を利用する方法がある。この方法によれば，二重仕訳に相当する部分を特別な同一勘定（精算勘定）の借方・貸方に転記し，その勘定での貸借相殺を通じて，原則どおりの転記を行いながら二重転記による影響を排除することができる。また，精算勘定は合計試算表に計上されるので，普通仕訳帳の合計額と合計試算表の合計額は一致することになり，二重仕訳金額の控除は不要となる。

　具体的には，たとえば，現金売上（当座売上）勘定，現金仕入（当座仕入）勘定，手形売上勘定，手形仕入勘定を精算勘定として設ける。

> 　精算勘定を設けることにより，２つの特殊仕訳帳に記入される取引（親勘定同士の取引）については，二重仕訳による不都合を回避できる。ただし，普通仕訳帳と特殊仕訳帳に記入される取引（一部現金取引，一部当座預金取引）に関しては対応していない。

例題31－10　　精算勘定

　以下の取引について，当座預金出納帳，仕入帳及び普通仕訳帳に記入し，総勘定元帳に転記しなさい。なお，当座預金出納帳及び仕入帳を特殊仕訳帳としており（当座預金出納帳の特別欄：当座仕入，仕入帳の特別欄：当座仕入），合計転記は月末に行うものとする。また，大陸式簿記法を前提にすること。

　10月10日：商品5,000円を仕入れ，代金は小切手を振出して支払った。

解 答（単位：円）

1．当座預金出納帳（締切は省略）

当座預金出納帳

日付	勘定科目	摘　要	元丁	当座売上	諸口	日付	勘定科目	摘　要	元丁	当座仕入	諸口
						10 10	当座仕入		✓	5,000	
										5,000	0

通常の仕入勘定に替えて，当座仕入勘定を特別欄としている。

2．仕入帳（締切は省略）

仕　入　帳

日付	勘定科目	摘　要	元丁	当座仕入	諸　口
10 10	当　座　仕　入		✓	5,000	
				5,000	0

通常の当座預金勘定に替えて，当座仕入勘定を特別欄としている。

3．普通仕訳帳

普　通　仕　訳　帳

日付	摘　要	元丁	借　方	貸　方
10 31	（当　座　仕　入）	60	5,000	
	（当　座　預　金）	2		5,000
	当座預金出納帳より			
〃	（仕　　　　入）	38	5,000	
	（当　座　仕　入）	60		5,000
	仕入帳より			
			10,000	10,000

当座仕入勘定に対しては，特別欄の原則どおり合計転記する。

4．総勘定元帳（合計転記されたものを太字で示す）

当座預金		2		仕　入		38
	10/31当座預金出納帳　5,000		10/31仕　入　帳　5,000			

当座仕入		60
10/31当座預金出納帳　5,000	10/31仕　入　帳　5,000	

5．合計試算表

合　計　試　算　表

合　計	勘定科目	合　計
	当　座　預　金	5,000
5,000	仕　　　　入	
5,000	当　座　仕　入	5,000
10,000	合　　　計	**10,000**

　普通仕訳帳のすべての仕訳を総勘定元帳に転記しているため，普通仕訳帳の合計額（10,000）と合計試算表の合計額（10,000）は一致する。なお，当座仕入勘定は貸借同額となるため，残高試算表には計上されない。

第5節 伝票会計

1．意義

　　伝票とは，取引の内容を簡潔に記入した一定形式の紙片である。取引は仕訳帳に記入し，仕訳帳から総勘定元帳へ転記することが原則的な方法であるが，実務上，取引を仕訳帳の代わりに伝票に記入し，伝票から総勘定元帳へ転記する方法が多く採用されている。このように，伝票を仕訳帳の代わりに利用する記帳システムを**伝票会計**という。

　　また，伝票に記入することを**起票**という。

2．伝票会計の形態と各伝票の起票

(1) 一伝票制

　　一伝票制は，**仕訳伝票**と呼ばれる１種類の伝票だけを用いて，すべての取引を記帳処理する形態である。仕訳伝票は取引を普通の仕訳形式で記入できるように作成されたものである。

　　仕訳伝票

⑵　三伝票制

①　**意義**

　　三伝票制は，**入金伝票**，**出金伝票**及び**振替伝票**と呼ばれる 3 種類の伝票を用いて，すべての取引を記帳処理する形態である。

②　**各伝票**

　　入金伝票：現金の収入を伴う取引を記入する。入金伝票には，借方科目である現金の記入は省略し，相手科目と金額のみを記入する。

　　出金伝票：現金の支出を伴う取引を記入する。出金伝票には，貸方科目である現金の記入は省略し，相手科目と金額のみを記入する。

　　振替伝票：入金取引及び出金取引以外の取引を記入する。振替伝票は一伝票制の仕訳伝票と同様の形式である。

入金伝票

入　金　伝　票	
相　手　科　目	金　　額

出金伝票

出　金　伝　票	
相　手　科　目	金　　額

振替伝票

振　替　伝　票			
借　方　科　目	金　　額	貸　方　科　目	金　　額

例題31－11　三伝票制

　以下の取引について，三伝票制を採用している場合における各伝票への記入を示しなさい。

① 商品1,000個を@500円で売上げ，代金は現金で受け取った。

② 商品1,000個を@200円で仕入れ，代金は現金で支払った。

③ 商品1,000個を@220円で仕入れ，代金は掛とした。

解　答（単位：円）

① 入金取引

入　金　伝　票	
売　　　　　上	500,000

※　1,000個×@500＝500,000

② 出金取引

出　金　伝　票	
仕　　　　　入	200,000

※　1,000個×@200＝200,000

③ その他の取引

振　替　伝　票			
仕　　　入	220,000	買　掛　金	220,000

※　1,000個×@220＝220,000

③　一部現金取引

　　一部現金取引とは，一部現金収支を伴う取引のことで，たとえば，仕入代金の一部を現金で支払い，残額を掛とするといった取引が該当する。この一部現金取引については，以下の2つの処理方法が考えられる。

　　　　第1法：取引を分解して，入金額又は出金額については入金伝票又は出金伝票に記入し，残額については振替伝票に記入する方法

　　　　第2法：いったん取引の全体を現金収支のない取引に擬制して振替伝票に記入し，ただちにその一部につき入金取引又は出金取引があったものとして入金伝票又は出金伝票に記入する方法

　例題31-12　　一部現金取引

　　以下の取引について，三伝票制を採用している場合における各伝票への記入を示しなさい。

　　商品400,000円を仕入れ，代金のうち100,000円を現金で支払い，残額300,000円は掛とした。

解 答 （単位：円）

1．第1法

　　400,000の仕入取引を現金による部分と掛による部分に分解して起票する。

出　金　伝　票	
仕　　　　　入	100,000

振　替　伝　票			
仕　　　　　入	300,000	買　掛　金	300,000

2．第2法

　　いったん400,000の仕入取引を全額掛によるものであると仮定して振替伝票
を起票し，ただちに掛代金の一部決済を現金によって行ったとみなして出金伝
票を起票する。

```
┌─────────────────────────────────────────────┐
│              振 替 伝 票                      │
│  仕      入    400,000    買  掛  金    400,000 │
└─────────────────────────────────────────────┘
┌─────────────────────────────────────────────┐
│              出 金 伝 票                      │
│  買  掛  金                           100,000 │
└─────────────────────────────────────────────┘
```

(3) 五伝票制

① **意義**

五伝票制は，入金伝票，出金伝票及び振替伝票のほかに，**売上伝票**と**仕入伝票**を加えた5種類の伝票を用いて，すべての取引を記帳処理する形態である。

② **各伝票**

売上伝票：売上取引を記入する。なお，すべて掛取引されたと仮定して記入する。たとえば，現金売上取引の場合でも，売上伝票では掛売上と記入しておき，ただちに現金による決済が行われたとして入金伝票にも記入する。したがって，売上伝票の相手科目は常に売掛金となる。

仕入伝票：仕入取引を記入する。なお，すべて掛取引されたと仮定して記入する。したがって，仕入伝票の相手科目は常に買掛金となる。

なお，返品取引は，売上伝票又は仕入伝票に金額を赤字で記入する。

売上伝票

売　上　伝　票	
売　　掛　　金	金　　額

仕入伝票

仕　入　伝　票	
買　　掛　　金	金　　額

売上伝票又は仕入伝票を掛取引であると仮定して記入することにより，現金売上又は現金仕入に関する二重転記を回避することが可能となる。

仮に，現金売上に関して掛取引を仮定せず売上伝票と入金伝票とに記入がなされれば，同一の取引内容が2つの伝票に記入され，二重転記の回避手続きが必要となる。そこで，掛取引を仮定して起票することにより，同一の取引内容が2つの伝票に記入されることはなくなり，二重転記は自動的に回避されることになる。

例題31−13　五伝票制

以下の取引について，五伝票制を採用している場合における各伝票への記入を示しなさい。

① 商品を500,000円で売上げ，代金は掛とした。

② 商品を500,000円で売上げ，代金は現金で受け取った。

③ 商品を500,000円で売上げ，代金のうち，200,000円は得意先振出の約束手形を受け取り，残額は掛とした。

解　答（単位：円）

① 掛売上

	売　上　伝　票	
売　掛　金		500,000

② 現金売上

いったん掛取引として売上伝票を起票し，ただちに掛代金の回収が現金でなされたものとして入金伝票を起票する。

	売　上　伝　票	
売　掛　金		500,000

```
                        入 金 伝 票
   売    掛    金                            500,000
```

③　掛売上及び手形売上

　　いったん全額が掛取引であるとして売上伝票を起票し，ただちに掛代金の
　　うち200,000の回収が手形でなされたものとして振替伝票を起票する。

```
                        売 上 伝 票
   売    掛    金                            500,000
```

```
                        振 替 伝 票
   受 取 手 形   200,000     売    掛    金   200,000
```

3. 転記

　伝票会計制度を採用して伝票が起票されると，次に伝票から総勘定元帳の各勘定口座へ転記が行われる。ここで，取引数が多ければ個別転記は手数がかかるため，定期的に伝票をまとめて勘定科目別に集計してから総勘定元帳に合計転記する方法が採用される。この勘定科目別の集計表を**伝票集計表**という。なお，伝票集計表の作成頻度は任意であり，毎日作成されるものを日計表，1週間分の伝票をまとめたものを週計表，1ヶ月分の伝票をまとめたものを月計表という。

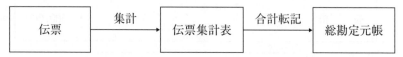

例題31−14　　伝票集計表

　以下の各伝票（単位：円）は1月11日に起票されたものである。これらの伝票に基づいて，1月11日付の伝票集計表（日計表）を作成しなさい。なお，三伝票制により起票している。

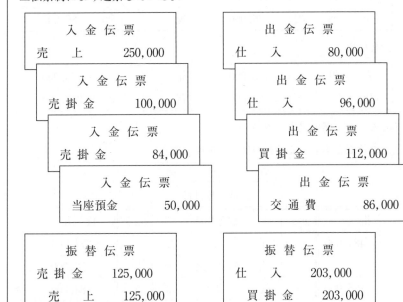

解　答（単位：円）

1．仕訳

　各伝票を仕訳形式で示せば以下のようになる。

(1)　入金伝票

(現　　　金)	250,000	(売　　　　　上)	250,000
(現　　　金)	100,000	(売　掛　金)	100,000
(現　　　金)	84,000	(売　掛　金)	84,000
(現　　　金)	50,000	(当　座　預　金)	50,000

(2)　出金伝票

（仕		入）	80,000	（現	金）	80,000
（仕		入）	96,000	（現	金）	96,000
（買	掛	金）	112,000	（現	金）	112,000
（交	通	費）	86,000	（現	金）	86,000

(3)　振替伝票

（売	掛	金）	125,000	（売	上）	125,000
（仕		入）	203,000	（買　掛　金）		203,000

２．日計表（元丁欄の記入は省略）

上記の仕訳を集計して下記の日計表を作成できる。

日　計　表
XX年１月11日

借　方	元丁	勘定科目	元丁	貸　方
484,000		現　　　　金		374,000
		当　座　預　金		50,000
125,000		売　　掛　　金		184,000
112,000		買　　掛　　金		203,000
		売　　　　上		375,000
379,000		仕　　　　入		
86,000		交　　通　　費		
1,186,000				1,186,000

日計表上で集計された借方及び貸方それぞれの金額を総勘定元帳に転記する。

第32章

本支店会計

第1節　総論

1．集権的会計制度と分権的会計制度

　企業が支店や営業所を有する場合，支店の会計処理をどのように行うかについて，**集権的会計制度**と**分権的会計制度**という2つの方法がある。

　集権的会計制度においては，支店の取引はすべて本店に報告され，本店でその記帳が行われる。

　分権的会計制度においては，支店の取引はすべて支店独自の帳簿に記帳し，決算も支店独自で行う。分権的会計制度の概要を図示すると，以下のとおりである。

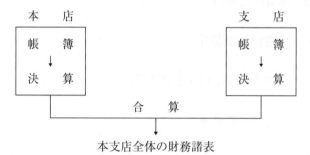

　以下，本章では分権的会計制度を前提として説明する。

２．支店勘定と本店勘定

　分権的な会計制度において，本支店間取引によって生ずる債権・債務は内部的な貸借関係とみて，本店では**支店勘定**を設け，支店では**本店勘定**を設けて処理する。本店の支店勘定は支店に対する債権を意味し，支店の本店勘定は本店に対する債務を意味する。

　なお，支店には資本勘定がなく，そのかわりに本店勘定が利用されているので，本店勘定は資本勘定の性質をもっているとみることができる。いっぽう，本店の支店勘定は投資勘定の性質をもっているとみることができる。

　支店勘定と本店勘定は，貸借反対で残高が一致する。このように，支店勘定と本店勘定は相互に対照関係にある勘定であるところから，**照合勘定**と呼ばれる。

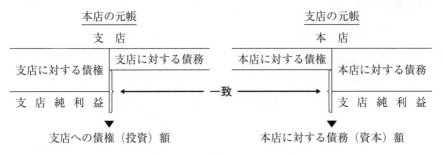

第2節　本支店間取引

1．支店会計の独立

　　分権的会計制度は，まず，支店を独立の会計単位とするために支店に属する財産（資産・負債）を本店の帳簿から分離・移管することから始まる。

例題32－1　　支店会計の独立

　　当社は，期首に支店を独立の会計単位とすることにし，現金10,000円を支店へ移管した。

解　答（単位：円）

a　本店の仕訳

（支　　　　店）　10,000　　　（現　　　　金）　10,000
　－支店に対する投資－

b　支店の仕訳

（現　　　　金）　10,000　　　（本　　　　店）　10,000
　　　　　　　　　　　　　　　　　－支店の資本－

2．送金取引

　本店が運転資金を支店に送付したり，あるいは，その反対に支店が売上代金や手元の余剰資金などを本店に送金したりする場合がある。

例題32－2　　送金取引

　本店は支店へ現金10,000円を送金した。この取引について本店および支店の仕訳を示しなさい。

解　答（単位：円）

a　本店の仕訳

　（支　　　　　店）　10,000　　（現　　　　　金）　10,000
　　－支店に対する債権－

b　支店の仕訳

　（現　　　　　金）　10,000　　（本　　　　　店）　10,000
　　　　　　　　　　　　　　　　　　－本店に対する債務－

解　説

3. 他店の債権・債務の決済取引

　本店が支店に代わって支店の売掛金や受取手形を回収したり，支店の買掛金や支払手形を支払ったりすることがある。また逆に，支店が本店に代わってこうした取引を行うこともある。

例題32−3　　他店の債権・債務の決済取引

　次の取引について本店と支店の仕訳を示しなさい。
　支店は，本店の買掛金30,000円について，小切手を振り出して支払った。

解　答 （単位：円）

　a　本店の仕訳

　　（買　　掛　　金）　30,000　　（支　　　　　店）　30,000

　b　支店の仕訳

　　（本　　　　　店）　30,000　　（当　座　預　金）　30,000

解　説

　買掛金が減少するのは，仕入先に対して仕入債務（買掛金）を負っている本店である。支店は本店のために立替払いをしたのであるから，本店に対する債権が発生する。したがって本店勘定の借方に記帳する。他方，本店は支店に対する債務が発生するため，支店勘定の貸方に記帳する。

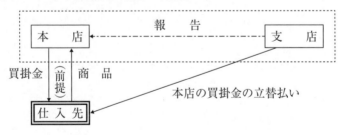

4．自己宛為替手形

自己宛為替手形とは，振出人が自己を支払人（または名宛人）とした為替手形であって，本支店間の送金の場合（○○本店から○○支店へ送金する目的で，本店振出・支店受取の為替手形を作成する場合，振出人および名宛人は代表取締役となる）や，買掛金代金の決済の目的で，振り出されるものをいう。つまり，約束手形の振出と同じ効果をもたらす。

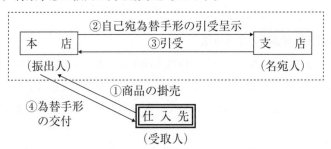

例題32－4　　自己宛為替手形

次の取引について本店と支店の仕訳を示しなさい。

本店は買掛金支払のため，支店を名宛人として，本店仕入先に為替手形6,900円を振り出した。

解　答（単位：円）

a　本店の仕訳

（買　　掛　　金）　6,900　　（支　　　　店）　6,900

b　支店の仕訳

（本　　　　店）　6,900　　（支　払　手　形）　6,900

5．商品の発送取引

　本支店間で商品の受渡しを行う場合，その際の受渡価格（**振替価格**という）の決め方に以下の方法がある。

　　A　仕入原価をもって振替価格とする方法（原価振替法）

　　B　仕入原価に一定の利益を加算した価格をもって振替価格とする方法（計算価格法）

A　原価を振替価格とする方法

　この方法による場合，支店では仕入勘定の借方に，本店では仕入勘定の貸方に記帳し，売上勘定には記帳しない。商品を原価で支店に送っても，会社内部での単なる商品の移動であって，販売取引とはいえないと考えられるからである。

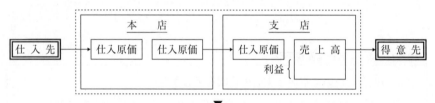

欠点：本店の営業活動の成果が，本店にあらわれない。

例題32-5　　原価振替法

　次の取引について本店と支店の仕訳を示しなさい。

　本店は原価10,000円の商品を，原価のままで支店に送付した。

解　答（単位：円）

　a　本店の仕訳

　　（支　　　店）　10,000　　（仕　　　入）　10,000

　b　支店の仕訳

　　（仕　　　入）　10,000　　（本　　　店）　10,000

B　原価に一定の利益を加算した金額を振替価格とする方法

　この方法は，本支店間の商品の授受を，通常の販売活動と同様に考える方法である。したがって送付側では，仕入原価に一定の利益を加算した金額を売上として計上するが，外部への売上と区別するために，**支店売上勘定**を設け，その貸方に記帳する。また受入側では，同額を仕入として計上するが，外部からの仕入と区別するために**本店仕入勘定**を設け，その借方に記帳する。

　この方法によると，送付側においても，その営業活動に対する利益が計上されるため，本店および支店の営業活動を利益によって評価することができる。

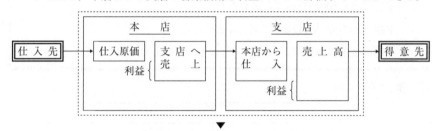

営業活動の成果が双方にあらわれる。

例題32-6　計算価格法

　次の取引について本店と支店の仕訳を示しなさい。

　本店は原価10,000円の商品を，原価に20%の利益を加算して支店へ送付した。

解　答（単位：円）

a　本店の仕訳

（支　　　　　店）　　12,000　　（支　店　売　上）　　12,000
　－支店に対する債権－

※　10,000×(1＋0.2)＝12,000

b　支店の仕訳

（本　店　仕　入）　　12,000　　（本　　　　　店）　　12,000
　　　　　　　　　　　　　　　　　　－本店に対する債務－

解　説

　支店売上勘定と本店仕入勘定も，本店勘定と支店勘定と同様に，内部取引を記録した照合勘定であり，両勘定の残高が貸借反対で一致する。

6．仕入先への直接返品

　　本店が商品を仕入れ，それを支店に売上げるような場合，支店が商品を直接
本店の仕入先に返品することも考えられる。その際，現物商品の流れと帳簿上
の流れとが乖離するので注意を要する。

例題32－7　　仕入先への直接返品

　以下の取引について仕訳を示しなさい。

① 　本店は商品100円を掛で仕入れた。

② 　本店は①の商品を120円で支店に送付した。

③ 　支店は②の商品を直接，本店の仕入先へ返品した（掛と相殺）。

解｜答（単位：円）

	本　　　　店	支　　　　店
①	（仕　　　入）　100 　　　　　　（買　掛　金）　100	――
②	（支　　　店）　120 　　　　　　（支 店 売 上）　120	（本 店 仕 入）　120 　　　　　　（本　　　店）　120
③	③－1《売上戻り》 （支 店 売 上）　120 　　　　　　（支　　　店）　120 ※　②の取消仕訳	③－1《仕入戻し》 （本　　　店）　120 　　　　　　（本 店 仕 入）　120 ※　②の取消仕訳
	③－2《仕入戻し》 （買　掛　金）　100 　　　　　　（仕　　　入）　100 ※　①の取消仕訳	――

解説

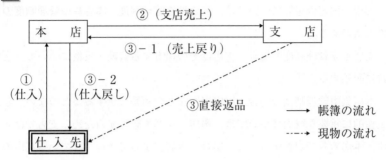

7．固定資産の管理

支店の固定資産等については，**支店独立管理制度**と**本店集中管理制度**の２つの方法がある。

支店独立管理制度の場合，支店はその保有する資産・負債について支店で独自に記帳する。

本店集中管理制度の場合，固定資産などの頻繁に生ずることのない，しかも金額的に重要な取引については，本店ですべて管理するために支店では記帳せず，本店のみで記帳する。この場合，本店によって管理されている支店の資産は支店の帳簿に計上されない。ただし，固定資産に関連する費用（減価償却費等）は，支店の営業成績を正確に把握するために，その利用高に応じて支店に負担させる処理が必要となる。

例題32－8　　固定資産の本店集中管理

以下の取引につき，本店および支店の仕訳を示しなさい。

①　X1年度の期首に，本店は備品200円を購入し，支店は備品100円を購入した（代金はいずれも現金で支払った）。

②　X1年度の決算にあたり，本店の備品について減価償却費20円，支店の備品について減価償却費10円を計上する。

解　答（単位：円）

1．支店独立管理制度の場合

	本　　　店	支　　　店
①	（備　　　品）　200 　　（現　　　金）　200	（備　　　品）　100 　　（現　　　金）　100
②	（減価償却費）　20 　　（減価償却累計額）　20	（減価償却費）　10 　　（減価償却累計額）　10

決算整理後残高試算表　　　　　　（単位：円）

勘定科目	本　店	支　店	勘定科目	本　店	支　店
備　　　　品	200	100	減価償却累計額	20	10
減 価 償 却 費	20	10			

２．本店集中管理制度の場合

	本　　　　　店	支　　　　　店
①	（備　　　　品）　　200 　　　　　（現　　　　金）　　200	──
	（備　　　　品）　　100 　　　　　（支　　　　店）　　100	（本　　　　店）　　100 　　　　　（現　　　　金）　　100
②	（減 価 償 却 費）　　30 　　　　　（減価償却累計額）　　30 ※　全社分の減価償却費の計上	──
	（支　　　　店）　　10 　　　　　（減価償却費）　　10 ※　支店負担分	（減 価 償 却 費）　　10 　　　　　（本　　　　店）　　10

決算整理後残高試算表　　　　　　（単位：円）

勘定科目	本　店	支　店	勘定科目	本　店	支　店
備　　　　品	300 全社分	── 記帳無	減価償却累計額	30 全社分	── 記帳無
減 価 償 却 費	20 本店分	10 支店分			

8．他店の費用立替払い・収益受領取引

　　本支店のいずれか一方が他店の負担すべき費用，例えば旅費などを立替払いすることがある。また，本支店のいずれか一方が他店に帰属すべき収益，例えば家賃などを代わりに受け取ることがある。

例題32－9　　他店の費用立替払い・収益受領取引

　　次の取引について本店と支店の仕訳を示しなさい。

①　本店は支店従業員の出張旅費6,000円を現金で立替払いし，支店はその通知を受けた。

②　支店は，本店所管のビルの家賃10,000円を現金で受け取り，本店はその通知を受けた。

解　答（単位：円）

①a　本店の仕訳

　　（支　　　　店）　　6,000　　　（現　　　　金）　　6,000

　b　支店の仕訳

　　（旅　　　　費）　　6,000　　　（本　　　　店）　　6,000

②a　本店の仕訳

　　（支　　　　店）　10,000　　　（受　取　家　賃）　10,000

　b　支店の仕訳

　　（現　　　　金）　10,000　　　（本　　　　店）　10,000

第3節　支店相互間取引

　支店が複数存在する場合には，支店相互間で行われる取引も，本店・支店の
それぞれの記帳の対象となり得る。この場合の処理方法には，**支店分散計算制
度**と**本店集中計算制度**の二つがある。

1．支店分散計算制度

　支店相互間の取引はそれら支店が相互に直接取引したものとして，各支店に
おいては取引相手の支店勘定を設けて処理する方法である。現実の経営活動を
忠実に示すという点ではこの方法が優れている。

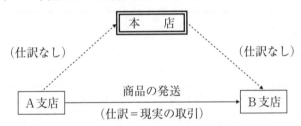

2．本店集中計算制度

　支店間の取引のすべてを本店を媒介として取引したものと仮定して処理する
方法である。この方法によると，本店が支店相互の取引事実を明確に把握する
ことができるため，本店による支店の管理に有効である。

　　A支店がB支店と取引をした場合，まずA支店側はあたかも本店と取引を行ったかのような記帳を行い，これを受けてB支店側も本店と取引を行ったかのような記帳を行う。そして本店では上記の取引を仲介したかのごとく「A支店」勘定と「B支店」勘定への記入を行って，それぞれの支店における「本店」勘定と金額を一致させるのである。

例題32−10　支店相互間取引

　次の取引について仕訳を示しなさい。

①　A支店からB支店に現金50円を送金した。

②　A支店はB支店へ商品100円（振替価格）を発送した。

解　答（単位：円）

1．支店分散計算制度の場合

	A　支　店	B　支　店	本　　　店
①	（B 支 店）50　（現　金）50	（現　金）50　（A 支 店）50	仕訳なし
②	（B 支 店）100　（B支店売上）100	（A支店仕入）100　（A 支 店）100	仕訳なし

2．本店集中計算制度の場合

	A　支　店	B　支　店	本　　　店
①	（本　　店）50　（現　　金）50	（現　　金）50　（本　　店）50	（B 支 店）50　（A 支 店）50
②	（本　　店）100　（本店売上）100	（本店仕入）100　（本　　店）100	（B 支 店）100　（A 支 店）100

　以下，本店集中計算制度による会計処理につき解説する。

①について

《A支店》

（本　　　　店）　　　50　　（現　　　　金）　　　50

　※　A支店が本店に送金したと仮定して仕訳を考える。

《B支店》

（現　　　　金）　　50　　（本　　　　店）　　50

※　B支店は本店から送金を受けたと仮定して仕訳を考える。

《本　店》

イ）　A支店より送金受領

（現　　　　金）　　50　　（A　支　店）　　50

ロ）　B支店へ送金

（B　支　店）　　50　　（現　　　　金）　　50

よって，イ）＋ロ）より

（B　支　店）　　50　　（A　支　店）　　50

②について

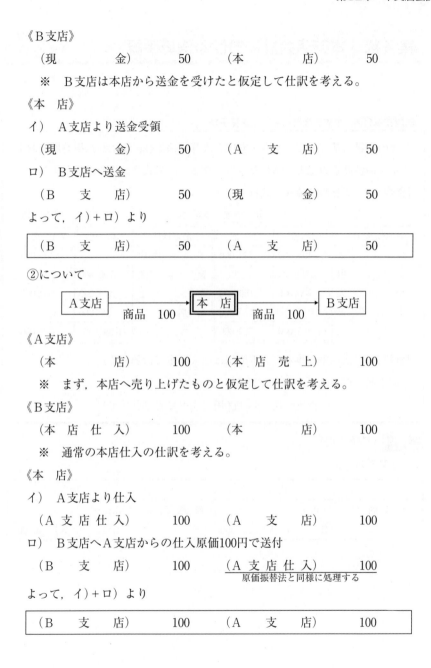

《A支店》

（本　　　　店）　　100　　（本　店　売　上）　　100

※　まず，本店へ売り上げたものと仮定して仕訳を考える。

《B支店》

（本　店　仕　入）　　100　　（本　　　　店）　　100

※　通常の本店仕入の仕訳を考える。

《本　店》

イ）　A支店より仕入

（A　支　店　仕　入）　　100　　（A　支　店）　　100

ロ）　B支店へA支店からの仕入原価100円で送付

（B　支　店）　　100　　（A　支　店　仕　入）　　100
　　　　　　　　　　　　　　　原価振替法と同様に処理する

よって，イ）＋ロ）より

（B　支　店）　　100　　（A　支　店）　　100

第4節　本支店会計における決算手続

　次の資料に基づいて，本店・支店の決算に係る仕訳を示し，損益勘定および総合損益勘定の記入を示しなさい。なお，英米式簿記法を前提とする。

【資料1】　決算整理前残高試算表

決算整理前残高試算表　　　　　　　（単位：円）

勘定科目	本　店	支　店	勘定科目	本　店	支　店
現　　　　金	495,000	330,000	本　　　　店	－	300,000
支　　　　店	300,000	－	資　本　金	700,000	－
仕　　　　入	500,000	150,000	売　　　　上	475,000	300,000
本　店　仕　入	－	120,000	支　店　売　上	120,000	－
	1,295,000	600,000		1,295,000	600,000

【資料2】　決算整理事項（売上原価は仕入勘定で計算する）

　　期末商品棚卸高：本　店　20,000円

　　　　　　　　　　支　店　40,000円（すべて外部仕入分）

解　答（単位：円）

1．決算整理仕訳

本　　　　店	支　　　　店
（繰越商品）　20,000	（繰越商品）　40,000
（仕　　　入）　20,000	（仕　　　入）　40,000

決算整理後残高試算表

勘定科目	本　店	支　店	勘定科目	本　店	支　店
現　　　　　金	495,000	330,000	本　　　　　店	—	300,000
繰　越　商　品	20,000	40,000	資　本　金	700,000	—
支　　　　　店	300,000	—	売　　　　　上	475,000	300,000
仕　　　　　入	480,000	110,000	支　店　売　上	120,000	—
本　店　仕　入	—	120,000			
	1,295,000	600,000		1,295,000	600,000

２．損益振替仕訳および損益勘定の記入

本　　　　店	支　　　　店
（売　　　上）475,000	（売　　　上）300,000
（支　店　売　上）120,000	（損　　　益）300,000
（損　　　益）595,000	
（損　　　益）480,000	（損　　　益）230,000
（仕　　　入）480,000	（仕　　　入）110,000
	（本　店　仕　入）120,000

《本店》　　損　　益

仕　　入　　480,000	売　　上　　475,000
	支店売上　　120,000
総合損益　　115,000	

《支店》　　損　　益

仕　　入　　110,000	売　　上　　300,000
本店仕入　　120,000	
本　　店　　70,000	

　　本店（支店）の損益勘定において，本店独自の利益（支店独自の利益）が計
算される。

３．資本振替仕訳および総合損益勘定の記入

本　　　　　店	支　　　　　店
（損　　　　益）115,000	
（総 合 損 益）115,000	（損　　　　益）70,000
（支　　　　店）70,000	（本　　　店）70,000
（総 合 損 益）70,000	
（総 合 損 益）185,000	
（繰越利益剰余金）185,000	

《本店》　　　総 合 損 益

繰越利益剰余金	損　　益　115,000
185,000	支　　店　70,000

総合損益勘定において，会社全体の利益が計算される。

４．支店勘定および本店勘定の記入

《本店》　　　支　　　店　　　　　　《支店》　　　本　　　店

後T/B	300,000	次期繰越	370,000		次期繰越	370,000	後T/B	300,000
総合損益	70,000						損　益	70,000

> **本店：支店勘定次期繰越額＝後T/B残高＋支店純利益**
> **支店：本店勘定次期繰越額＝後T/B残高＋支店純利益**

参考　本店・支店の独自の財務諸表

本店・支店の決算整理後残高試算表に基づいて，本店・支店の独自の財務諸表を作成することができる。

<table>
<tr><td colspan="4" align="center">本店損益計算書</td><td colspan="4" align="center">支店損益計算書</td></tr>
<tr><td>仕　入　高</td><td>500,000</td><td>売　上　高</td><td>475,000</td><td>仕　入　高</td><td>150,000</td><td>売　上　高</td><td>300,000</td></tr>
<tr><td>当 期 純 利 益</td><td>115,000</td><td>支 店 売 上 高</td><td>120,000</td><td>本 店 仕 入 高</td><td>120,000</td><td>期末商品棚卸高</td><td>40,000</td></tr>
<tr><td></td><td></td><td>期末商品棚卸高</td><td>20,000</td><td>当 期 純 利 益</td><td>70,000</td><td></td><td></td></tr>
<tr><td></td><td>615,000</td><td></td><td>615,000</td><td></td><td>340,000</td><td></td><td>340,000</td></tr>
</table>

<table>
<tr><td colspan="4" align="center">本店貸借対照表</td><td colspan="4" align="center">支店貸借対照表</td></tr>
<tr><td>現　　　金</td><td>495,000</td><td>資　本　金</td><td>700,000</td><td>現　　　金</td><td>330,000</td><td>本　　　店</td><td>300,000</td></tr>
<tr><td>商　　　品</td><td>20,000</td><td>当 期 純 利 益</td><td>115,000</td><td>商　　　品</td><td>40,000</td><td>当 期 純 利 益</td><td>70,000</td></tr>
<tr><td>支　　　店</td><td>300,000</td><td></td><td></td><td></td><td>370,000</td><td></td><td>370,000</td></tr>
<tr><td></td><td>815,000</td><td></td><td>815,000</td><td></td><td></td><td></td><td></td></tr>
</table>

本店貸借対照表上の「支店勘定」の金額は支店純利益を含まず，また，本店損益計算書には，支店純利益を吸収していない。なぜならば，独自の財務諸表は各店の業績評価を行うために作成されるものであり，支店純利益を算入してしまうとそれが不可能となるからである。

> 本店B/S：支店勘定計上額＝後T/B残高
> 支店B/S：本店勘定計上額＝後T/B残高

まとめ　本支店会計における簿記一巡の手続

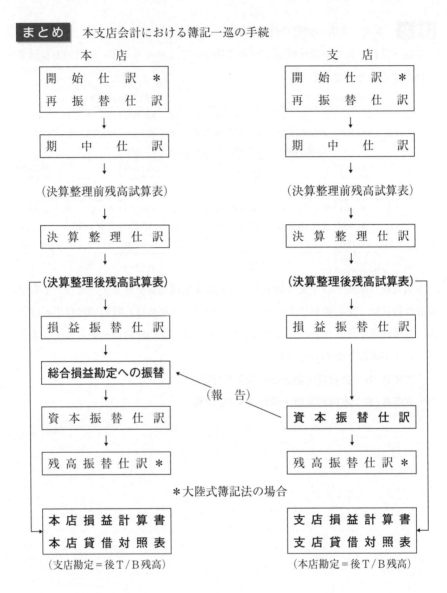

本　　店　　　　　　　　　　　　　　　　　支　　店

| 開　始　仕　訳　＊ |
| 再　振　替　仕　訳 |

↓

| 期　中　仕　訳 |

↓

（決算整理前残高試算表）

↓

| 決　算　整　理　仕　訳 |

↓

（決算整理後残高試算表）

↓

| 損　益　振　替　仕　訳 |

↓

| 総合損益勘定への振替 |

↓

| 資　本　振　替　仕　訳 |

↓

| 残　高　振　替　仕　訳　＊ |

（報　告）

＊大陸式簿記法の場合

| **本 店 損 益 計 算 書**
本 店 貸 借 対 照 表 |

（支店勘定＝後Ｔ／Ｂ残高）

本　　店　　　　　　　　　　　　　　　　　支　　店

| 開　始　仕　訳　＊ |
| 再　振　替　仕　訳 |

↓

| 期　中　仕　訳 |

↓

（決算整理前残高試算表）

↓

| 決　算　整　理　仕　訳 |

↓

（決算整理後残高試算表）

↓

| 損　益　振　替　仕　訳 |

↓

| **資　本　振　替　仕　訳** |

↓

| 残　高　振　替　仕　訳　＊ |

| **支 店 損 益 計 算 書**
支 店 貸 借 対 照 表 |

（本店勘定＝後Ｔ／Ｂ残高）

第5節　未達取引の整理

1．意義

　未達取引とは，決算の直前に本支店間で行われた取引で，決算日までに相手
方に現物や通知が到達していないために，まだ相手方で記帳が行われていない
取引をいう。

2．未達取引の整理

　未達取引が存在する場合，支店勘定と本店勘定の残高が一致しない。このた
め，未達取引については未達側で追加記入を行い，支店勘定と本店勘定の残高
を一致させなければならない。

　未達取引の整理は本店・支店それぞれの決算手続において行う。また，未達
取引の整理にあたっては，期末に現物が到着した（通知があった）ものとして
処理する。

決算整理手続

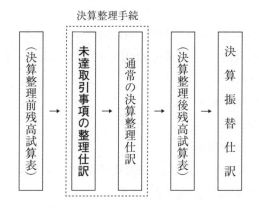

（決算整理前残高試算表）　→　未達取引事項の整理仕訳　→　通常の決算整理仕訳　→　（決算整理後残高試算表）　→　決算振替仕訳

例題32－12　　未達取引の整理

　以下の資料に基づいて，本店および支店で必要となる決算整理仕訳（未達取引事項の整理仕訳も含む）を示しなさい。

【資料1】　決算整理前残高試算表

残　高　試　算　表　　　　　　　　（単位：円）

勘定科目	本　店	支　店	勘定科目	本　店	支　店
現　　　　　金	100,000	90,000	本　　　　　店	—	73,000
繰　越　商　品	46,000	—	資　本　金	126,000	—
支　　　　　店	120,000	—	売　　　　　上	618,000	250,000
仕　　　　　入	550,000	120,000	支　店　売　上	110,000	—
本　店　仕　入	—	99,000			
営　業　費	38,000	14,000			
	854,000	323,000		854,000	323,000

【資料2】　未達取引事項

①　本店は支店に商品11,000円（支店受入価額）を発送したが，支店に未達であった。

②　支店は本店に現金30,000円を送金したが，本店に未達であった。

③　本店は支店負担分の営業費6,000円を立替払いしたが，その通知が支店に未達であった。

【資料3】　決算整理事項

　期末商品棚卸高

　　本　店　　50,000円

　　支　店　　8,000円（ただし，未達取引事項は考慮されていない）

　なお，売上原価は仕入勘定で算定するものとする。

解 答 （単位：円）

《本店の仕訳》

 a 未達取引事項の整理仕訳

  ②　（現　　　　　金）　30,000　（支　　　　　店）　30,000

 b 決算整理仕訳

  （仕　　　　　入）　46,000　（繰　越　商　品）　46,000

  （繰　越　商　品）　50,000　（仕　　　　　入）　50,000

《支店の仕訳》

 a 未達取引事項の整理仕訳

  ①　（本　店　仕　入）　11,000　（本　　　　　店）　11,000

  ③　（営　　業　　費）　6,000　（本　　　　　店）　6,000

 b 決算整理仕訳

  （繰　越　商　品）　19,000　（仕　　　　　入）　19,000

  ※　$\underset{\text{未達分}}{8,000 + 11,000} = 19,000$

  商品の未達取引については，期末に現物が到着したものとして①の
修正仕訳を行った。しかし当該未達商品は当然未販売なので，期末在
庫として加算される。

  なお，本問では解答が要求されていないが，さらに内部利益を控除
する手続を要する。

解 説（単位：円）

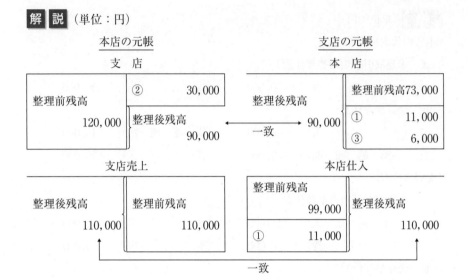

第6節　内部利益の調整

1．意義

　　内部利益とは，本店，支店，事業部等の企業内部における独立した会計単位相互間の内部取引から生ずる未実現の利益をいう。

2．内部利益の調整についての考え方

　　たとえば，本店が原価100円の商品を振替価格120円で支店に送付したとする。支店における当該商品の販売価格は150円とする。

（A）支店が商品を外部に販売している場合

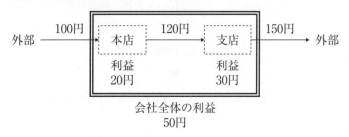

本店の利益：　　　$120 - 100 = 20$

支店の利益：　　　$150 - 120 = 30$

会社全体の利益：$150 - 100 = 50$

本店の利益＋支店の利益＝会社全体の利益

▼

内部利益の問題は生じない

（B）支店が商品を外部に販売せず，期末まで在庫として保有している場合

会社全体の利益
なし

本店の利益：　　　120 − 100 = 20

支店の利益：　　　なし（商品を販売していない）

会社全体の利益：　なし（商品を販売していない）

本店の利益＋支店の利益 ≠ 会社全体の利益

▼

内部利益の調整が必要

▼

本店の利益＋支店の利益 − 内部利益 ＝ 会社全体の利益

（B'）翌期において，支店が商品を外部に販売した場合

会社全体の利益
50円

本店の利益：　　　　　なし（商品を販売していない）

支店の利益：　　　150 − 120 = 30

会社全体の利益：150 − 100 = 50

本店の利益 + 支店の利益 ≠ 会社全体の利益

▼

内部利益の調整が必要

▼

本店の利益 + 支店の利益 + 内部利益 = 会社全体の利益

例題32-13　内部利益の調整①

　次の資料に基づいて，内部利益に関する調整仕訳および総合損益勘定の記入を示しなさい。

【資料1】　決算整理前残高試算表

残　高　試　算　表　　　　　　　　（単位：円）

勘定科目	本　店	支　店	勘定科目	本　店	支　店
現　　　　　金	52,000	38,000	本　　　　　店	—	9,000
繰　越　商　品	26,000	—	資　本　金	19,000	—
支　　　　　店	12,600	—	売　　　　　上	180,000	243,000
仕　　　　　入	280,000	46,000	支　店　売　上	171,600	—
本　店　仕　入	—	168,000			
	370,600	252,000		370,600	252,000

【資料2】　未達取引事項

　本店は商品3,600円（支店受入価額）を支店に送付したが，支店に未達であった。

【資料3】　決算整理事項

　期末商品棚卸高（未達取引分を除く）

　　本　店：20,000円

　　支　店：本店からの仕入分14,400円　　外部からの仕入分7,000円

　　なお，本店は支店に商品を送付する際，原価に20%の利益を加算している。

解　答　（単位：円）

1．未達取引事項の整理仕訳

本　　　店	支　　　店
——	（本　店　仕　入）　3,600 　　　（本　　　店）　3,600

2．決算整理仕訳

本　　　　　店	支　　　　　店
（仕　　　　入）　26,000	（繰 越 商 品）　25,000
（繰 越 商 品）　26,000	（仕　　　　入）　25,000
（繰 越 商 品）　20,000	※　14,400 + 3,600 + 7,000 = 25,000
（仕　　　　入）　20,000	

3．損益勘定の記入

《本店》　　　　　損　　　　益

仕　　　　入	286,000	売　　　　上	180,000
総 合 損 益	65,600	支 店 売 上	171,600
	351,600		351,600

《支店》　　　　　損　　　　益

仕　　　　入	21,000	売　　　上	243,000
本 店 仕 入	171,600		
本　　　　店	50,400		
	243,000		243,000

4．本店：総合損益勘定への振替仕訳（その１：本店・支店の純利益の振替）

（損　　　　　益）　65,600　　（総 合 損 益）　65,600

（支　　　　　店）　50,400　　（総 合 損 益）　50,400

本店：総合損益勘定への振替仕訳（その２：内部利益の調整）

（繰延内部利益戻出）　3,000　　（繰 延 内 部 利 益）　3,000

※　$\underset{未達分}{(14,400 + 3,600)} \times \dfrac{0.2}{1.2} = 3,000$

　　繰延内部利益戻出は本店純利益に含まれている未実現利益をマイナスする項目である。**繰延内部利益**は支店の期末商品に含まれている未実現利益を間接的に控除する項目である（支店の繰越商品勘定に対する評価勘定）。

（総 合 損 益）　3,000　　（繰延内部利益戻出）　3,000

※　繰延内部利益戻出を総合損益勘定に振り替えることによって，単純合算された純利益から内部利益が控除される。

5．総合損益勘定の記入

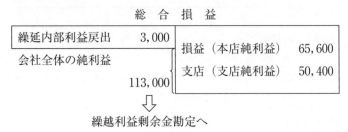

総　合　損　益

繰延内部利益戻出	3,000	損益（本店純利益）	65,600
会社全体の純利益		支店（支店純利益）	50,400
	113,000		

⇩

繰越利益剰余金勘定へ

例題32-14　内部利益の調整②

以下の資料により内部利益の調整仕訳および総合損益勘定の記入を示しなさい。

【資料1】　決算整理前残高試算表

残　高　試　算　表　　　　　　　　（単位：円）

勘定科目	本　店	支　店	勘定科目	本　店	支　店
現　　　　　金	52,000	26,000	本　　　　　店	―	49,000
繰　越　商　品	20,000	25,000	繰延内部利益	3,000	―
支　　　　　店	55,000	―	資　　本　　金	9,000	―
仕　　　　　入	300,000	31,000	売　　　　　上	295,000	147,000
本　店　仕　入	―	114,000	支　店　売　上	120,000	―
	427,000	196,000		427,000	196,000

【資料2】　未達取引事項

本店は商品6,000円（支店受入価額）を支店に送付したが，支店に未達であった。

【資料3】　決算整理事項

期末商品棚卸高（未達取引分を除く）

　　本　　　店：28,000円

　　支　　　店：本店からの仕入分18,000円　　外部からの仕入分10,000円

　　なお，本店は支店に商品を送付する際，原価に20％の利益を加算している（毎期同一条件）。

解　答 （単位：円）

1．未達取引事項の整理仕訳

本　　　　　店	支　　　　　店
——	（本 店 仕 入）　6,000
	（本　　　店）　6,000

2．決算整理仕訳

本　　　　　店	支　　　　　店
（仕　　　　入）　20,000	（仕　　　　入）　25,000
（繰 越 商 品）　20,000	（繰 越 商 品）　25,000
（繰 越 商 品）　28,000	（繰 越 商 品）　34,000
（仕　　　　入）　28,000	（仕　　　　入）　34,000
	※　18,000＋6,000＋10,000＝34,000

3．損益勘定の記入

《本店》　　　　損　　　益

仕　　　　入	292,000	売　　　　上	295,000
総 合 損 益	123,000	支 店 売 上	120,000
	415,000		415,000

《支店》　　　　損　　　益

仕　　　　入	22,000	売　　　上	147,000
本 店 仕 入	120,000		
本　　　店	5,000		
	147,000		147,000

4．本店：総合損益勘定への振替仕訳（その1：本店・支店の純利益の振替）

　　（損　　　　益）　123,000　　（総 合 損 益）　123,000

　　（支　　　店）　5,000　　（総 合 損 益）　5,000

　　本店：総合損益勘定への振替仕訳（その2：内部利益の調整）

　　（繰 延 内 部 利 益）　3,000　　（繰延内部利益戻入）　3,000

　　※　前期に戻出した内部利益は当期中に実現したものとして扱い，利益に
　　　戻入れる。これは当期にこの内部利益を含んだ商品が外部に売却された
　　　と考えるためである。

　　（繰延内部利益戻出）　4,000　　（繰 延 内 部 利 益）　4,000

　　※　$(18,000＋6,000) \times \dfrac{0.2}{1.2} = 4,000$
　　　　　未達分

（繰延内部利益戻入）　　3,000　　　（総　合　損　益）　　3,000

（総　合　損　益）　　4,000　　　（繰延内部利益戻出）　　4,000

※　繰延内部利益戻入および繰延内部利益戻出を総合損益勘定に振り替えることによって，会社全体の純利益に調整される。

5．総合損益勘定の記入

総　合　損　益

繰延内部利益戻出	4,000	損益（本店純利益）	123,000
会社全体の純利益		支店（支店純利益）	5,000
	127,000	繰延内部利益戻入	3,000

⇩

繰越利益剰余金勘定へ

第7節　外部公表用財務諸表（本支店合併財務諸表）

　本支店会計において，最終的には企業全体の財政状態と経営成績を明らかにする必要があるため，企業全体の財務諸表を作成することが必要になる。これを外部公表用財務諸表（または本支店合併財務諸表）という。

　外部公表用財務諸表は，本店・支店の決算整理後残高試算表（あるいは本店・支店の独自の財務諸表）に基づいて，科目ごとに本店・支店の金額を合算して作成される。ただし，以下の各点に注意が必要である。

① **照合勘定**

　支店勘定と本店勘定，支店売上勘定と本店仕入勘定のような照合勘定は，外部公表用財務諸表には計上しない。

　その結果，損益計算書における売上高は外部に対する売上高のみが計上され，同様に，当期商品仕入高は外部からの仕入高のみが計上される。

② **内部利益の調整**

　損益計算書における期首商品棚卸高・期末商品棚卸高は，内部利益を控除した金額とする。

　貸借対照表における商品も内部利益を控除した金額とする。

例題32－15	外部公表用財務諸表

　以下の資料により一連の帳簿の記帳を示すとともに，本支店合併財務諸表を作成しなさい。ただし，本店は支店に商品を送付する際，仕入原価に毎期20％の利益を加算している。

【資料1】　決算整理前残高試算表

残 高 試 算 表　　　　　　　　　　（単位：円）

勘定科目	本　店	支　店	勘定科目	本　店	支　店
現　　　　　金	2,000	9,180	繰延内部利益	120	—
繰 越 商 品	1,400	720	本　　　　店	—	4,800
支　　　　店	6,000	—	資　本　金	4,380	—
仕　　　　入	40,000	9,200	売　　　　上	30,500	27,500
本 店 仕 入	—	13,200	支 店 売 上	14,400	—
	49,400	32,300		49,400	32,300

【資料2】　未達取引事項

　本店は支店に商品1,200円（支店受入価額）を送付したが，支店に未達であった。ただし，当該未達取引事項は支店の決算整理の一環として整理すること。

【資料3】　決算整理事項（未達取引事項は含まれていない）

　　　　期末商品棚卸高：本　　店　　3,000円

　　　　　　　　　　　　支　　店　　　180円（うち150円は本店仕入分である）

解 答 （単位：円）

1．決算整理仕訳

①　未達取引の整理

本　　　　　店	支　　　　　店
──	（本 店 仕 入）　1,200
	（本　　店）　1,200

②　売上原価の算定

本　　　　　店		支　　　　　店	
（仕　　　　入）　　1,400		（仕　　　　入）　　　720	
	（繰 越 商 品）　1,400		（繰 越 商 品）　　720
（繰 越 商 品）　3,000		（繰 越 商 品）　1,380＊	
	（仕　　　　入）　3,000		（仕　　　　入）　1,380

＊　$\underset{未達分}{180+1,200}=1,380$

2．内部利益の金額

期首商品に係る内部利益：120（決算整理前残高試算表の繰延内部利益）

期末商品に係る内部利益：$(150+\underset{未達分}{1,200})\times\dfrac{0.2}{1.2}=225$

3．外部公表用財務諸表

損　益　計　算　書

Ⅰ　売　　　上　　　高		58,000※1
Ⅱ　売　上　原　価		
1．期首商品棚卸高	2,000※2	
2．当期商品仕入高	49,200※3	
計	51,200	
3．期末商品棚卸高	4,155※4	47,045
売 上 総 利 益 　　（当期純利益）		10,955

貸 借 対 照 表

現　　　　金	11,180	資　本　金	4,380
商　　　　品	4,155※4	繰越利益剰余金	10,955
	15,335		15,335

※1　30,500 + 27,500 = 58,000

※2　(1,400 + 720) − 120 = 2,000
　　　　　　　　　　　内部利益

※3　40,000 + 9,200 = 49,200

※4　(3,000 + 180 + 1,200) − 225 = 4,155
　　　　　　　　未達分　　　内部利益

4．内部利益の影響（利益の増加を『＋』，利益の減少を『△』で示す）

	単純合算 （本店＋支店）	内部利益の調整	調整後 （外部公表用）
売上高	58,000	なし	58,000
売上原価：期首商品棚卸高	△ 2,120	＋120	△ 2,000
売上原価：当期商品仕入高	△ 49,200	なし	△ 49,200
売上原価：期末商品棚卸高	＋ 4,380	△225	＋ 4,155
売上総利益（当期純利益）	11,060	＋120 △225	10,955

期首商品棚卸高から内部利益（120）を控除すると，同額だけ利益が増加する。

期末商品棚卸高から内部利益（225）を控除すると，同額だけ利益が減少する。

参考　損益勘定および総合損益勘定

① 損益勘定の記入

《本店》	損	益			《支店》	損	益		
仕　　　入	38,400	売　　　上	30,500		仕　　　入	8,540	売　　　上	27,500
総 合 損 益	6,500	支 店 売 上	14,400		本 店 仕 入	14,400		
	44,900		44,900		本　　　店	4,560		
						27,500		27,500

② 本店：総合損益勘定への振替仕訳（その1：本店・支店の純利益の振替）

（損　　　　　益）　6,500　（総 合 損 益）　6,500

（支　　　　　店）　4,560　（総 合 損 益）　4,560

③ 本店：総合損益勘定への振替仕訳（その2：内部利益の調整）

（繰 延 内 部 利 益）　120　（繰延内部利益戻入）　120

（繰延内部利益戻出）　225　（繰 延 内 部 利 益）　225

（繰延内部利益戻入）　120　（総 合 損 益）　120

（総 合 損 益）　225　（繰延内部利益戻出）　225

④ 総合損益勘定の記入

総 合 損 益			
繰延内部利益戻出	225	損益（本店純利益）	6,500
会社全体の純利益		支店（支店純利益）	4,560
	10,955	繰延内部利益戻入	120

⇩

繰越利益剰余金勘定へ

　外部公表用損益計算書における当期純利益と，帳簿上における当期純利益が同額となることが確認できる。

参 考　本支店合併精算表

外部公表用財務諸表の作成プロセスを以下のような精算表で示すこともできる。

本支店合併精算表

勘定科目	決算整理前残高試算表				整理記入		合併損益計算書		合併貸借対照表	
	本店		支店							
	借方	貸方	借方	貸方	借方	貸方	借方	貸方	借方	貸方
現　　金	2,000		9,180						11,180	
繰 越 商 品	1,400		720		4,380	4,380	2,120	4,380	4,380	
支　　店	6,000		—			6,000				
繰 延 内 部 利 益		120		—	120	225				225
本　　店		—		4,800	6,000	1,200				—
資　本　金		4,380								4,380
仕　　入	40,000		9,200				49,200			
本 店 仕 入	—		13,200		1,200	14,400	—			
売　　上		30,500		27,500				58,000		
支 店 売 上		14,400		—	14,400		—			
	49,400	49,400	32,300	32,300						
繰延内部利益戻入						120		120		
繰延内部利益戻出					225		225			
当 期 純 利 益							10,955			10,955
					26,325	26,325	62,500	62,500	15,560	15,560

整理記入欄の記入を仕訳形式で示せば，次のとおりである。

① 未達取引事項

（本 店 仕 入）　1,200　　（本　　　　店）　1,200

② 売上原価算定のための記入

（繰 越 商 品）　4,380　　（繰 越 商 品）　4,380
　　　　　　　　　B/S欄へ　　　　　　　　　　　　P/L欄へ

※　3,000＋1,380＝4,380

③ 支店勘定と本店勘定の相殺

（本　　　　店）　6,000　　（支　　　　店）　6,000

④ 支店売上勘定と本店仕入勘定の相殺

（支 店 売 上）　14,400　　（本 店 仕 入）　14,400

⑤ 内部利益の調整

（繰 延 内 部 利 益）　120　　（繰延内部利益戻入）　120

（繰延内部利益戻出）　225　　（繰 延 内 部 利 益）　225

第8節　まとめ

【帳簿上の流れ】

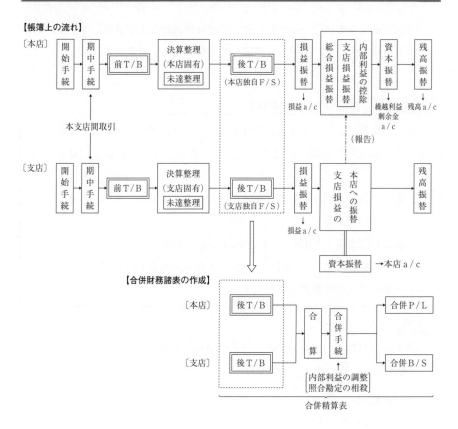

【合併財務諸表の作成】

第9節　棚卸減耗損と商品評価損

　　内部利益が含まれている商品に関する棚卸減耗損および商品評価損は，外部
公表用財務諸表上，内部利益を控除した金額をもって計上する。

例題32－16　棚卸減耗損と商品評価損

　　以下の資料により，本支店合併財務諸表における各金額を算定しなさい。
1．本店は支店に商品を送付する際，仕入原価に20%の利益を加算してい
　　る。
2．支店における期末商品棚卸高は以下のとおりであり，すべて本店から仕
　　入れたものである。
　　　帳簿棚卸数量：200個　　　実地棚卸数量：195個
　　　単価（振替価格）：180円　　　単価（正味売却価額）：145円
3．本店の期末商品棚卸高は無視する。

解 答 （単位：円）

(1)　期末商品棚卸高（損益計算書・売上原価の内訳項目）

200個 × $\underset{\text{内部利益控除後単価}}{\underline{@180 \div 1.2}}$ = 30,000

(2)　棚卸減耗損

（200個 − 195個）× $\underline{@180 \div 1.2}$ = 750

(3)　商品評価損

195個 × $(\underline{@180 \div 1.2} - @145)$ = 975

(4)　貸借対照表計上額

195個 × @145 = 28,275

第33章
在外支店

第1節　財務諸表項目の換算

1．序論

在外支店とは，外国に設置された支店のことである。在外支店を設けている場合，期末に国内の本店と在外支店の合併財務諸表を作成するが，この際に外貨で表示された在外支店の財務諸表項目を円貨に換算する必要がある。

2．換算基準

在外支店における財務諸表項目の換算については，原則として，本店と同様に換算する。ただし，例外として認められている換算方法もある。具体的には以下による。

財務諸表項目		換算に適用する為替相場
貸借対照表	貨幣性項目 通貨，金銭債権債務	決算時の為替相場（ＣＲ）
	非貨幣性項目 棚卸資産，有形固定資産，前受金など	取得時又は発生時の為替相場（ＨＲ）
	棚卸資産の評価額の切下げが行われた場合	決算時の為替相場（ＣＲ）
	有価証券	保有目的区分により，決算時の為替相場（ＣＲ）又は取得時の為替相場（ＨＲ）
損益計算書	収益性負債の収益化額 前受金の充当による売上高など	負債発生時の為替相場（ＨＲ）
	費用性資産の費用化額 売上原価，減価償却費など	資産取得時の為替相場（ＨＲ）
	上記以外の収益及び費用	原則：計上時の為替相場（ＨＲ） 特例：期中平均為替相場（ＡＲ）
照合勘定 本店勘定，本店仕入勘定，本店売上勘定		本店における支店勘定，支店売上勘定，支店仕入勘定の金額

　収益及び費用（収益性負債の収益化額及び費用性資産の費用化額を除く。）の換算については，実務の簡便性を考慮し，期中平均為替相場（AR）によることも認められている。また，支店における照合勘定は，本店の各勘定と相殺消去できるように，本店の照合勘定の円貨額を付す。

　　非貨幣性項目の額に重要性がない場合には，すべての貸借対照表項目（支店における本店勘定を除く。）について，決算時の為替相場（CR）によって換算する方法が認められている。この場合，損益項目についても決算時の為替相場（CR）によることができる。

第2節　換算の手順

外貨建で作成されている支店財務諸表を換算する手順は以下のとおりである。

① 貸借対照表項目を換算して，円貨建の貸借差額を支店の当期純利益とする。

② ①で求めた円貨建当期純利益を損益計算書に移記し，損益計算書項目を換算して，円貨建の貸借差額を為替差損益として処理する。

支店　　　　　　　　貸 借 対 照 表

資　　産 項目ごとに適用する 為替相場により換算	負　　債 項目ごとに適用する 為替相場により換算
	本　　店 本店における支店勘定の金額
	当期純利益 **貸借差額で算定**

支店　　　　　　　　損 益 計 算 書

費　　用 項目ごとに適用する 為替相場により換算	収　　益 項目ごとに適用する 為替相場により換算
当期純利益 **貸借対照表より移記**	**為替差損益** **貸借差額で算定**

上記の換算の手順にしたがって，在外支店の財務諸表項目を換算した場合，外貨建財務諸表では利益が計上されていたとしても，円貨に換算した結果として損失が計上されることがある。また，この逆のケースもありうる。これを換算のパラドックスという。

例題33-1	在外支店の財務諸表項目の換算①

　当社は，東京に本店を置き，シカゴに支店を開設している。下記の資料に基づき，シカゴ支店における円換算後の独自の貸借対照表と損益計算書を完成させなさい。

【資料1】　シカゴ支店の決算整理後残高試算表

決算整理後残高試算表　　　（単位：千ドル）

現 金 預 金	100	減価償却累計額	40
売 掛 金	150	長 期 借 入 金	200
繰 越 商 品	30	本　　　　店	440
建　　　　物	400	売　　　　上	220
仕　　　　入	100		
本 店 仕 入	50		
減 価 償 却 費	20		
そ の 他 営 業 費	50		
	900		900

【資料2】　その他参照事項

1．期首商品棚卸高はゼロである。当期商品仕入高は130千ドルであり，その内訳は以下のとおりである。

	仕入高	仕入時のレート	備考
第1回仕入	45千ドル	1ドル＝106円	販売済み
第2回仕入	55千ドル	1ドル＝108円	販売済み
第3回仕入	30千ドル	1ドル＝111円	期末在庫

2．建物は，全て前期期首に取得したものである。

3．売上高およびその他営業費については，期中平均レートを用いて換算する。

4．本店における支店勘定の決算整理後残高は47,650千円，支店売上勘定の
決算整理後残高は，5,350千円である。

5．前期期首レート 　　1ドル＝112円

当期期中平均レート 　1ドル＝109円

当期末レート 　　　　1ドル＝110円

解答（単位：千円）

貸 借 対 照 表

現 金 預 金	11,000※1	減価償却累計額	4,480※3
売 掛 金	16,500※1	長 期 借 入 金	22,000※1
商 品	3,330※2	本 店	47,650※4
建 物	44,800※3	当 期 純 利 益	1,500※5
	75,630		75,630

※1 決算時のレートを適用する。

※2 30千ドル×@111円＝3,330

※3 建物取得時のレートを適用する。

※4 本店における支店勘定の決算整理後残高

※5 貸借差額

損 益 計 算 書

当期商品仕入高	14,040※1	売 上 高	23,980※5
本 店 仕 入	5,350※3	期末商品棚卸高	3,330※2
減 価 償 却 費	2,240※4	為 替 差 益	1,270※7
その他営業費	5,450※5		
当 期 純 利 益	1,500※6		
	28,580		28,580

※1 45千ドル×@106円＋55千ドル×@108円＋30千ドル×@111円
＝14,040

※2 30千ドル×@111円＝3,330

※3　本店における支店売上勘定の決算整理後残高

※4　建物取得時のレートを適用する。

※5　期中平均レートを適用する。

※6　貸借対照表より移記する。

※7　貸借差額

参考　決算整理後残高試算表（円換算後）

　決算整理後残高試算表の各項目について，貸借対照表・損益計算書と同様の換算を行った場合，貸借差額が為替差損益となる。

決算整理後残高試算表　　　（単位：千円）

現　金　預　金	11,000	減価償却累計額	4,480
売　　掛　　金	16,500	長　期　借　入　金	22,000
繰　越　商　品	3,330	本　　　　店	47,650
建　　　　物	44,800	売　　　　上	23,980
仕　　　　入	10,710※	為　替　差　益	1,270
本　店　仕　入	5,350		
減　価　償　却　費	2,240		
そ　の　他　営　業　費	5,450		
	99,380		99,380

※　14,040 － 3,330 ＝10,710
　　仕入高　　期末棚卸高

例題33－2　在外支店の財務諸表項目の換算②

下記の資料に基づき，在外支店における円換算後の独自の損益計算書における売上原価の金額を求めなさい。

【資料】

1．期首商品棚卸高は1,200千ドルである。

2．当期商品仕入高は8,000千ドルである。

3．期末商品棚卸高は1,500千ドルである。

4．本支店間取引は生じていない。

5．仕入高は期中平均レートにより換算する。また，各期の期末商品棚卸高は，当該会計期間に仕入れた商品が平均的に在庫となっているものとみなし，当該会計期間の期中平均レートにより換算する。

前期期中平均レート　　1ドル＝104円

当期期中平均レート　　1ドル＝108円

当期末レート　　　　　1ドル＝105円

解　答（単位：千円）

期首商品棚卸高	124,800	＝1,200千ドル×@104円
当期商品仕入高	864,000	＝8,000千ドル×@108円
合　　計	988,800	
期末商品棚卸高	162,000	＝1,500千ドル×@108円
売上原価	826,800	＝124,800＋864,000－162,000

第34章
製造業（商的工業簿記）

第1節　総論

1．概要

　　工業簿記は，製造業に特有の製造活動のプロセスを追跡し，生産された製品の原価を確定するという計算をその勘定体系の不可欠の要素として含んでいる。

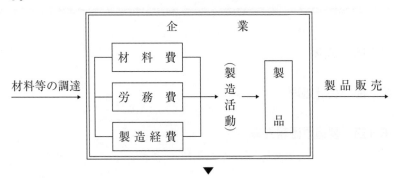

　　外部取引だけでなく製造活動（内部取引）をも記録する点に特徴がある。

2．工業簿記の分類

(1)　**完全工業簿記**

　　　原価計算制度を前提とした本来の工業簿記

(2)　**商的工業簿記**

　　　原価計算制度と結びついていない工業簿記

　　たとえ原価計算が行なわれていなくても，製品原価の算定・表示を欠かすことはできないが，**商的工業簿記**においては，それを商業簿記における商品売上原価の算定に準じた方法で，すなわち，決算日に一括して棚卸計算法で算定しようとするものである。

　　以下，本書では商的工業簿記を前提として説明する。

第2節　会計処理

1．期中取引の仕訳

例題34－1　期中取引の仕訳

次の取引について仕訳を示しなさい。

① 材料255,000円を仕入れ，代金は現金で支払った。

② 賃金200,000円を現金で支払った。

③ 製造経費150,000円を現金で支払った。

④ 製品を700,000円で販売し，代金は掛けとした。

解　答 （単位：円）

①（材　料　仕　入）	255,000	（現　金　預　金）	255,000
②（賃　　　　　金）	200,000	（現　金　預　金）	200,000
③（製　造　経　費）	150,000	（現　金　預　金）	150,000
④（売　　掛　　金）	700,000	（売　　　　　上）	700,000

2．決算整理

例題34－2　　**決算整理**

次の資料に基づいて，決算整理仕訳および勘定記入を示しなさい。

1．決算整理前残高試算表（一部）

決算整理前残高試算表　　　　　（単位：円）

繰 越 材 料	15,000	売　　　上　　700,000
繰 越 仕 掛 品	40,000	
繰 越 製 品	80,000	
材 料 仕 入	255,000	
賃　　　金	200,000	
製 造 経 費	150,000	

2．期末棚卸高

材料：20,000円　　　仕掛品：60,000円　　　製品：100,000円

3．原価の消費額

材料費：250,000円　　　労務費：200,000円　　　経費：150,000円

解　答（単位：円）

1．材料費の算定および振替

（材 料 仕 入）	15,000	（繰 越 材 料）	15,000
（繰 越 材 料）	20,000	（材 料 仕 入）	20,000
（製 　 造） －仕掛品－	250,000	（材 料 仕 入）	250,000

2．労務費の算定および振替

（製 　 造）	200,000	（賃 　 金）	200,000

3．経費の算定および振替

（製 　 造）	150,000	（製 造 経 費）	150,000

４．完成品原価の算定および振替

（製　　　　造）	40,000	（繰 越 仕 掛 品）	40,000
（繰 越 仕 掛 品）	60,000	（製　　　　造）	60,000
（製　　　　品）	580,000	（製　　　　造）	580,000※

※　(250,000 + 200,000 + 150,000) + 40,000 − 60,000 = 580,000
　　　材料費　　　労務費　　　経費　　　期首仕掛品　期末仕掛品

５．売上原価の算定および振替

（製　　　　品）	80,000	（繰 越 製 品）	80,000
（繰 越 製 品）	100,000	（製　　　　品）	100,000
（売 上 原 価）	560,000	（製　　　　品）	560,000※

※　580,000 + 80,000 − 100,000 = 560,000
　　　　　　　　期首製品　　期末製品

６．勘定記入

繰 越 材 料

前T/B	15,000	材料仕入	15,000
材料仕入	20,000		

繰 越 仕 掛 品

前T/B	40,000	製　　造	40,000
製　　造	60,000		

繰 越 製 品

前T/B	80,000	製　　品	80,000
製　　品	100,000		

材 料 仕 入

前T/B	255,000	繰越材料	20,000
繰越材料	15,000	製　　造	250,000

賃　　金

前T/B	200,000	製　　造	200,000

製 造 経 費

前T/B	150,000	製　　造	150,000

売 上 原 価

製　　品	560,000		

製　　造

材料仕入	250,000	繰越仕掛品	60,000
賃　　金	200,000	製　　品	580,000
製造経費	150,000		
繰越仕掛品	40,000		

製　　品

製　　造	580,000	繰越製品	100,000
繰越製品	80,000	売上原価	560,000

売　　上

		前T/B	700,000

445

第3節　製造原価報告書

　製造原価報告書（製造原価明細書）は，損益計算書上の**当期製品製造原価**の内訳・明細を示す報告書である。具体的には，**当期総製造費用**を，材料費・労務費・経費の形態別に区分して記載し，これに期首仕掛品棚卸高を加え，期末仕掛品棚卸高を控除する形式で当期製品製造原価を表示する。

例題34－3　　**製造原価報告書**

　以下の資料より，製造原価報告書および損益計算書（売上総利益まで）を作成しなさい。なお，当会計期間はX5年3月31日を決算日とする1年間である。

1．勘定記入

材　料　仕　入　　　　　（単位：円）

現 金 預 金	255,000	繰 越 材 料	20,000
繰 越 材 料	15,000	製 　　　 造	250,000
	270,000		270,000

製　　　　　造　　　　　（単位：円）

材 料 仕 入	250,000	繰 越 仕 掛 品	60,000
賃 　　　 金	200,000	製 　　　 品	580,000
製 造 経 費	150,000		
繰 越 仕 掛 品	40,000		
	640,000		640,000

製　　　　　品　　　　　（単位：円）

製 　　　 造	580,000	繰 越 製 品	100,000
繰 越 製 品	80,000	売 上 原 価	560,000
	660,000		660,000

2．売上高は700,000円である。

解　答（単位：円）

製 造 原 価 報 告 書

自X4年 4 月 1 日　至X5年 3 月31日

I 　材　　料　　費		
1．期首材料棚卸高	15,000	
2．当期材料仕入高	255,000	
合　　　計	270,000	
3．期末材料棚卸高	20,000	
当期材料費		250,000
II 　労　　務　　費		200,000
III 　経　　　　　費		150,000
当期総製造費用		600,000
期首仕掛品棚卸高		40,000
合　　　計		640,000
期末仕掛品棚卸高		60,000
当期製品製造原価		580,000

損 益 計 算 書

自X4年 4 月 1 日　至X5年 3 月31日

I 　売　　上　　高		700,000
II 　売　上　原　価		
1．期首製品棚卸高	80,000	
2．当期製品製造原価	580,000	
合　　　計	660,000	
3．期末製品棚卸高	100,000	560,000
売上総利益		140,000

※　損益計算書の『当期製品製造原価』は，商業簿記における当期商品仕入
　高に対応する。

第35章
本社工場会計

第1節　総論

　相当規模の工場をもつ企業においては，工場独自の会計情報が必要となる。この会計情報を生みだすために，工場会計を独立させ，工場の取引を工場独自の帳簿に記帳する。

　本社工場会計は，基本的には本支店会計と同じと考えて良い。ただし，本社工場会計は製造業を前提とするため，商的工業簿記の要素が介入する。

第2節　会計処理

1．本社工場間取引

例題35−1　　本社工場間取引

以下の取引について仕訳を示しなさい。

①　本社は材料を，振替価格2,200円にて工場に送付した。

②　工場は完成した製品を，振替価格5,560円にて本社に送付した。

解　答（単位：円）

① a　本社の仕訳

（工　　　　　　場）　　2,200　　（工　場　売　上）　　2,200

b　工場の仕訳

（本　社　仕　入）　　2,200　　（本　　　　　社）　　2,200

② a　本社の仕訳

（工　場　仕　入）　　5,560　　（工　　　　　　場）　　5,560

b　工場の仕訳

（本　　　　　社）　　5,560　　（本　社　売　上）　　5,560

2．決算手続

| 例題35－2 | 決算手続 |

　以下の資料により，決算整理仕訳を示し，損益勘定および総合損益勘定の記入を示しなさい。

【資料1】　決算整理前残高試算表

残　高　試　算　表　　　　　　　　（単位：円）

借方科目	本　社	工　場	貸方科目	本　社	工　場
現　　　　　金	1,640	340	本　　　　　社	—	480
繰 越 仕 掛 品	—	800	繰延内部利益	30	—
工　　　　　場	680	—	資　本　金	650	—
材 料 仕 入	2,000	—	売　　　上	7,000	—
工 場 仕 入	5,560	—	工　場　売　上	2,200	—
本 社 仕 入	—	2,200	本　社　売　上	—	5,560
賃　　　　　金	—	1,600			
製 造 経 費	—	1,100			
	9,880	6,040		9,880	6,040

【資料2】　決算整理事項

1．未達取引事項

　　本社は工場が負担すべき製造経費200円を立替払いしたが，その通知が工場に未達であった。

　　なお，未達取引事項は工場の決算整理において整理すること。

2．期末棚卸高

　　仕掛品：650円（内部利益25円を含む）

　　なお，材料・製品の期末棚卸高はゼロとする。

解 答（単位：円）

1．決算整理仕訳

① 未達取引事項の整理

（製 造 経 費）　　200　　　（本　　　　社）　　200

② 各原価要素の算定および振替

（製　　　　造）　5,100　　（本 社 仕 入）　2,200
材料費

　　　　　　　　　　　　　　　（賃　　　金）　1,600
労務費

　　　　　　　　　　　　　　　（製 造 経 費）　1,300※
経費

　　※　1,100 + 200 = 1,300

③ 製品原価の算定および振替

（製　　　　造）　　800　　（繰 越 仕 掛 品）　　800

（繰 越 仕 掛 品）　650　　（製　　　　造）　　650

（売 上 原 価）　5,250※　（製　　　　造）　5,250

　　※　5,100 + 800 - 650 = 5,250

　　　　なお，期首・期末の製品が存在しないため，便宜上，製造勘定から売上原価勘定へ直接振替えている。

2．損益勘定の記入

《本社》　　　　　損　　　益

材 料 仕 入	2,000	売　　　上	7,000
工 場 仕 入	5,560	工 場 売 上	2,200
総 合 損 益	1,640		
	9,200		9,200

《工場》　　　　　損　　　益

売 上 原 価	5,250	本 社 売 上	5,560
本　　　社	310		
	5,560		5,560

3．本社：総合損益勘定への振替仕訳（その 1：本社・工場の純利益の振替）

| （損　　　　　益） | 1,640 | （総　合　損　益） | 1,640 |
| （工　　　　　場） | 310 | （総　合　損　益） | 310 |

本社：総合損益勘定への振替仕訳（その 2：内部利益の調整）

（繰 延 内 部 利 益）	30	（繰延内部利益戻入）	30
（繰延内部利益戻出）	25	（繰 延 内 部 利 益）	25
（繰延内部利益戻入）	30	（総　合　損　益）	30
（総　合　損　益）	25	（繰延内部利益戻出）	25

4．総合損益勘定の記入

総 合 損 益

繰延内部利益戻出	25	損　　　　益	1,640
繰越利益剰余金	1,955	工　　　　場	310
		繰延内部利益戻入	30
	1,980		1,980

第3節 内部利益の計算

　本社工場会計においては，通常，本社が工場に材料を送付する際に利益を付加するため，工場の材料・仕掛品・製品に内部利益が含まれる。さらに，工場が本社に製品を送付する際に利益を付加する場合，本社の製品に内部利益が含まれる。この場合，本社の製品には，本社が材料に付加した利益も含まれることに注意が必要である。

《控除すべき内部利益》

①　工場の期末材料に含まれる内部利益

②　工場の期末仕掛品中の材料に含まれる内部利益

③　工場の期末製品中の材料に含まれる内部利益

④　本社の期末製品中の材料に含まれる本社が付した内部利益

⑤　本社の期末製品に含まれる工場が付した内部利益

例題35-3　内部利益の計算

　次の資料により，控除される内部利益の額を算定しなさい。材料は本社が仕入れ，その仕入原価に25％の利益を付加して工場に送付している。他方，工場は完成品原価に20％の利益を付加して本社に送付している。

【資料】　本社・工場間取引の流れと期末棚卸資産

$$材料\left[\frac{仕入原価}{1}+\frac{利益}{0.25}\right]$$

本　社　→　工　場

$$製品\left[\frac{工場原価}{1}+\frac{利益}{0.2}\right]$$

《本社期末棚卸資産》

| 材　料 | 200円 |
| 製　品 | 1,200円 |

《工場期末棚卸資産》

材　料	375円
仕掛品	500円
製　品	500円

（注）　製品原価に占める材料費の割合は40％，仕掛品原価に占める材料費の割合は50％である。

解答（単位：円）

工場：材料に含まれる内部利益　　75
　　　仕掛品に含まれる内部利益　50
　　　製品に含まれる内部利益　　40
本社：製品に含まれる内部利益　　280（本社付加利益80＋工場付加利益200＝280）
　　　　　合　　計　　445

解説

(1) 工場の棚卸資産

① 材料（375円）

② 仕掛品（500円）

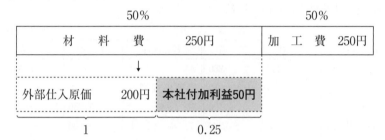

③ 製品（500円）

(2) 本社の棚卸資産：製品（1,200円）

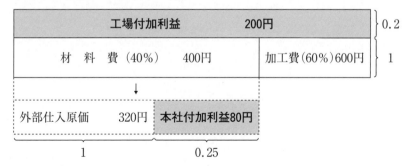

第4節　外部公表用財務諸表の作成

例題35−4　外部公表用財務諸表の作成

　以下の資料を参照して，外部公表用製造原価報告書，損益計算書，貸借対照表を作成しなさい。

【資料1】　決算整理前残高試算表

残　高　試　算　表　　　　　　（単位：円）

借方科目	本　社	工　場	貸方科目	本　社	工　場
現　　　　　金	1,300	280	本　　　　　社	—	1,300
繰　越　材　料	160	210	繰延内部利益	20	—
繰　越　仕　掛　品	—	190	資　　本　　金	1,850	—
繰　越　製　品	200	320	工　場　売　上	1,600	—
工　　　　　場	1,300	—	本　社　売　上	—	1,800
材　料　仕　入	1,510	—	売　　　　　上	3,500	—
本　社　仕　入	—	1,600			
工　場　仕　入	1,800	—			
賃　　　　　金	—	150			
製　造　経　費	—	350			
販　　売　　費	700	—			
	6,970	3,100		6,970	3,100

　※　工場で発生した費用は，すべて製造原価を構成するものとする。

【資料2】　参照事項

1．期末棚卸高

	材　　料	仕　掛　品	製　　　品
本社：	170円（一円）	―	300円（10円）
工場：	230円（13円）	180円（ 3円）	200円（ 4円）

㊟　カッコ内は各棚卸資産に含まれている内部利益の金額である。

2．期首棚卸資産に含まれている内部利益の明細

材　　料	仕　掛　品	製　　　品
4円	7円	9円

解 答 （単位：円）

製 造 原 価 報 告 書

Ⅰ　材　　料　　費

1．期首材料棚卸高　　　　　366 ※1

2．当期材料仕入高　　　　1,510

　　　　　計　　　　　　　1,876

3．期末材料棚卸高　　　　　387 ※2

　　当期材料費　　　　　　　　　　　　1,489

Ⅱ　労　　務　　費　　　　　　　　　　 150

Ⅲ　製　造　経　費　　　　　　　　　　 350

　　当 期 総 製 造 費 用　　　　　　　1,989

　　期首仕掛品棚卸高　　　　　　　　　 183 ※3

　　　　　計　　　　　　　　　　　　　2,172

　　期末仕掛品棚卸高　　　　　　　　　 177 ※4

　　当期製品製造原価　　　　　　　　　1,995

損 益 計 算 書

Ⅰ	売　上　高		3,500
Ⅱ	売　上　原　価		
	1．期首製品棚卸高	511 ※5	
	2．当期製品製造原価	1,995	
	計	2,506	
	3．期末製品棚卸高	486 ※6	2,020
	売　上　総　利　益		1,480
Ⅲ	販売費及び一般管理費		
	1．販　売　費		700
	営業利益（当期純利益）		780

貸 借 対 照 表

現　　　　　金	1,580	資　　本　　金	1,850
製　　　　　品	486※6	繰越利益剰余金	780
仕　　掛　　品	177※4		
材　　　　　料	387※2		
	2,630		2,630

※1　$(160＋210)－4＝366$

※2　$(170＋230)－13＝387$

※3　$190－7＝183$

※4　$180－3＝177$

※5　$(200＋320)－9＝511$

※6　$(300＋200)－(10＋4)＝486$

正誤・法改正に伴う修正について

本書掲載内容に関する正誤・法改正に伴う修正については「資格の大原書籍販売サイト　大原ブックストア」の「正誤・改正情報」よりご確認ください。

https://www.o-harabook.jp/
資格の大原書籍販売サイト 大原ブックストア

正誤表・改正表の掲載がない場合は、書籍名、発行年月日、お名前、ご連絡先を明記の上、下記の方法にてお問い合わせください。

お問い合わせ方法

【郵　送】〒101-0065　東京都千代田区西神田2-2-10
　　　　　大原出版株式会社　書籍問い合わせ係
【F A X】03-3237-0169
【E-mail】shopmaster@o-harabook.jp

※お電話によるお問い合わせはお受けできません。
　また、内容に関する解説指導・ご質問対応等は行っておりません。
　予めご了承ください。

大原の公認会計士受験シリーズ

簿記バイブル　下巻（改訂初版）

2016年4月15日　初版発行
2021年5月25日　改訂初版

■著　　　者──資格の大原　公認会計士講座
■発　行　所──大原出版株式会社
　　　　　　　〒101-0065
　　　　　　　東京都千代田区西神田1-2-10
　　　　　　　TEL　03-3292-6654
■印刷・製本──株式会社メディオ

落丁本, 乱丁本はお取り替えいたします。定価はカバーに表示してあります。
ISBN978-4-86486-837-2　C3033